上海社会科学院法学研究所学术精品文库

编委会

主　任：姚建龙

副主任：李建伟

成　员（按姓氏拼音为序）：

　　　陈庆安　刘长秋　孟祥沛

　　　涂龙科　徐澜波

上海社会科学院法学研究所学术精品文库

俄罗斯与美国国家紧急状态法律研究

孙祁 胡洋铭 著

上海三联书店

总　　序

上海社会科学院法学研究所成立于1959年8月,原名"政治法律研究所",是我国成立最早、规模最大、最早招收研究生的地方社科系统法学研究机构。

法学所的历史可以追溯到1952年由原圣约翰大学、复旦大学、南京大学、东吴大学、厦门大学、沪江大学、安徽大学等9所院校的法律系、政治系和社会系等合并组建成立的华东政法学院,1958年华东政法学院并入上海社会科学院,翌年成立了上海社会科学院政治法律研究所。彼时上海滩诸多法学大家汇聚于斯,潘念之、齐乃宽、浦增元、张汇文、卢峻、周子亚、何海晏、丘日庆、徐开墅、徐振翼、肖开权、郑衍杓、陈振国、李宗兴、程辑雍等均在各自领域独当一面、各领风骚。1984年,东吴大学上海校友会也正式在上海社会科学院注册成立,成为东吴法学的精神传承,一时颇有海派法学的大气候。

1979年复建后,"政治法律研究所"正式更名为"法学研究所"。作为南方地区的法学理论研究重镇,在中国社会经济快速发展的浪潮中,法学所勇立潮头,不断探求中国特色社会主义法治的发展规律,解决我国改革开放和现代化建设中的现实问题。法学所在法理学、公法学、国际法学、刑法学和民商法学等领域为国家法治建设鼓与呼,在新时期法学学科建设、民法通则制定、港澳回归、浦东开发等重要历史性事件进程中均作出了重大贡献。

进入新世纪,随着国家科研方针政策的转型以及各大高校法学研究的崛起,社科院系统的体制模式受到重大挑战,加上老一辈学人的隐退,法学所也开始了二次创业的征程。近年来,法学所通过"内培外引"大力加强人才梯队建设,引进和培养了一批在国内有影响力的中青年学者,特别是一批青年才俊陆续加入,他们充满朝气,基础扎实,思想活跃,承载着法学所的未来与希望。通过不断提高学科队伍建设,夯实智库研究基础,法学所得以进一步加强和形成了"经济刑法""租借·租借地等特殊地区研究""刑事法创新学科""法治中国及其上海智库实践智库""比较法学""生命法学""党内法规""青少年法学"等多个优势学科和特色研究团队。如今的法学所安立于古典而又繁华的淮海中路的静谧一角,立足上海,面向全国,以"国家高端智库"和院"创新工程"为平台,坚持学科建设和智库建设双轮驱动,在法学研究领域焕发出新的生机。

为弘扬学术精神、传播学术成果、传承学术血脉,我们策划了"上海社科院法学所学术精品文库"。法学所科研人员的重要理论成果和学识智慧,将收入本文库,以期学脉绵延,薪火相传,续写法学所的当代辉煌篇章。本文库主要由两部分组成,一部分是法学所科研人员的重要学术专著,另一部分是法学所青年学术沙龙系列。前者秉持学术为本、优中选优的原则,遴选并最终确定出版的著作,后者是对法学所学术品牌青年法学学术沙龙的整理。在条件成熟时,本文库也将陆续整理出版老一辈法学所专家的代表性作品。

文章千古事,希望纳入文库出版的作品能够不负学术精品之名,服务国家法治建设与社会发展,并能够历经岁月洗礼,沉淀为经世之作。

是为序。

上海社会科学院法学研究所所长、研究员、博士生导师
姚建龙
2020 年 7 月 30 日

目 录

总序	001
序言	001
一、俄罗斯国家紧急状态法律制度研究	001
（一）俄罗斯国家紧急状态法律制度基本概述	001
1. 立法沿革与完善	004
2. 法律渊源和体系框架	005
（二）俄罗斯《国家紧急状态法》内容	007
1.《俄罗斯紧急状态法》主要内容及特点	007
2.《俄罗斯紧急状态法》立法渊源、法理基础、立法修法进程	012
（三）其他类型的紧急状态立法——各领域紧急状态下的立法趋势和方向	015
1. 紧急状态法律发展的基本趋势和主要方向	015
2. 其他类型的紧急状态立法	016
（四）乌克兰危机下《俄罗斯紧急状态法》的具体实践	021
1. 乌克兰危机下俄罗斯应对涉外制裁之策	021
2. 乌克兰危机下俄罗斯应对紧急情况之策	025
（五）俄罗斯紧急状态管理制度安排运行	032
1. 各部门职能及运行机制	032

2. 俄罗斯国家紧急状态应对制度的总体特点及
　　　发展趋势　　　　　　　　　　　　　　　　041

二、美国国家紧急状态法律制度研究　　　　　　046
（一）美国国家紧急状态法律制度　　　　　　　047
　　1. 美国法律中"国家紧急状态"的历史经纬　　047
　　2. 美国《国家紧急状态法》　　　　　　　　052
　　3. 对《国家紧急状态法》的补充：《国际紧急状态
　　　经济权力法》　　　　　　　　　　　　　055
　　4. 其他类型的紧急状态立法　　　　　　　　059
（二）州层面的紧急状态立法概况及特点　　　　062
　　1. 美国各州紧急立法的基本内容　　　　　　062
（三）国家紧急状态的运行机制和制度特点分析　069
　　1. 国家紧急状态授权下各职能部门分工及运行机制　069
　　2.《国家紧急状态法》的实践应用　　　　　076
（四）美国国家紧急权力的合法性界限　　　　　109
　　1. 美国国家紧急权力的国内法界限　　　　　109
　　2. 国家紧急权力的行使应提供基本的程序保障　115
　　3. 国家紧急权力的国际法限度　　　　　　　121

三、美国和俄罗斯国家紧急状态法律制度对我国的启示　133
（一）我国紧急状态法律制度的现状分析　　　　133
　　1.《宪法》对于"国家紧急状态"的规定　　133
　　2. 常规法对"国家紧急状态"的规定　　　　135
（二）我国与各国法律关于"国家紧急状态"规定的异同　136
　　1. 调整对象　　　　　　　　　　　　　　　136
　　2. 宣布方式　　　　　　　　　　　　　　　137
　　3. 保障机制　　　　　　　　　　　　　　　140
（三）完善我国紧急状态法律制度的路径探讨　　142

1. 立法层面：提升规则的体系性、完备程度 　　142
2. 执法层面：建立对应的运作机制，提升规则的可操作性、执行效率 　　146
3. 美国国家紧急权力扩张的中国应对与法律回应 　　149
4. 俄罗斯紧急状态管理体系对我国的借鉴意义 　　153

四、附录 　　159

后记 　　198

序　言

紧急状态法律制度经历了一个从法律条款到专门法律法规发展的演变过程，最早是从有关戒严的法律制度发展来的。1628年，英国的《权利请愿书》对戒严作了若干规定，为国王行使紧急权提供了法律保障。1789年10月21日，法国制定了《禁止聚众的戒严法》，是较早的有关紧急状态的单行法。为进行南北战争，美国总统林肯运用过戒严制度。第一次世界大战期间，英国通过的《王国保护防卫法》授予政府在紧急状态下以命令、条例的形式采取非常措施的权力；1920年，又通过了《紧急权力法》，作为英国宣布进入紧急状态的法律依据。俄国十月社会主义革命后，苏维埃俄国于1918年7月10日通过的《俄罗斯社会主义联邦苏维埃共和国宪法》，涉及紧急状态下宪法适用的某些变更；1936年，又通过了《苏联宪法》对戒严等紧急状态作了比较详尽的规定。第二次世界大战期间，英国根据战争需要，通过了《紧急状态权力（国防）法》。美国总统也得到了国会和联邦最高法院关于紧急权力的授权。第二次世界大战后，各国更加重视紧急状态法律制度的建设。法国于1955年4月3日公布了《紧急状态法》。美国国会于1973年通过了《战争授权法》，1976年通过了《国家紧急状态法》和《国际经济紧急权力法》，1988年通过了《斯塔福德减灾和紧急援助法》。苏联于1988年7月28日通过了《关于苏联内务部内卫部队在维护社会秩序方面的职权》的命令，赋予了内卫部队在紧急状态下的权力；1990年通过了宪法修改补充法，规定了战争状态、军事状态（即戒严）、紧急状态和总统临时管制等四种非常状态下的制度。根据这一规定，苏联最高苏维埃于1990年4月3日通过了《紧急状态法律制度法》,详细规定了宣布紧急状态的条件、程序以及在紧急状态期间可以采取的措施等。中国古代没有专门的紧急状态法律制度,直到清朝末年,才出现紧急状态的法律条款。1908年清政府颁布的《钦定宪法大纲》中规定,皇帝有"宣告戒严之权。当紧急时,得以诏令限制臣民之自由","在议院闭会时,遇有紧急之事,得发代法律之诏令,并得以诏令筹措必需之财用"。在中华民国时期,1912年3月11日公布的《中华民国临时约法》规定,临时大总统得依法律宣告戒严;参议院遂制定《戒严法》。1936年通过的《中华民国宪法草案》规定了总统依法行使宣战、媾和及缔结条约之权;总统依法宣布戒严;还规定"国家遇有紧急事变,或国家经济上有重大变故,须为急速处分时,总统得经行政会议之议决,发布紧急命令,为必要之处置;但应于发布命令三个月内,提交立法院追认"。1946年通过的《中华民国宪法》也对紧急状态作了比较详细的规定。除了在宪法性法律中确定紧急状态法律制度外,国民政府还于1934年11月制定了《戒严法》,并在1948年5月和1949年1月作了两次修订。中华人民共和国成立前夕通过了《中国人民政治协商会议共同纲领》,对军事管制作出规定:"凡人民解放军初解放的地方,应一律实施军事管制,取消国民党反动政权机关,由中央人民政府或前线军政机关委任人员组织军事管制委员会和地方人民政府,领导人民建立革命秩序,镇压反革命活动。""军事管制时间的长短,由中央人民政府依据各地的军事政治情况决定之。"1954年9月20日,第一届全国人民代表大会通过的《中华人民共和国宪法》有关于紧急状态的规定,明确全国人民代表大会常务委员会"决定全国总动员或者局部动员""决定全国或者部分地区的戒严";规定中华人民共和国主席根据全国人民代表大会的决定和全国人民代表大会常务委员会的决定"发布戒严令,宣布战争状态,发布动员令"。1982年12月4日通过的《中华人民共和国宪法》,规定了全国人民代表大会常务委员会"决定全国总动员或者局部动员","决定全国或个别省、自治区、直辖市的戒严";中华人民共和国主席根据全国人民代表大会的决定和全国人民代表大会常务委员会的决定"发布戒严令,宣布战争状态,发布动员令";国务院"决定省、自治区、直辖市的范围内部分地区的戒严"。为便于应对各种紧急状态,并与国际上通行的做法相一致,2004年3月14日通过的《中华人民共和国宪法》修正案,明确以"紧急状态"取代"戒严";将宪法规定的全国人民代表大会常务委员会"决定全国或者个别省、自治区、直辖市的戒严"的职权,修改为"决定全国或者个别省、自治区、直辖市进入紧急状态";将中华人民共和国主席根据全国人民代表大会常务委员会的决定"发布戒严令",修改为"宣布进入紧急状态";将国务院"决定省、自治区、直辖市的范围内部分地区的戒严"的职权,修改为"依照法律规定决定省、自治区、直辖市的范围内部分地区进入紧急状态"。20世纪90年代后,制定的紧急状态单行法律法规有《中华人民共和国戒严法》《中国人民解放军参加核电厂核事故应急救援条例》《破坏性地震应急条例》《突发公共卫生事件应急条例》等。此外,在《中华人民共和国国防法》《中华人民共和国香港特别行政区驻军法》《中华人民共和国澳门特别行政区驻军法》《中华人民共和国防震减灾法》《中华人民共和国消防法》《中华人民共和国防洪法》《中华人民共和国传染病防治法》等法律中,也设有紧急状态条款。

　　紧急状态法的类型尽管因各国国情而异,但基本内容大体相同。通常包括:①紧急状态法的立法目的、立法依据、适用范围、紧急状态的定义以及处置紧急状态应遵循的方针、原则等。对紧急状态的范围界定,大致有两种类型。一是不包括战争或战争威胁。如俄罗斯的《紧急状态法》规定,紧急状态即根据俄罗斯联邦宪法和联邦宪法法律,在俄罗斯联邦全境或个别地区对国家政权机关、地方自治机关、各种组织形式和所有制形式的企业组织及其主管领导人,以及社会团体的活动实行特殊的法律制度,许可根据联邦宪法法律规定对俄罗斯联邦公民、外国人、无国籍人的权利与自由,企业组织和社会团体的权利实施个别限制,并追加额外义务。二是包括战争或战争威胁。如《加拿大紧急状态法》除规定"公共福利紧急状态"和"公共秩序紧急状态"外,还明确规定了"国际紧急状态"和"战争紧急状态"。②实施紧急状态的依据、程序等。如《蒙古国紧急状态法》规定,在发生了对蒙古国全部或部分领土居民的生命、健康、生活和集体安全造成直接或可能危害的自然灾害和其他突发灾难,或者任何机关、团体违反国家宪法或社会法规,进行非法活动,造成社会混乱,而国家机关在权限范围内采取一般措施不能解除时,可以宣布紧急状态;同时,对宣布紧急状态的程序也作了明确规定。③应急机构的分工和职责划分。包括决策机构、指挥机构、办事机构和实施机构及其人员行使的职权和承担的责任。如俄罗斯的《紧急状态法》规定了总统、议会、内务机关、刑事执行系统、联邦安全机关、内卫部队等在紧急状态下的权力和责任。④紧急状态的预防与应急准备。包括应急预案的制定、应急物资的储备、专业队伍的建设和培训,以及应对紧急状态的演习等。如中国的《核电厂核事故应急管理条例》专门设一章对核事故的应急准备作出规定。⑤紧急状态的信息发布、紧急状态的级别、紧急状态的解除。如中国的《突发公共卫生事件应急条例》有关信息发布的规定是:"国家建立突发事件的信息发布制度。国务院卫生行政主管部门负责向社会发布突发事件的信息。必要时,可以授权省、自治区、直辖市人民政府卫生行政主管部门向社会发布本行政区域内突发事件的信息。信息发布应当及时、准确、全面。"⑥紧急状态应采取的措施。包括救助和安置措施,保护和保障措施,征用、征调措施以及控制、限制和禁止措施等。如《中华人民共和国戒严法》规定,戒严期间,戒严实施机关有权"在戒严地区采取交通管制措施,限制人员进出交通管制区域,并对进出交通管制区域人员的证件、车辆、物品进行检查";"戒严实施机关可以决定在戒严地区采取宵禁措施。宵禁期间,在实行宵禁地区的街道或者其他公共场所通行,必须持有本人身份证件和戒严实施机关制发的特别通行证"。⑦法律责任。如俄罗斯的《紧急状态法》明确规定了参加保障紧急状态制度人员的法律责任。⑧恢复与重建。许多国家的紧急状态法都对紧急状态后的恢复与重建作了明确规定。为应对突发事件给社会秩序带来的巨大破坏,越来越多的国家将不断完善紧急状态法律制度,制定专门的紧急状态法,并加快紧急状态法的配套法规建设。随着恐怖袭击活动的日益猖獗,反恐也将成为各国紧急状态法规范的重要内容。此外,各国的紧急状态立法在保障政府充分、有效地行使紧急权力的前提下,也将更加重视对公民基本权利的保护。

一、俄罗斯国家紧急状态法律制度研究

公共危机事件的频繁发生及其引发的紧急状态引起了俄罗斯联邦对法制的重视。建立起完善的法律法规体系是避免危机影响的必需。俄罗斯紧急状态法律制度的出现要追溯到俄罗斯帝国时期,而后不断发展和完善。紧急状态不仅会对经济、社会造成巨大冲击,更可能构成对法治的严重冲击。作为一个灾害频发的国家,《紧急状态法》的制定与颁布对于俄罗斯安全与稳定具有重要而深远的意义。对此,俄罗斯联邦构建了以宪法和紧急状态法为主,通过其他领域紧急状态立法,形成了较为完整的紧急状态法律体系。

(一)俄罗斯国家紧急状态法律制度基本概述

国家紧急状态法律制度对于维护国家与社会的稳定发挥着至关重要的作用,当出现威胁公民生命健康和国家安全的情况时,为了维护国家稳定,必须建立起完全适应这种情况的特殊监管机制。否则,国家不仅无法确保其公民的安全,而且也无法确保其内部和外部的主权。历史表明,并非所有国家都能建立起法律机制来对抗由第三国或组织资助的集团引起的紧急状况。苏联就是很好的例子,其所建立的法律机制在实践中被证明是薄弱的,最终导致了国家崩溃。苏联解体后,俄罗斯继承了苏联的法律系统,并十分重视国家紧急状态法律制度的完善,以应对可能出现的突发状况和紧急事件。俄罗斯联邦于1993年12月通过了现行宪法。该宪法规定俄罗斯实行半总统制,总统拥有极大权力。其中涵盖了紧急状态事件应对的规定:"总统有权宣布俄罗斯联邦全国或个别地区实行战时状态或紧急状态,但要立即通知联邦委员会和国家杜马。"1991年5月17日,俄罗斯在尚未独立时就公布了《俄罗斯苏维埃联邦社会主义共和国紧急状态法》,对国家紧急状态加以应对。独立后的俄罗斯联邦在面对和处理各种危机事件的过程中,又相继颁布了一系列相关法律,不断完善国家紧急状态法律体系。如1994年的《关于保护居民和领土免遭自然和人为灾害法》,1995年通过的《事故救援机构和救援人员地位法》,1998年颁布的《民防法》,1999年制定的《俄罗斯联邦公共卫生流行病防疫法》,等等。其中,2001年5月,俄罗斯颁布的新的《俄罗斯联邦紧急状态法》是一部专门的紧急状态法规。2002年1月,又颁布了《俄罗斯联邦战时状态法》。① 这些法律的颁布,对于维护俄罗斯政权稳定有着重要的意义。普京上台后,十分重视法律制度建设。俄罗斯国家杜马又通过了《反恐法》,进一步完善了俄罗斯的紧急状态法律制度。俄罗斯还于2016年以总统令的形式批准了《2030年前民防领域国家政策基本原则》,明确规定了俄罗斯2030年前在该领域国家政策的目标、任务、优先事项和落实机制。② 需要强调的是,经过多年的发展,俄罗斯已经建立了较为完备的紧急状态法律制度,以应对紧急事件给国家和社会带来的威胁与影响。

俄罗斯紧急情况部的工作中心在不同时期侧重点有所不同,本文以俄乌冲突为界限,主要把俄罗斯紧急情况部的工作任务分为两个阶段分别探讨:一、自俄罗斯紧急情况部建立之初到俄乌战争爆发之前;二、俄乌战争爆发之后。根据不同的国际背景下,俄罗斯紧急情况部的职能产生不同变化。

第一,俄乌战争爆发之前:俄罗斯紧急情况部建立之初规模并不大,其主要任务也就是发生自然灾害和重大生产事故以及发生恐怖主义袭击活动时实施救援。由于俄罗斯自然灾害频发,俄罗斯紧急情况部建立了许多专业化的救援救灾机构,实施专业化的救助行动。为此,

---

① 赖中茂:《紧急状态法立法模式研究》,硕士学位论文,中国政法大学,2004。
② 李思琪:《俄罗斯国家应急管理体制及其启示》,《俄罗斯东欧中亚研究》2021年第1期。

一、俄罗斯国家紧急状态法律制度研究

俄罗斯联邦也颁布了相应的法律,如《关于保卫俄罗斯联邦民众与国家领土免受自然灾害与人为紧急情况的影响》《关于俄罗斯联邦消防安全》等,这些法令的生效为俄罗斯紧急情况部的灾害救援行动提供了法律依据。在生产安全方面,俄罗斯紧急情况部关注国内的生产安全,会及时地对安全事故进行调查、通报以及救援。如今年6月,在俄罗斯坦波夫州科托夫斯克市一火药厂发生爆炸,紧急情况部及时地进行了相应的处置行动、事故调查等。俄罗斯联邦针对生产安全也颁布了一系列法律,如《关于危险生产设施的工业安全》,为紧急情况部的安全生产救援提供法律依据。

后来,为了提高对重大灾害和突发事件的应急能力,俄罗斯紧急情况部的规模和任务在不断地扩大。其中,恐怖主义威胁一直尤为突出。俄罗斯紧急情况部会协助其他强力部门执行反恐任务、打击恐怖主义。在此期间,俄罗斯联邦出台了一系列法律文件,如《关于打击极端主义活动》《关于提高反恐行动效率的紧急措施》等,为紧急情况部执行反恐任务提供了法律依据。

第二,俄乌冲突爆发之后:俄罗斯紧急情况部是与俄罗斯国防部、内务部、司法部和外交部齐名的五大强力部门之一,具有军事化的神秘色彩。俄乌冲突爆发之后,紧急情况部发挥了重要的职能,积极参与组织救援工作,并与其他部门相互配合、相互协调。在俄乌冲突中,俄罗斯紧急情况部主要负责灾害的救援工作,维护社会秩序的稳定,保护国家安全。2022年9月26日,北溪管道发生爆炸,给俄罗斯造成了巨大的经济损失以及资源浪费。紧急情况部及时地进行了损失评估以及危险预防,尽可能地减少损失。同年,10月17日,俄罗斯的超级工程,也是连接克里米亚和俄罗斯本土的唯一陆上通道——克里米亚大桥发生爆炸,俄罗斯紧急情况部第一时间进行情况调查,组织救援,及时地报道了伤亡情况。而2023年7月17日,该桥因冲突再次发生爆炸被损毁,目前,紧急情况部也在进一步的处置当中。俄乌冲突中,发生了许多俄罗斯政府始料未及的情况,紧急情况部的行动执行、灾害救援,保护人民的生命财产安全,是俄乌冲突中一支极其重要的安全救援保障力量。其他部门互相配合、相互协调。俄罗斯联邦总统兼俄联邦武装力量最高统帅,对联邦武装力量和其他军队实施全面领导,并通过国防部长和总参谋长对武装力量实施作战指挥。[①] 俄罗斯国防部是俄乌冲突之中的指挥中心,国防部长通过国防部对联邦武装力量实施直接领导,目前,俄罗斯国防部长是绍伊古。国防部长可直接向总统及安全会议汇报有关军事情报工作的问题,提出各种与军事情报体制建设有关的建议,有权将有关军事情报机关的设立、改组及撤销的建议提交总统批准,有权提出包括军事情报机构在内的武装力量编制员额的建议[②]。此前,瓦格纳集团兵变的原因就与国防部长的改革建议存在重大关系。俄罗斯联邦安全会议具有决策和协调的双重作用。联邦安全会议机关的第一项任务就是"为联邦总统和安全会议就当前安全问题、评估面临的内外安全威胁、阐明威胁来源提供情报与分析保障,准备分析材料和对影响安全形势的内外条件变化进行预测"[③]。在俄乌冲突中,该机关也发挥了重要的作用。俄罗斯安全会议副主席梅德韦杰夫多次表示,不拒绝采用谈判的方式解决问题争端,并表示西方的参与只会让事态升级。总参谋部是俄联邦武装力量的"中央军事指挥机关"和"基本作战指挥机关"。在保卫俄罗斯这个国家方面拥有广泛的权力和责任,该部门协调其他部门及部队完成国防任务[④]。此前该部特种部队在阿富汗战争和车臣战争中都扮演了重要的角色。而俄乌冲突中,总参谋部在解放顿巴斯战役中,也发挥了重要的作用。除此之外,俄罗斯联邦安全局、对外情报局等对俄乌冲突提供的情报支持、国内安全保障,也发挥着重要的作用。

1. 立法沿革与完善

紧急状态法律制度的出现,是由严重限制人权和公民权利及自由的紧急情况的出现和采取紧急对策的需要促成的。该制度的发展是在

---

① 耿贵宁、崔肿:《俄罗斯情报体系研究》,《保密科学技术》2013年第10期。
② 王亮:《俄罗斯联邦情报体制管理分析》,《情报杂志》2015年第9期。
③ 王亮:《俄罗斯联邦情报体制管理分析》,《情报杂志》2015年第9期。
④ 王亮:《俄罗斯联邦情报体制管理分析》,《情报杂志》2015年第9期。

一、俄罗斯国家紧急状态法律制度研究

国家和国际层面进行的。俄罗斯紧急状态法律制度早在俄罗斯帝国时期便已经出现。1881年亚历山大二世被暗杀后,强化(紧急)警卫状态作为一种临时性的俄罗斯帝国的紧急状态保护法案依法建立。后来每年特别决议对该法进行更新,使其从临时措施转变为永久措施。这一措施一直持续到1917年的二月革命,在首都和一些地区一直发挥作用。紧急状态分为两种类型:高度安全条款(软安全)和特别安全状态(硬安全)。紧急状态的增加使得宣布为紧急状态的地区当局的权力扩大。同时,国家的权力被扩大到整个帝国。

后来,苏联时期也对紧急状态的法令加以完善,不同时期下,苏维埃社会主义共和国和苏联对紧急状态的法律通过以下条文进行规定:(1)全俄中央执行委员会和苏维埃社会主义共和国人民委员会议的法令《关于保护革命秩序的非常措施的规定》(1923年3月8日);(2)全俄中央执行委员会和苏维埃社会主义共和国人民委员会议《关于保护革命秩序的非常措施》的法令(1926年5月10日);(3)苏联紧急状态法(1988年12月1日);(4)苏联关于紧急情况法律制度的法律(1990年4月)。

苏联解体后,俄罗斯继承了苏联的法律体制加以改进,并在宪法中加以规定。《俄罗斯联邦宪法》第56条规定了在俄罗斯联邦宣布紧急状态的可能性。在联邦宪法规定的情况和程序下,这种紧急状态可以在俄罗斯联邦全境或在其单独的地方实施。规范宣布紧急状态的主要法律文件是《联邦宪法》。俄罗斯联邦又于2001年通过《国家紧急状态法》,对国家紧急状态法律制度加以完善,此后又颁布了《反恐法》《战时状态法》等,使得俄罗斯国家紧急状态法律制度更加完善,对俄罗斯国家和社会的问题具有重大意义。

2. 法律渊源和体系框架

俄罗斯法律体系属于大陆法系,本身是一个强调议会立法的国家,其在司法过程中所适用的法律都是由立法机构制定颁布的法律、法令,且强调法典化。其中,国家紧急状态法律制度一直颇受关注,现如今经过不断的改革与发展,形成了相对完善的法律体系。俄罗斯紧急状法律制度体现在宪法、法律、法令、地方立法（联邦主体立法）中，以及国际条约和协定中。从总体上看，《俄罗斯联邦宪法》是构成俄罗斯"国家安全保障体系的核心法律基础"，它对维护俄罗斯联邦国家安全的根本原则和紧急状态下国家机关的活动进行了规范。此外，俄罗斯联邦颁布的《俄罗斯联邦紧急状态法》《俄罗斯联邦战时状态法》《俄罗斯联邦反恐怖活动法》等法律法规是应对国家紧急状态的基础性法律法规。[①] 目前，俄罗斯联邦已经形成了以《宪法》和《紧急状态法》为核心，以其他各领域紧急状态法律制度为补充的完善的国家紧急状态法律制度体系框架。其法律渊源主要包括以下几种：

（1）有关的宪法规范：《俄罗斯联邦宪法》中明确规定了有关紧急状态事项的条款，如第56条关于公民在紧急状态下限制性紧急失权的规定等。这些规定奠定了俄罗斯联邦紧急状态立法的宪法依据。[②]

（2）宪法性法律：《俄罗斯联邦紧急状态法》颁布实施于2001年5月，是对各种紧急状态的共性所作的规定。该法第2条规定，实现紧急状态的目的，是消除出现紧急情况的根源，保障人和公民的权利与自由，捍卫俄罗斯联邦的宪法制度。第4条第1款规定，俄罗斯联邦总统可以在事先不征求其他政治主体的情况下，通过命令的形式宣布俄罗斯全境或部分地区实行紧急状态，然而总统的紧急状态命令只具有暂时的法律效力。第2款规定，总统应当立即将宣布紧急状态的命令提交给联邦委员会批准。联邦委员会在接到总统紧急状态命令的通报后，要将其作为首要问题进行研究，并在不超过72小时就是否批准总统令作出决定。如果总统令未得到联邦委员会的批准，则在其颁布后72小时后自动失效。该法具体规定了紧急状态的实施以及相应的限制，为后来其他相关法律的制定提供了依据。[③]

[①] 杨涤非：《俄罗斯联邦紧急状态法研究》，《北京市政法管理干部学院学报》2004年第2期。

[②] 杨涤非：《俄罗斯联邦紧急状态法研究》，《北京市政法管理干部学院学报》2004年第2期。

[③] 戚建刚、杨小敏：《六国紧急状态法典之比较》，《社会科学》2006年第10期。

（3）联邦立法和部门规章：在统一紧急状态法出台之前，在俄罗斯就有联邦层面的和联邦主体的紧急状态立法。其中包括1994年12月21日《俄罗斯联邦消防安全法》、1997年的《危险设施法》、1998年的《民防法》以及1991年的《环境保护法》、1995年的《危险设施行业安全公告》等自然灾害类的立法，等等[1]。这些法律对于统一紧急状态法的制定提供了借鉴和经验。

俄罗斯国家紧急状态法律制度已经相当成熟与完善，为国家应对紧急状况提供了综合、全面、整体的战略方向，为制定实施国家安全政策提供了法律依据。

（二）俄罗斯《国家紧急状态法》内容

《俄罗斯联邦紧急状态法》在俄罗斯国家紧急状态的法律体系中占据着重要的地位。该法在前苏联《紧急状态法律制度法》的基础上进行完善，使其更加适应目前俄罗斯国情。同时延续了前苏联的概念，将紧急状态定义为一种法律制度，由法律明文规定，发生紧急状况达到法律规定的条件、危害程度等才能够启动紧急状态制度，紧急状况属于紧急状态的一种情态。[2] 本节将从《俄罗斯联邦紧急状态法》的内容、特点、立法渊源以及修法历程的角度进行探讨与分析。

1. 《俄罗斯联邦紧急状态法》主要内容及特点

《俄罗斯联邦紧急状态法》属于宪法性法律，也就是我们所说的"小宪法"，是在紧急状态启动后的特殊时期的宪法，拥有最高的法律效力（在该法律规定的紧急状态期间，效力低于宪法的法律文件才有可能被总统的紧急状态令中止效力），为紧急状态下国家行政权力和立法权力的"超宪"使用提供了法律依据。《俄罗斯联邦紧急状态法》的法律地位决定了它规定的问题是原则性的，是对于各种紧急状态的共性所做的

---

[1] 杨涤非：《俄罗斯联邦紧急状态法研究》，《北京市政法管理干部学院学报》2004年第2期。

[2] 杨涤非：《俄罗斯联邦紧急状态法研究》，《北京市政法管理干部学院学报》2004年第2期。

规定,①本文将从《俄罗斯联邦紧急状态法》规定的紧急状态时期的情况、启动程序、紧急状态宣布、期限、人权保障等角度对《俄罗斯联邦紧急状态法》进行探讨。

根据《紧急状态法》第3条规定,紧急状态的情形包括:

(1)企图暴力改变宪法制度,篡夺权力或把权力据为己有,武装暴动,聚众骚乱,恐怖活动,封锁或占领特别重要的目标或者个别地区,准备开展非法武装组织活动,民族之间、教会之间、宗教之间的暴力冲突,对公民的生命和安全,国家权力机关及地方自治机关的正常活动造成直接威胁;

(2)自然和基因工程紧急情况,生态紧急情况,包括发生事故、危险自然现象、自然灾害或者其他灾难时所引发的传染性流行病和动物流行病,已导致(可能导致)人类死亡,对人体健康和自然环境造成损害,并带来巨大的物质损失,破坏了居民的日常生活条件,要求进行大规模的紧急救援及其他救援工作。②

由此可见,引起紧急状态的原因主要包括三大类:政治原因、技术原因和自然原因。所谓政治原因就是指企图通过暴力危害俄罗斯国家安全,实施对公民的生命和安全、国家政权机关和地方自治机关的正常活动造成直接威胁的行为。而自然原因和技术原因就是指引起紧急状态的原因是自然现象、灾难等,他们可能危及公民和社会安全,造成物资损失,需要针对其做大规模的事故救援工作和其他急救工作。③

宣布紧急状态涉及使用大量资源和实施大规模措施以解决导致宣布紧急状态的情况。根据《紧急状态法》第4条,俄罗斯联邦总统令在俄罗斯联邦全境或其单独地区实行紧急状态。若俄罗斯联邦有以上情况发生,需要通过以下程序宣布进入紧急状态。

---

① 杨涤非:《俄罗斯联邦紧急状态法研究》,《北京市政法管理干部学院学报》2004年第2期。
② 《俄罗斯联邦紧急状态法》。
③ 杨涤非:《俄罗斯联邦紧急状态法研究》,《北京市政法管理干部学院学报》2004年第2期。

一、俄罗斯国家紧急状态法律制度研究

（1）俄罗斯总统签发紧急状态令，在俄罗斯紧急状态启动的程序必须由总统签发紧急状态令作为第一步；

（2）报联邦委员会批准；

（3）联邦委员会接到总统紧急状态令后立即开始工作（第7条）；

（4）俄罗斯联邦会议、联邦委员会没有在法定期限内做出决议的法律后果；

（5）紧急状态消失后迅速及时地恢复正常状态。紧急状态的启动权是国家最高机关的权力，因为它直接关系到数量巨大的居民的生命、财产安全，甚至国家的存亡，它的启动必须是合宪、合法的，有着非常严肃的程序要求，在紧急状态法中进行明文准确的规定该程序是宪政制度的要求。[①]

对于紧急状态的期限不是无限制的，2001年的紧急状态法沿用了苏联紧急状态法中关于紧急状态期限的规定，全境的紧急状态是30天，局部地区是60天，总统可以根据实际情况决定提前或者延长该期限。这个规定的期限比其他西方国家的期限更短，更符合现代宪政国家的法制化要求。[②]需要注意的是，在俄罗斯联邦总统关于宣布紧急状态的法令颁布后，联邦委员会成员应尽快到达联邦委员会会议地点，无需特别传唤。联邦委员会应在不超过以下期限内，优先审议批准该法令的问题。颁布后72小时内，根据对法令的审查结果，联邦委员会应通过相应的法令。未经联邦委员会批准的宣布紧急状态的总统令，在其颁布后72小时内失效。

紧急状态的宣布对于社会的影响是巨大的，可以说对于当下的宪政制度是一把"双刃剑"。在可以消除灾难的同时，也会严重地伤害人们的法治信仰，造成难以估计的损失。因此，只有在原有法律制度无法平息灾难的时候才能启动，期限决不能过长，作为该法律制度的组成部

[①] 杨涤非：《俄罗斯联邦紧急状态法研究》，《北京市政法管理干部学院学报》2004年第2期。

[②] 杨涤非：《俄罗斯联邦紧急状态法研究》，《北京市政法管理干部学院学报》2004年第2期。

分,还有法律上的法定延长、提前中止等程序,以保障迅速有效地达到立法目的。①

俄罗斯联邦国家制度中,总统拥有很大的权力,并有权通过签发总统令进入紧急状态。紧急状态法第5条对总统令的内容做了如下规定:

a) 实行紧急状态根据的情形;

b) 实行紧急状态的必要理由;

c) 实行紧急状态的必要范围;

d) 保障紧急状态制度的力量和措施;

e) 紧急状态的措施清单及其效力范围,临时限制俄罗斯联邦公民、外国公民和无国籍人的权利与自由,以及社会团体和组织权利范围的详尽清单;

f) 紧急状态下负责实施具体措施的国家机关(公职人员);

g) 紧急状态的生效时间及有效期限;②由此可见,宣布紧急状态完全属于国家元首的权力,由他自行决定,以防止或补救紧急状况。拟采取的具体措施也由国家元首决定。当俄罗斯联邦总统令在实行紧急状态的领土上实行紧急状态时,可通过设立临时特别管理机构来对该领土进行特别管理。对临时特别管理机构的活动的法律规定,由俄罗斯联邦总统批准的条例进行。法律赋予了总统极大的权力。

联邦宪法法律还规定了在宣布紧急状态期间适用的措施和临时限制,涵盖了诸多领域。在已宣布紧急状态的领土上,在紧急状态期间不得举行选举和公民投票。可以采取以下措施和临时限制:宵禁;限制新闻和其他媒体的自由;暂停政党和其他公共团体的活动;检查公民的身份证件和搜身;限制或禁止销售武器、弹药、爆炸物;延长根据俄罗斯联邦刑事诉讼法拘留的人员的拘期限。

紧急状态的实施面临着部分国家机关和地方自治机关的行政权力

---

① 杨涤非:《俄罗斯联邦紧急状态法研究》,《北京市政法管理干部学院学报》2004年第2期。

② 《俄罗斯联邦紧急状态法》。

受到限制,公民的部分宪法权利在特殊状态下的紧急失权,除去宪法中专门规定的即使在紧急状态下也不能失去的个人权利,比如生命权、健康权等都受专门的紧急状态立法的调整。针对紧急状态情况颁布的特殊法律规范与该地区的有效法律发生抵触,则总统有权中止紧急状态地域内有效的法律文件的效力,实施特殊的紧急状态规范,紧急状态解除后原有的有效法律文件自动恢复效力。紧急状态的宣布和解除方面都有严格的法律依据,对于特别的法律文件的颁布有非常严格的程序。① 除此之外还包括以下措施:实施检疫;将居民暂时转移到安全地区,使用国家物资储备,在紧急状态下因不适当地履行职责而解除国家组织负责人的职务,任命其他人暂时履行这些负责人的职责,等等。实施的具体措施和限制取决于实施紧急状态的情况。

由于紧急状态下的国家权力行使具有独裁性和超宪性的特点,如果滥用,将会对人权的保障造成极大的威胁。俄罗斯联邦的紧急状态法律制度作为一套限制公民的个人、政治、社会、经济和文化权利的措施,在实施时必须严格遵守法律的要求,俄罗斯联邦十分重视人权保障。保障人权是宪法的最高价值所在,保护人权是俄罗斯总统宣誓词的内容之一。俄罗斯的紧急状态立法从早期开始就一直很注重对公民权利的保护,这也是现代民主法治国家的特征之一。俄罗斯早在1994年就制定了《俄罗斯居民、区域(自然和技术性质)紧急状态保护法》,专门规定了在自然灾害或者技术灾害来临时对于公民权利的保护,而对限制公民权利的要求非常严格,生命、尊严隐私等都在保护之列。另外,国家在紧急状态期间尽量保护公民的财产权利和社会经济权利,并对已经发生的不得已的损失给予补偿。②

通过对《俄罗斯联邦紧急状态法》内容的分析,笔者总结出以下几种特征:第一、针对突发性事件,即调控的对象是导致紧急状态出现的

---

① 杨涤非:《俄罗斯联邦紧急状态法研究》,《北京市政法管理干部学院学报》2004年第2期。
② 杨涤非:《俄罗斯联邦紧急状态法研究》,《北京市政法管理干部学院学报》2004年第2期。

事由是突然发生的。如自然灾害的突然发生，给社会和人民造成巨大损失，国家需要立即采取补救措施以减少损失，维护社会稳定。第二、补充保障性。当原有的法律制度无法解决问题时才可以采取紧急措施。如紧急状态严重危及国家政权、社会秩序及公民生命健康权、财产权。原有法律制度无法更好地保证正常的秩序，才通过改法调整。第三、应急措施的特殊性。即通过国家权力行使和社会动员，采取正常时期所不能采取的应急措施预防或解除紧急状态。第四、以总统为核心。俄罗斯联邦宣布进入紧急状态的权力属于国家元首，由总统自行决定。

《俄罗斯联邦紧急状态法》内容与特点也是为了实现紧状态处置工作科学化的内在要求，因为法律总是滞后于时代的，应急式的立法始终会面临着"龟兔赛跑式"的问题。同时面对紧急状态带来的威胁，不能仅仅寄希望于紧急状态法本身。紧急状态法仅仅给出了一个具体的框架，面对不同的实际情况，应当采取因地制宜的应对措施。针对政府义务和公民权利问题，紧急状态法的规定应当尽量具体化予以保障人权。

2.《俄罗斯联邦紧急状态法》立法渊源、法理基础、立法修法进程

2001年5月30日普京总统签署了《俄罗斯联邦紧急状态法》，该法通过之前，现行的紧急状态条例的范围和深度并未达到实际要求。这些条例只是在整体上涉及了一系列要求，而没有建立一个特定的机制，即只是一些各自独立、缺乏一致性的法律。前苏联时期紧急状态的立法并非从第一部宪法开始就有明确的规定，而是一个逐步完善的过程。直到1990年3月14日通过的《宪法修改补充法》，规定了战争状态、战时状态（即戒严）、紧急状态和总统临时治理等四种紧急处置制度。根据这一宪法规定，1990年《紧急状态法律制度法》详细地规定了宣布紧急状态的条件、程序以及在紧急状态期间可以采取的措施等，1991年出台完整的《紧急状态法》。前苏联时期紧急状态法被定位为宪法性法律。苏联解体以后俄罗斯国内局势处在动荡之中，民族争端（以棘手的车臣问题为代表）、宗教争端等层出不穷，国情要求国家进行新的法律创制。俄罗斯联邦的立法基本上沿袭前苏联的模式，法律规范很长时间来不及更新，法律规定之间相互冲突，总统不得不使用

一、俄罗斯国家紧急状态法律制度研究

1991年的老的《紧急状态法》签发紧急状态令。俄罗斯2001年5月颁布了《俄罗斯联邦紧急状态法》。它是一部统一的紧急状态法律规范,是一部宪法性法律,取代了前苏联的《紧急状态法》,克服了原有的不合时宜的弊端。从法律技术的角度考察,这部法律沿用了1991年《紧急状态法》的法律概念,且根据俄罗斯当时的国情进行了自己的创造。[①]《俄罗斯联邦紧急状态法》发展与完善经历了一定的时期,在调整国内局势稳定中扮演着重要的角色。从其立法渊源的角度看,主要包括以下内容:宪法、宪法性法律以及联邦法律等。

《俄罗斯联邦紧急状态法》的立法渊源要追溯到苏联时期,苏联历部宪法对紧急状态法律制度都有一些规定,但主要限于戒严制度和战争状态。1918年通过的《俄罗斯社会主义联邦苏维埃共和国宪法》第50条涉及到了紧急状态下宪法的变更适用问题。1924年颁布的《苏维埃社会主义共和国联盟根本法》没有直接涉及到紧急状态的规定,但有些条文也规定了紧急情况的处置办法。而1936年制定的《苏联宪法》则对紧急状态法律制度作了比较详尽的规定,如该宪法第49条规定:"苏联最高苏维埃主席团在苏联最高苏维埃休会期间,凡遇苏联遭受敌国武装侵犯时,或遇必须履行国际互防条约义务时,得宣布战争状态;颁布全国总动员或局部动员令。"1938年又在1936年宪法第49条中增加一项,即苏联最高苏维埃主席团"宣布个别地方或苏联全国戒严,以利苏联国防或保障公共秩序及国家安全"。1977年宪法第121条也对戒严、动员和战争状态作了原则规定。1990年4月3日苏联最高苏维埃通过了《紧急状态法律制度法》。该法第1条规定:紧急状态是在发生自然灾害、重大事故或惨祸、流行病、兽疫以及在发生群众性骚乱时,为了确保苏联公民的安全,根据苏联宪法和本法律宣布的临时措施。该法对宣布紧急状态的条件、程序以及在紧急状态期间可以采取的措施等作了详细的规定,并对总统临时管制、为公民提供必要的帮助

[①] 杨涤非:《俄罗斯联邦紧急状态法研究》,《北京市政法管理干部学院学报》2004年第2期。

等作了原则规定,从而成为苏联紧急状态领域的基本法。但由于不久后苏联解体,该法实际上并没有真正实施。[①] 此外,还包括一些联邦法律。如1992年《俄罗斯联邦安全法》中已经对一些紧急状态的处理作出了规定。俄罗斯的《特例法》规定了紧急事件和灾害处理法方案。

苏俄时期每一部法律在一定时期都产生了作用与意义,对国家和社会产生了积极影响。为后来《俄罗斯联邦安全法》的出台与颁布提供了重要的借鉴意义。针对宣布紧急状态可能带来的影响,立法往往是各国所经常采用的防范手段之一。因为立法是解决问题的制度性途径,它的体系化构架使得其可以在紧急状态时起到动员社会各种力量有序地应对危机的作用。但是,紧急状态立法面临着两个法律困境:一是行政权力在紧急状态下的剧烈膨胀所造成的公共权力内部的不平衡问题;二是紧急状态下政府权力在维护与限制公民权利之间的平衡问题,对这两个问题的解决构成了紧急状态立法建构的法理基础。[②] 俄罗斯联邦对该问题的解决主要体现在决定权的限制上。如《俄罗斯联邦紧急状态法》第2款规定,总统的决定需要通过联邦委员会的批准,表明了立法权对行政权一定程度上的限制。

在紧急状态下,由于全社会的任务首先是考虑如何采取有效的措施来控制和消除突发性灾难,恢复正常的生产、生活秩序,以及法律秩序,因此,社会公共利益要得到优先保护。这种情况下,势必要求行政紧急权力具有更大的法律权威,使其不仅能够随时征用私人财产,甚至有权限制公民的人身自由。《俄罗斯联邦紧急状态》中规定可以命令关闭紧急状态区域的剧场、酒店和公共场所。有权限制交通、禁止妨害局势正常化的社团活动等。同时,十分重视对公民人权的保护,规定保障公民的权利不因紧急状态的发生而被政府随意剥夺。因此,《俄罗斯联邦紧急状态法》的法理基础就在于:在通过立法的手段有效构建应对突发性事件的法律保障机制的基础上,实现政府权力的内部之间和政府

---

① 赖中茂:《紧急状态法立法模式研究》,硕士学位论文,中国政法大学,2004。
② 李镐秀:《紧急状态法研究》,硕士学位论文,重庆大学,2008。

权力与公民权利之间在特定社会背景下新的平衡。①

由此可见,《俄罗斯联邦紧急状态法》具有以效率为主,兼顾民主的特点。该法之所以采取以效率为主,主要是为了克服国内严重的危机事件。俄罗斯经历了长期的政治动荡危机,如车臣内战。也正是在这样的一个背景之下,《俄罗斯联邦紧急状态法》用以维护国家安全稳定,同时授予总统广泛的权力保障该法律的实施以及制度的实现。

(三)其他类型的紧急状态立法——各领域紧急状态下的立法趋势和方向

俄罗斯在紧急状态立法、减灾法律法规和灾害救援队建设方面起步较早,以《宪法》和《紧急状态法》为核心,建立了完善的法律法规体系,随着社会经济的变革,紧急状态法律体系涵盖的范围更加广泛,包括诸多方面,如自然灾害的应对。涉及了预防、消除、恢复等多个方面,并以完备的法律法规作为保障。现如今,俄罗斯紧急状态法律体系由综合性法律和专门性法律两方面组成,其紧急状态的应对法案也朝着更加灵活适应的方向发展。

1. 紧急状态法律发展的基本趋势和主要方向

在当下的国际环境与背景下,随着经济的不断发展,俄罗斯联邦紧急状态法律发展的基本趋势与方向也产生了重要变化,越来越关注国家安全、自然灾害,以及环境保护等方面所带来的影响。最终也发展成为俄罗斯各领域下紧急状态立法的制度框架。

现如今,俄罗斯联邦已经建立起了完善的紧急状态应对法律体系,也叫做应急管理体系。其中各领域下紧急状态的应对法案成为了俄罗斯法律体系中一个特殊的分支。一方面,法律法规越来越趋于综合,意味着俄罗斯联邦正在使现行的法案更加系统化和组织化。另一方面,这需要以国际法的基本准则为依据进行调整和统一。② 俄罗斯联邦以

---

① 李镐秀:《紧急状态法研究》,硕士学位论文,重庆大学,2008。
② 杨鑫:我国应急管理法律体系问题研究,东北林业大学,2022。

宪法和紧急状态法为核心,通过一系列保障国家和公民的法律法规和行政条例,构成了俄罗斯应急管理领域的法律法规体系,就该层面来讲,它的发展趋势是应急管理的高度集权化。

俄罗斯在应急管理政策法制建设方面的经验是较全面地针对各类突发事件应急管理进行立法。目前俄罗斯的应急管理法案正向着两个方向发展:一是针对新出现的突发事件类型制定新的法律、政策;二是对既有政策法规进行修订。相应地,其政策体系也由综合性政策与专门性政策组成。综合型政策是俄罗斯国家应急管理政策的基础,专门性政策包括针对特定突发事件应急管理的法律与规定以及针对特定应急管理功能与服务行为的法律与规定。①

随着经济社会的不断发展,俄罗斯紧急状态应对法律体系涵盖的范围更加广泛,主要目的是维护国家安全以及保障公民权利。更多综合法案的颁布和出台,法律发展趋势趋于综合,应急管理体制呈现高度集权化。当前国际背景下新的突发事件的增加,俄罗斯应急管理法案朝着综合性和专门性法律法规方向发展,其中,综合性法案是基础,专门性政策在突发事件应急管理中具有重要作用。

2. 其他类型的紧急状态立法

(1) 紧急管理和减灾立法的类型:俄罗斯紧急状态法律朝着多元化的方向发展,其中包括紧急管理和减灾立法的发展及制定(有民防、环境保护法和紧急事件灾害处理等规定),而这些也构成俄罗斯国家紧急状态法律法规的综合化,使其成为一个体系。正是随着法律法规的多元化发展,紧急管理和减灾立法的整合行动,已经成为俄罗斯制定法律法规的特别分支,且逐渐地变成政府立法的特性。而这些整合性法律法规明确指出俄罗斯政府与地区立法方向。另一方面,在国际法律法规和基本原则的基础,俄罗斯紧急管理和救灾行动也包含了此原则的一致性和统一性法律法规的特性,不同于其他已实行紧急管理政策多年的西方国家,俄罗斯除遵循既有的紧急管理政策特例外,也不断开

---

① 郭翔、余霞、唐林霞:《国外应急管理政策研究评述》,《软科学》2008年第10期。

展新的活动,例如增加灾害紧急管理多元性及整合性,以加强联邦政府化和中央化,并且俄罗斯提出管理责任分享制,让国家和地方共同承担责任,当然这也根据地方社会经济政策有所差别。①

俄罗斯紧急管理法案可以分为综合法案和特殊法案两种。各级联邦和行区负责应对各种类型的突发事件和灾害。特殊法案只有出现紧急情况时才能发挥功能。而综合法案只提供国家应急管理政策的基本概念性框架、准则、目标和任务等。1993年,俄罗斯联邦宪法在特定章节中明确了公民的生命、健康以及财产受保护的权利,这都是国家紧急管理和减灾政策的主要目的。俄罗斯总统在宣布国家紧急管理政策时,强调了宪法对这些权利和义务进行了一定约束,以确保公民在遇到危机时的安全。②

早期的联邦应急法案作为综合的法案框架,主要是针对和平时期非冲突性的紧急事务。这些法案是有关自然灾害和技术性灾害方面的法案(也包括有害材料)。这种思路约束并减弱了联邦应急管理法案的综合性,使之向着更特殊化的方向发展。在俄罗斯应急管理和减灾立法中,特殊法案又自成体系。这个体系可以再细分为两类:特殊突发事件或灾难方面的法律法规(主要是各种特殊的突发事件);特殊应急职能和服务方面的法律法规(主要是应急管理职能或是服务)。在第一类法案里,重点涉及的是有害材料引发的危险事件。在第二类法案里,应该能区分特殊的应急管理职能和特殊服务性工作。③ 值得注意的是,俄罗斯《特别法》是紧急管理和减灾政策的方案,其处理模式可以分为两大类:一是紧急管理特别法,二是减灾处理特别法。且在这套方案中详细规定了特殊紧急事件的处理以及紧急管理机构的功能。

(2)关于预防和消除紧急情况及灾难的特殊法案:乔治华盛顿大

---

① 游志斌:《当代国际救灾体系比较研究》,硕士学位论文,中共中央党校,2006。
② 迟娜娜、邓云峰:《俄罗斯国家应急救援管理政策及相关法律法规(一)》,《中国职业安全卫生管理体系认证》2004年第5期。
③ 迟娜娜、邓云峰:《俄罗斯国家应急救援管理政策及相关法律法规(一)》,《中国职业安全卫生管理体系认证》2004年第5期。

学紧急管理专家戴克斯塔拉认为,"准备是减损的关键"。紧急管理的本质是处置和规避风险。近年来,俄罗斯应对危机和重大突发事件的过程表明,突发事件的预防和消除紧急情况及灾难特殊法案的完善,能够有效地保障人民群众生命和财产安全,促进社会有序健康发展的相关活动。预防和消除紧急情况及灾难的特殊法案涵盖诸多领域、诸多方面,为俄罗斯联邦国家机构针对突发事件或灾难出现的积极应对提供了法律依据。俄罗斯1994年通过了《关于保护居民和领土免遭自然和人为灾害法》,对在俄罗斯生活的各国公民,包括无国籍人员提供旨在免受自然和人为灾害影响的法律保护。1995年通过了《事故救援机构和救援人员地位法》,规定在发生紧急情况时,联邦政府可借助该法律协调国家各机构与地方自治机关、企业、组织及其他法人之间的工作;规定了救援人员的救援权力和责任等。1999年又制定了《公民公共卫生和流行病医疗保护法案》,以保障公民公共卫生安全、控制流行病发生。① 该法对2020年新冠肺炎疫情的预防及应对发挥了重要作用。

俄罗斯法律也规定了预防措施以确保安全设施用于日常监测和控制,并由政府、公众和私有组织进行监督。据统计,1999年,国家环境保护委员会处理了将近100个有重大危险源的企业。工业生产中的从业人员安全保障法在立法中占有特殊的地位,这个法案可以预防和减少技术性灾害(包括危险有害材料)。有关卫生和环境方面的法规禁止在沉降地带建造建筑物,而且禁止在居民区附近建设危险性建筑。危险设备的安全报告实际上是一个标准化的文件,是用来预防和减少技术性灾害所造成的损失的。② 此外俄罗斯地震灾害预防中包括对救灾救援及医疗救护管理计划的制定。1994年的《俄罗斯联邦国家安全科学问题:关于建立国际地震预报情报系统的决议》指出在条件许可的情

---

① 熊文美、陈进、李幼平、陈燕玲、郑慧贤、周丽萍:《美日俄中四国地震医疗救援应急管理比较》,《中国循证医学杂志》2008年第8期。
② 迟娜娜、邓云峰:《俄罗斯国家应急救援管理政策及相关法律法规(一)》,《中国职业安全卫生管理体系认证》2004年第5期。

况下,对人口集中、工商业集中、防震意识与常识具备程度较高的地区,进行将预测逐渐变为预报或警报的实验。当应对紧急事态时,有法律依据和支撑,政府、公民、相关社会组织应该怎么做,法律有基本甚至是详尽细致的规定。① 以上特殊法案都包含有关应急救援准备的章节。各种法案分别规定了相关应急预案,救援人员的演练和教育(消防、民兵、救援人员、医务人员及其他人员),公共信息和培训,增加资金、资源储备和财政支持等具体问题。前面提到的联邦法律没有涉及到的相关领域指的是化学安全、有毒危险品的运输、高度危险材料及其它。

(3) 关于紧急事件和灾难的防范准备、紧急响应和灾后恢复的特殊法案:俄罗斯现行的特殊法案包括一套防范准备、应急响应和灾后恢复的工作体系。针对和平时期的安全威胁主要来自于社会冲突、恐怖袭击、自然灾害等,也愈发成为国家安全和公共安全的关键问题,管理政策体系也随之进行了转型和调整。② 现如今,俄罗斯联邦逐步把建设重心转移到和平时期可能出现的各种重大自然灾害与突发事件上,由此,俄罗斯联邦制定颁布的特殊法案涉及突发事件(风险)的预防与应急准备、监测与预警、应急处置与救援、事后恢复重建等各个阶段。

俄罗斯紧急管理和减灾立法等特殊法案有助于减少灾难给联邦实体带来的影响,采取措施来预防和减轻不可预知的灾难③,并且可以规范社会行为,减少人为因素对自然造成的影响。俄罗斯一直重视对于国家标准企业的规范,强调企业达到经济效益的同时也要注重环境保护。其中,俄罗斯联邦颁布《环境保护法》《消费者权利法》《环境影响评价法》等,通过了相关企业法案来强制处理那些不遵守现行国家标准的企业,令其对社会和环境造成的破坏进行补偿,取得了一定的成效。

---

① 熊文美、陈进、李幼平、陈燕玲、郑会贤、周丽萍:《美日俄中四国地震医疗救援应急管理比较》,《中国循证医学杂志》2008 年第 8 期。
② 李思琪:《俄罗斯国家应急管理体制及其启示》,《俄罗斯东欧中亚研究》2021 年第 1 期。
③ 迟娜娜、邓云峰:《俄罗斯国家应急救援管理政策及相关法律法规(一)》,《中国职业安全卫生管理体系认证》2004 年第 5 期。

俄罗斯联邦重视灾后恢复工作，并采取多种政策减少灾难所造成的损失。其中，保险业是该种措施的重要组成部分。苏联时期对其规定了复杂的准备性和恢复性的工作，发展至今有所简化，主要采取经济方式的补偿手段，用于补偿突发事件和灾难中的受害者以及受害者的家庭。实际上，这些补偿金只允许补给那些失去负担家计的人的家庭，和终身残疾的人。起初，由中央政府颁布的相关法律中没有注明补偿程序、操作程序和补偿的具体数额。在实际的运行中并没有取得立法的效果，这阻止了现行保险制度的发展，损害了民众对保险业的信任。为此，俄罗斯相继出台了《保险发展法》《俄联邦公民医疗保险法》《保险法》等，这种情况得到了一定程度的改善。环境保护法以及一些关于紧急响应服务的立法（公安、消防、营救、医疗救护及其它）中已经注明了一些具体的保险条例。这些条例里面单列了一部分补偿金，是专为那些在执行救援任务时受伤致残的营救人员和在执行搜救任务时不幸遇难的救援人员的家庭所设。① 俄罗斯通过一系列的法律保险法案，把应对灾难紧急管理的重心放在了经济补偿上，值得我们学习与借鉴。

俄罗斯以宪法和紧急状态法为基础，总共制定有150多部联邦法律和规章、1500多个区域性条例，以及大量的总统令、政府令。这一系列法律、法规的设立，从总体上体现了国家的法治原则，对应急管理过程的各个环节和层面都有比较详细科学的规范，并向专业化和专门化发展，针对各种具体的紧急情况政府出台许多单行法，从而有力地保障了俄罗斯紧急状态法在制度化、规范化轨道上运行。② 各个领域的紧急状态立法相对完善，屡次在各种重大灾难和突发事件中发挥重要作用，在世界范围内拥有重要的参考价值。

---

① 迟娜娜、邓云峰：《俄罗斯国家应急救援管理政策及相关法律法规（一）》，《中国职业安全卫生管理体系认证》2004年第5期。
② 孙鸿涛、田军章、叶泽兵、江桂华、曹东林：《俄罗斯紧急医疗救援体系建设的做法与理念》，《现代医院》2013年第1期。

(四) 乌克兰危机下《俄罗斯联邦紧急状态法》的具体实践

1. 乌克兰危机下俄罗斯应对涉外制裁之策

俄乌冲突爆发以来,美国等西方国家对俄罗斯采取了一揽子严厉的经济金融制裁措施,禁止与俄罗斯央行、政府部门和金融机构开展金融交易,冻结俄罗斯金融机构和个人在境外的金融资产,切断俄罗斯金融机构与 SWIFT 等跨境支付金融基础设施的联系,对俄罗斯金融市场造成了很大冲击,俄罗斯股市和汇率出现暴跌。为了应对西方制裁措施,俄罗斯采取大幅提高利率、贸易本币结算、启动国内替代性支付体系、实施外汇管制、提供流动性支持、降低存款准备金率、阻止外国投资者抛售在俄资产、允许国内债务人用本币偿还外债以及实施其他紧急宏观审慎调控措施,对稳定俄罗斯汇率和资本市场起到了重要作用。[①]

1.1 西方国家对俄罗斯金融业实施的制裁措施

一是,对俄罗斯央行及政府机构的交易和资产进行限制和冻结。禁止与俄罗斯中央银行及政府机构进行金融交易,冻结其境外储备资产。美国、英国、加拿大和欧盟寻求"实施限制性措施,阻止俄罗斯央行动用国际储备削弱制裁效果"。美国财政部外国资产控制办公室(OFAC)要求美国金融机构不得参与由俄罗斯联邦中央银行、俄罗斯联邦国家财富基金或俄罗斯联邦财政部 2022 年 3 月 1 日后发行的以卢布或非卢布计价的二级市场债券交易。此前美国曾于 2021 年 6 月 14 日起,禁止美国金融机构参与以卢布计价的俄罗斯主权债一级市场。2022 年 2 月 28 日,OFAC 宣布禁止美国人与俄罗斯中央银行和俄罗斯财政部进行交易,冻结了俄罗斯央行在美国或由美国人持有的所有资产,无论其所在地。欧盟禁止与俄罗斯央行或其代表开展任何交易,并冻结俄罗斯央行在欧盟境内的储备。日本限制在一级和二级市场交易俄罗斯主权债务,还对俄罗斯央行出售证券开展额外的限制。美国财政部表示,

---

① 李珍、牟思思、赵凌:《俄罗斯应对西方国家经济金融制裁的措施及政策启示》,《当代金融研究》2022 年第 9 期。

制裁措施将冻结俄罗斯持有的约 6300 亿美元外汇储备的近半数（约 3100 亿美元）。

二是，对俄罗斯金融机构的跨境支付清算和服务体系实施阻断。切断 SWIFT、清算机构等金融基础设施与俄罗斯的业务联系，暂停跨境支付机构对俄提供服务。2022 年 2 月 26 日，美国、英国、加拿大及欧盟 27 国联合发表声明，动用"金融核武器"，决定将 Otkritie、Novikom、Promsvyaz、Rosiya、Sovcom、Vnesheconom（VEB）和俄罗斯外贸银行（VTB）7 家俄罗斯银行排除在环球银行金融电信协会（SWIFT）支付系统之外，美国四大支付公司——维萨、万事达、运通和贝宝暂停在俄罗斯的业务，其中维萨和万事达控制着俄罗斯支付市场近四分之三的份额。跨境转账公司 WISE、西联汇款、苹果支付、谷歌支付以及欧洲的支付公司 Paysera 也暂停了俄罗斯的业务。

三是，对俄罗斯主要银行金融机构实施资产冻结和交易禁令。第一，实施资产冻结与交易禁令。例如俄罗斯最大的两家金融机构——俄罗斯联邦储蓄银行（Sberbank）和俄罗斯外贸银行（VTB）资产价值占全国银行系统总资产的一半以上，均由俄罗斯政府控股。OFAC 要求所有美国金融机构在 30 天内关闭所有俄罗斯联邦储蓄银行的代理行或支付账户，并拒绝所有未来涉及该行或其 25 家子公司的交易，英国、加拿大也对其实施了资产冻结和交易禁令。美国、英国、加拿大等要求本国金融机构冻结俄罗斯外贸银行及其子公司持有的资产，并对其他主要俄罗斯商业银行实施全面封锁性制裁，包括资产冻结与交易禁令。第二，实施债权和股权禁令。美国禁止美国人或在美国境内交易俄罗斯联邦储蓄银行、俄罗斯天然气工业银行等 8 家银行发行的超过 14 天的到期债券和证券，严格限制通过这些机构在美国市场筹集资金。欧盟禁止俄罗斯 Alfa 和 Otkritie 银行在域内发行债券、股票或贷款以获得再融资。第三，禁止俄罗斯银行使用货币或清算服务。英国禁止特定俄罗斯银行使用英镑和通过英国开展清算付款。受此措施影响的银行将无法通过英国处理任何付款，也无法进入英国的金融市场。

四是，对俄罗斯主权基金和开发性金融机构实施制裁。美国和加拿大对俄罗斯的主权财富基金——俄罗斯直接投资基金（RDIF）进行了制裁。例如美国禁止在没有 OFAC 许可或豁免的情况下任何美国人或美国金融机构代表俄罗斯联邦中央银行、俄罗斯主权财富基金或俄罗斯联邦财政部进行包括财产转移、外汇买卖在内的任何交易，也不得参与任何涉及前述实体的交易。英国和加拿大对开发性机构黑海复兴开发银行实施了制裁。欧盟禁止俄罗斯国有企业在其交易所上市，并扩大其以欧元债券融资的限制。纽约证券交易所、纳斯达克和洲际交易所暂停在其交易所上市的俄罗斯公司的股票交易。英国出台立法，禁止俄罗斯公司在英国市场融资，伦敦证券交易所暂停了 27 家与俄罗斯有密切联系的公司的交易，包括俄罗斯天然气工业股份公司（Gazprom）。

五是，对政府官员、国会议员和企业高管实施财产冻结。美国、英国、欧盟、瑞士、日本和加拿大对俄总统普京及其外交部长拉夫罗夫资产进行冻结，由加拿大、欧盟、法国、德国、意大利、英国和美国组成的跨大西洋特别工作组（transatlantic task force）开展跨境合作，对俄罗斯的国防部部长、武装部队司令、国会议员、情报部门负责人、寡头、银行高管、国防企业高管及其亲属冻结、没收财产，实施旅行限制。所谓的中立国瑞士也采取欧盟对俄罗斯公民和企业实施的所有制裁措施来冻结资产。[①]

1.2 俄罗斯组建各类职能部门领导小组面对紧急突发事件

自 2014 年克里米亚战争以来，美国等西方国家对俄罗斯实施了多轮的制裁，以美国为首的国家对俄罗斯实施了 5314 项制裁，内容涵盖政治、经贸、军事、科技和金融等方方面面。面对长期的资金和技术封锁，俄罗斯采取了系统性的反制裁措施，如建立独立的支付系统来绕开 SWIFT，推进本币结算、减持美元资产、增加黄金储备，积极与美元脱钩，以提升经济安全水平。乌克兰危机发生以来，俄罗斯为了应对突发

---

① 李珍、牟思思、赵凌：《俄罗斯应对西方国家经济金融制裁的措施及政策启示》，《当代金融研究》2022 年第 9 期。

紧急情况采取了总统组建各领域委员会,旨在集权各种措施予以反制裁,竭力稳定国内金融市场。

一是,由央行组建汇率稳定小组,通过大幅提高基准利率、采取外汇管制等稳定汇率。为了稳定卢布汇率,俄罗斯央行建立汇率稳定小组,由央行行长为组长,对总统普京负责:一是将基准利率从9.5%提高到20%,以减少挤兑压力。二是俄罗斯央行将黄金与卢布挂钩,并固定价格在每克5000卢布。三是实施外汇管制。俄罗斯出口企业销售所得外汇80%强制结汇。阻止外国投资者出售在俄资产,禁止俄罗斯居民根据贷款协议用外汇向外国人转账,禁止俄罗斯居民将外币存入外国银行的账户。

二是,由总统签署卢布结算令,在天然气等能源商品贸易中优先使用本币结算。面对西方国家的经济金融制裁,2022年3月俄总统普京正式签署天然气"卢布结算令",要求2022年4月1日起,"不友好国家"使用卢布与俄罗斯开展天然气贸易结算,同时俄罗斯将只向友好国家以卢布和国家本币结算的方式出口粮食。俄罗斯的措施有效提振了本币汇率,汇率实现止跌回升。俄罗斯还在与白俄罗斯、哈萨克斯坦、吉尔吉斯斯坦、亚美尼亚等前苏联国家之间成立的欧亚经济联盟推行本币结算,并与中国、印度等加强合作,推动在金砖国家和上合组织成员国之间进一步扩大本币结算的规模。

三是,快速推出SPFS,并由俄中总理定期会晤委员会主导对接中国支付系统,使用替代性支付系统应对被SWIFT切断的影响。俄罗斯央行表示,自建的金融信息传输系统(SPFS)能够替代SWIFT系统,保证俄罗斯金融基础设施正常运作。俄罗斯大型银行在德国和瑞士这两个欧洲最重要的金融中心的子公司都可以使用SPFS。俄罗斯目前正在与中国就加入该系统进行谈判,并考虑通过中国人民币跨境支付系统(CIPS)开展中俄贸易。这些替代性的金融基础设施减轻了俄罗斯欧美制裁对国内支付体系的不利影响。

四是,俄总理府采取宏观审慎措施降低因制裁给企业和个人带来的影响。第一,俄罗斯央行取消金融机构2022年3月1日以后发放的无担保消费贷款和抵押贷款的宏观审慎风险附加权重。第二，在2022年12月31日之前，对2022年2月18日之后因制裁而恶化的借款人，允许信贷机构不降低对其财务状况的评估，建议银行对贷款进行重组，不对其处以违约罚金；建议信贷机构在2022年12月31日之前暂停将债务人从住宅中强制驱离。第三，俄罗斯政府2022年3月7日宣布允许本国企业及个人，以俄罗斯法定货币卢布偿还不友好国家的债务。

五是，宣布直接授权国内企业免费使用外国专利，无需为非授权使用专利做出任何赔偿。

六是，考虑对不友好国家在俄罗斯的企业资产实施国有化措施。①

2. 乌克兰危机下俄罗斯应对紧急情况之策

俄总统下令新成立政府委员会，面对克里米亚大桥突发火灾。2022年10月8日清晨，在横跨刻赤海峡的克里米亚大桥铁路上，一节装有燃料的火车油罐车厢起火，多节货运车厢受损。乌克兰武装部队空军新闻处在其社交账号发布消息称，8日早上，克里米亚大桥铁路支线的燃料罐发生严重火灾，部分道路被毁。该事件起初为俄罗斯反恐委员会进行调查，将其定义为恐怖袭击。由于事件紧急，俄罗斯总统普京就克里米亚大桥紧急事件下令成立政府委员会，以保证该区域的正常运行。该委员会由普京总统直接领导，内务部、紧急情况部等部门负责同志进行对该地区的安全排查和人道主义援助，包括内务部需保证克里米亚地区当地基本必需品库存可满足2个月用量，俄罗斯能源部将保证克里米亚的汽车燃料供应充足，供应量足以维持15天。紧急情况部将与俄罗斯反恐委员会共同调查事件发生原因，并对大桥进行排查。

紧急情况部将司法运用至实践，以应对俄罗斯国家安全的内部威胁。目前，俄罗斯联邦面临着对其国家安全的许多外部威胁，该威胁主

---

① 李珍、牟思思、赵凌：《俄罗斯应对西方国家经济金融制裁的措施及政策启示》，《当代金融研究》2022年第9期。

要来自于乌克兰危机的外部威胁。紧急情况部成为了俄罗斯行政部门的一部分，并且该部门被赋予了很大的行政权力。这在很大程度上是为了应对俄罗斯国家安全的内部威胁。紧急情况部在确保国家安全和解决各种冲突中发挥着重要的作用。因此，国家安全法律体系的建立对俄罗斯也至关重要，以应对俄罗斯联邦内部和外部威胁。

俄罗斯联邦经过多年的改革与发展，颁布了许多相关的法律，并对其不断地进行修订和补充，已经形成了相对齐备的国家安全法律体系。其中，《俄罗斯联邦宪法》是国家安全法律保障机制的核心，它对维护俄罗斯联邦国家安全的根本原则和有关国家安全机构的活动进行了规范，从而构成了俄罗斯"国家安全保障体系的核心法律基础"。一系列有关国家安全问题的俄联邦法律构成了国家安全法律保障机制的最重要内容，此类联邦法律包括《战时状态法》《反恐怖主义法》《俄罗斯联邦反恐构想》等。

俄罗斯总统普京在2022年宣布乌东四地进入战争状态，所援引的条款，很显然来自于《战时状态法》所规定的必要条件，即："根据《俄罗斯联邦宪法》，当俄罗斯联邦受到侵略或者遭受直接侵略威胁的情况下，俄罗斯联邦总统在俄罗斯联邦全境或者俄罗斯个别地区实行军事状态的特别法律制度。"按照《战时状态法》规定，进入战时状态令的地区可能将采取诸多措施，如加强对公共秩序的维护，加强对军事和关键基础设施的保护；禁止出售武器弹药，若触犯相关规定，政府有权将其予以没收；对战时状态令生效的地区进行军事审查等。按照《俄罗斯联邦宪法》第五十六条第一款和第二款规定：1.在为保证公民安全和捍卫宪法制度、根据联邦宪法性法律实行紧急状态的情况下，可以在指明限度及其有效期限的同时对权利和自由规定某些限制。2.在具备理由并遵循联邦宪法性法律所规定的程序的情况下，可以在俄罗斯联邦全境或其部分地方实行紧急状态。《俄罗斯联邦宪法》中关于国家紧急状态的规定，是国家总统权力集中的"高光时刻"，对于国家安全的维护具有重要意义。总的来说，宣布乌东四地"新领土"进入战争状态，对俄罗斯实现战略目标也是一次极大的"法理松绑"，预计会较大程度释放俄罗斯在俄乌冲突中的政治潜力、军事潜力。

俄罗斯国家反恐委员会在2023年6月24日宣布,在莫斯科市、莫斯科州和沃罗涅日州实行反恐行动制度。为了进一步打击恐怖主义,俄罗斯做了诸多的努力。2006年3月,普京签署《反恐怖主义法》,该法定义了恐怖主义、恐怖主义活动、恐怖主义行为、反恐怖工作和反恐行动的概念与含义,强调反恐重在预防。根据《反恐怖主义法》第3条第4款规定:预防恐怖主义,包括厘清恐怖主义产生的原因和条件并最终铲除;发现、防止、阻止、揭露和侦察恐怖主义行为;减少和消除恐怖主义影响。该法明确了恐怖主义的任务和内容,以及科学预防是有效打击恐怖主义的前提,总体上体现了俄罗斯将反恐工作起点提前的思想和反恐工作重在预防的原则。2008年2月,俄罗斯又通过了《俄罗斯联邦反恐构想》。反恐情报是俄罗斯预防和打击恐怖主义日益猖獗的主要依据。2009年10月修订的《俄罗斯联邦反恐构想》,在第二章规定反恐主体主要是负责执行反恐措施的国家权力机关和地方自治机关。反恐行动由联邦反恐委员会及其行动指挥部、联邦主体反恐委员会及其行动指挥部协调,联邦行政机关和地方自治机关具体指挥。联邦安全总局是俄罗斯反恐怖主义的核心部门,俄内务部是和联邦安全总局并列的反恐机构,负责预防、调查恐怖活动,尤其注重以钱财为主的恐怖主义犯罪,为俄罗斯反恐行动提供了法律依据。

司法机关不断融入处理紧急情况事件当中,采用司法手段对乌克兰危机加以支持。法院是唯一能在俄罗斯联邦境内行使审判权的机构。司法体系由联邦宪法和法律确定,法官只服从于宪法和法律。在俄乌冲突中,俄罗斯审判机构也进行了参与。2022年6月9日,顿涅茨克"最高法院"判处三名为乌克兰军队作战的外籍男子死刑。三人分别是英国公民肖恩·平纳、艾登·阿斯林和摩洛哥公民易卜拉欣。上述三人被判犯有雇佣兵罪、试图以武力夺取政权、接受恐怖活动相关训练等多项罪名,尽管他们否认自己是雇佣兵。根据当地法律,被告可以在一个月内对法院的判决提出上诉或要求宽大处理。这实际上是司法参与并对俄乌冲突施加影响的表现。俄罗斯方面对雇佣兵展开的审判,会减少加入乌军的西方雇佣兵数量,如果是正规士兵在战场上被俘虏,会按照一定的标准进行处置,不一定会被判处死刑,但雇佣兵没有这样的待遇。该判决对西方国家具有一定的警告意味,从俄乌冲突开始,美国和西方国家一直通过各种方式对乌克兰进行军事援助,甚至之前在马力乌波尔还有发现美特种部队的消息传出,该法院判决是对美国以及西方的一次警告。可能会使西方阵营进一步动摇,俄乌双方开战以来,西方国家就对俄罗斯实行了数不清的经济制裁,但是西方国家也深受影响,再加上对俄罗斯资源的依赖性,让许多西方国家民众的日常生活出现了很大的不便利,其不满情绪已经高涨。该判决会使西方国家国内民怨更深,西方阵营也会被迫考虑今后的做法。总之,目前国际上没有处置对雇佣兵的正式标准。俄罗斯的做法,无疑是采用司法手段对俄乌冲突加以支持。

紧急情况部除了维护国内安全,还在集安组织中扮演"主角",共同应对国家和地区外部威胁。紧急情况部被认为是俄罗斯政府5大"强力"部门之一,紧急情况部下设几个局,包括居民与领土保护局、灾难预防局、防灾部队局、国际合作局、消除放射性及其它灾难后果局、科学技术局及管理局等。该部同时下设几个专门委员会用以协调和实施某些行动,包括俄罗斯联邦打击森林火灾跨机构委员会、俄联邦水灾跨机构委员会、海上和水域突发事件跨机构海事协调委员会、俄罗斯救援人员证明跨机构委员会。该部通过总理办公室可以请求获得私人、国防部或内务部队的支持,也就是说,该部拥有国际协调权及在必要时调用本地资源的权限。该部也偶尔向俄罗斯领土之外派出自己的队伍,但主要精力还是放在自己的边界之内。其下属部队仅配备少量武器用于自卫,而不配备重装武器。该部只承担和平时期的任务,而不担负战时任务。该部工作日程不包含政治内容,也不谋求与政治团体结盟。紧急情况部可向任何人提供帮助,而不管其宗教和国籍归属如何。紧急情况部的诸多行动显示该部有能力对在俄罗斯境内外发生的突发事件做出快速反应。

俄罗斯瓦格纳事件暴发,凸显俄罗斯应对紧急情况的处理优势。

一、俄罗斯国家紧急状态法律制度研究

由总统全权处理突发紧急情况;第一,火速通报几个主要邻国,力争尽快平息叛乱。瓦格纳叛乱事件发生后,俄罗斯总统普京第一时间与白俄罗斯总统、乌兹别克斯坦总统、哈萨克斯坦总统、土耳其总统通电话。一是与前苏联的主要加盟共和国、独联体的主要成员国通电话,让他们明白俄罗斯境内发生了什么事情。二是与友好国家土耳其通电话,介绍俄国内局势。三是在白俄罗斯总统卢卡申科的帮助下,尽快平息事态。在这一天一夜之内,普京与卢卡申科的电话可不止通了一次。因为卢卡申科不仅要说服普里戈任,还要得到普京的授权、沟通答复的条件、争取对普里戈任的免刑、争取对瓦格纳成员的妥善处置政策等。这一系列艰苦复杂的沟通协调工作,因为有俄、白的高度一体化和普、卢的高度互信,卢卡申科才能对此事高度重视和全身心投入,也说明俄、白联合行动的心齐用功。第二,严防美国,不给域外势力介入留下机会。美国总统拜登当天也同乌克兰泽连斯基通电话,双方除了讨论俄乌冲突爆发后的"固定内容"——对乌援助问题之外,还讨论了俄罗斯近期局势,包括"瓦格纳事件"。其实,美国情报部门对此知道得更早。拜登政府还在事情刚刚发生的当晚召开紧急会议,对"叛乱"事件进行了评估。随后,美国政府主要做了三件事情,一是火速与欧洲各盟友进行密集协商,准备应对俄罗斯可能出现的复杂混乱局面。二是要求乌克兰抓住这一机会,对俄军发动大反攻,试图在俄方内乱之际趁火打劫。三是美方宣布将推迟对瓦格纳的制裁,借机加大俄内部矛盾,给普里戈任的武装叛乱再添一把火。由紧急情况部负责莫斯科地区进入"紧急状态"。第一,俄罗斯执法机构尽一切努力保证居民安全,全力加强安全措施,对所有最重要的设施、国家政府机构和交通基础设施加强安保。第二,俄多地进入反恐行动状态。莫斯科在加强安全措施后,对所有最重要的设施、国家政府机构和交通基础设施都已加强安保。此外,俄罗斯国民警卫队中央区所有军官已抵达岗位,进入紧急状态,重点区域进行反恐行动。第三,俄罗斯多地宣布取消人员聚集性活动。受紧急情况影响区域宣布取消原定于近期举行的群众性活动。第四,启动针对俄重要人士保护机制以防止事件再次发生,对俄高官加强安保工作。俄安全部门对高官的安保工作分为三大组成部分:情报、预防和对策。首先俄方安全部门加强实现对安全风险的及时预警乃至"先发制人"予以排除的工作能力;其次,安全部门与内务部门密切合作,通过大规模使用卧底特工和线人,全面部署高科技间谍手段,以及常态化的严密管控,配合主动出击的"特别行动",防止外部安全威胁的渗入;最后,在重要高官的活动场所,也部署有多层"安全圈",由埋伏的情报单位和特种作战小组、警犬、侦察无人机、监控设施、警察和私营安保单位组成外围保护。

克里姆林宫被无人机袭击事件,俄权力部门及时应对紧急情况。第一,加强建筑顶部,以及该地区其他关键地点"铠甲"(Pantsir)防空系统与S-400地对空导弹系统的低空侦查能力。由于俄罗斯目前在乌克兰战场上的作战能力需求,俄罗斯境内防空系统出现了缺口,对于低空侦查能力呈现弱化现象,这为乌克兰打击莫斯科腹地提供了机会。俄方将加强对主要城市的管控力度确保安全。一是,加强重点区域的低空侦察能力。俄军方将加大"铠甲"(Pantsir)防空系统部署范围,除了在俄国防部、普京官邸及莫斯科市内多座建筑顶部外,还要增加对该地区其他关键地点附近部署"铠甲"(Pantsir)防空系统。与此同时,要在莫斯科市范围内部署的S-400地对空导弹系统和"铠甲"(Pantsir)防空系统实现信息互通,预警无人机和其他空中威胁。二是,加强跟踪无人机方面的能力。3日当天,莫斯科地区收到了200多份无人机飞行器报告,数量极大。俄军方当日采取措施加强无人机跟踪能力,一方面对进入莫斯科区域内的任何无人机实行击落,并禁止莫斯科全域无人机的使用。另一方面利用多机追踪,对莫斯科外的无人机利用"环形"群对其实现追踪。第二,对胜利日阅兵方案重新调整,防止阅兵期间出现突发情况。一是红场3km区域内实行战机巡逻。在不妨碍阅兵表演的情况下,实行红场3km区域内实行战机巡逻,避免与表演飞机的高度、轨道线发生冲突。若飞行途中有可能"遇到"乌克兰便携式防空导弹系统干扰或威胁情况,取消空中表演。二是,取消"不朽军团"等民众游行活动。为保障平民安全,俄方紧急取消由平民组成的游行活动,尽量减少胜利日街上的民众集会等活动。

多部门联合执法,旨在维护紧急情况时期俄罗斯境内安全。2023年7月18日,俄罗斯联邦安全局发布消息表示,俄执法人员在雅罗斯拉夫尔州乌格利奇成功阻止一起恐袭案件。雅罗斯拉夫尔州基洛夫斯基法院逮捕并拘留了一名1987年出生的俄罗斯女性公民,该女性公民受乌克兰情报部门指使,以实施恐怖袭击为目的,收集并传递关于雅罗斯拉夫尔州一处关键基础设施的信息。在俄罗斯联邦内务部的参与下,该地区的恐怖袭击企图被制止。据报道称,被拘留者的通信工具被没收,其中保留了包括与乌克兰方面计划犯罪的通信。目前,已根据"准备实施恐怖行为"刑事条款立案调查。在俄乌冲突加剧的今天,俄罗斯境内已发生多起恐怖袭击事件,针对恐怖袭击的打击力度日益增强,主要是为了防范乌克兰及西方国家对俄罗斯境内生活安宁及财产安全造成影响。俄罗斯恐怖活动异常活跃,其危害性远远大于刑事犯罪,因此,俄罗斯反恐法律发展较为完善。俄罗斯反恐法律体系模式具有双层式的特点,一是侧重于反恐预警和反恐活动的展开,即专门的俄罗斯反恐怖主义法。二是通过刑事基本法,重点预防和控制恐怖活动犯罪,打击恐怖主义行为。并且,在针对恐怖行为方面,其他法律也相互配合。如《俄罗斯刑事诉讼法》中对恐怖活动犯罪的特殊程序主要通过反恐法表现出来。根据规定,为了应对反恐的特殊需要,紧急状态下反恐人员具有特殊的侦查权,比如,检查证件,如果没有相关证件,就会被送往俄罗斯内务部或者其他有关部门核验身份;监听电话和其他通过电话联络的通讯信息,搜索追踪电子信息的来源,搜查邮件内容等。因此本案中,内务部对该名俄罗斯妇女恐怖行为的制止存在法律要求,并对该名俄罗斯妇女通讯工具予以没收,以保存证据,符合《俄罗斯刑事诉讼法》的规定。虽然被拘留者并未完成实施恐怖主义的行为,但根据《反恐怖主义法》内容规定,即恐怖活动必受惩罚的原则,以及该法第3条第2款:"组织、策划、预备、资助和实施恐怖主义活动",则该名妇女向乌克兰方面搜集传递关键基础设施的行为,被定义为恐怖行为,将受到严厉的制裁。目前,俄罗斯法院方面对该名被拘留者以"准备实施恐怖行为"的刑事条款进行立案调查。《俄罗斯刑法》对恐怖活动犯罪的规定有 20 多条，还包括行政法规。其中第 205 条规定恐怖活动罪是指，具有实施爆炸、纵火或其他造成人员死亡、造成重大财产损失、带来其他危害社会后果的行为，并且其目的是破坏公共安全，恐吓民众或对权力机关作出决定施加影响，以及为了同样目的以实施上述行为相威胁的行为。本案中，该名俄罗斯妇女具有政治目的的属性，与乌克兰方面准备计划实施犯罪，达到破坏公共安全的目的。按照《俄罗斯刑法典》第 205 条规定，该罪分为 3 个量刑档次：普通的恐怖活动罪，剥夺自由 5 年以上 10 年以下；有预谋的团伙实施的、多次实施的、使用火器实施恐怖活动犯罪，剥夺自由 8 年以上 15 年以下（第二款）；第一款第二款规定的恐怖活动，如是有组织的集团实施的，或者过失致人死亡或者造成其他严重后果的，剥夺自由 10 年以上 20 年以下。因此，该名俄罗斯妇女面临 5—10 年的监禁，而在当下矛盾较为突出的今天，俄罗斯打击恐怖主义行为的力度更加强硬，法律适用更加严厉，因此，俄罗斯方面称，被拘留者将面临 10 年的监禁。

（五）俄罗斯紧急状态管理制度安排运行

随着科技、社会的发展，全球范围内各类突发事件的频率增加，2020 年新冠肺炎疫情、俄乌冲突、自然灾害等。对此，俄罗斯联邦十分重视紧急状态制度安排运行的完善。对此，俄罗斯建立了以紧急情况部为核心，以总统为总指挥、以联邦安全会议为决策中心、应急管理支援和保障体系全面协调执行、各部门和地方全面配合、既有分工又相互协调的综合性应急管理体系。[①] 同时，也采取各种手段措施来预防、减缓、尽可能最小化紧急状态、突发事件带来的危害。

1. 各部门职能及运行机制

近年来，紧急情况的频发成为了俄罗斯乃至全世界都十分关注的话题，俄罗斯联邦《紧急状态法》将突发事件分为两类：一是暴乱类突发

---

① 罗楠、何珺、张丽萍、艾志：《俄罗斯环境应急管理体系介绍》，《世界环境》2017 第 6 期。

一、俄罗斯国家紧急状态法律制度研究

事件,包括武装暴动、大规模骚乱、恐怖行动等;二是自然原因或技术原因造成的突发事件,包括人畜流行病、灾难、自然灾害及其他灾害引起的事件。[①] 对此,俄罗斯建立了以紧急情况部为核心,由16家单位组成的跨部门机构"政府预防和消除紧急情况及消防安全委员会",包括联邦安全局、国防部、外交部、情报局、卫生部、俄原子能集团、[②]联邦边防局等为执行机构,以总统为总指挥、以联邦安全会议为决策中心、应急管理支援和保障体系全面协调执行、各部门和地方全面配合、既有分工又相互协调的综合性应急管理体系。[③] 具有强大的中枢决策(完全搜不到)系统,健全的组织结构,并且可以获得社会力量的广泛参与。此外,1994年俄罗斯联邦建立了俄罗斯联邦紧急状态预防和响应统一国家体系(简称 UEPRSS),该体系分为组织、地方、区域、大区域和联邦五个层级,逐级负责,垂直管理。

1.1 主要职能部门各自职能分工

俄罗斯联邦在紧急状态处理上,主要侧重于加强俄罗斯联邦紧急状态预防和响应统一国家体系(简称 UEPRSS)和俄罗斯联邦民防、紧急状态和消除自然灾害后果部(简称"紧急情况部")的发展整合,其中系统逻辑和高弹性组织架构,在某种程度上对于重大紧急事件或灾害快速反应和处理大有裨益。[④]

1994年,俄罗斯联邦成立的紧急情况部是突发公共事件处理的组织核心。该部门直接对总统负责,总统领导联邦安全会议,是国家安全的决策机构。紧急情况部在各区设有分支,负责突发事件的应急和救援工作,是处理突发事件的核心机构。其军事化和政治性较强,部长具备军衔,由总统任命,全称为"民防、紧急情况和救援部",简称"国家紧急情况部"。紧急情况部被认为是直属于俄罗斯总统的5个政府职能

---

① 李宏伟:《突发公共事件应急管理域外经验及对策建议》,《当代经济》2020年第5期。
② 孙志刚:《俄罗斯核应急管理体制和技术支持体制分析》,《辐射防护》2022年第5期。
③ 罗楠、何珺、张丽萍、艾志:《俄罗斯环境应急管理体系介绍》,《世界环境》2017第6期。
④ 游志斌:《当代国际救灾体系比较研究》,硕士研究生论文,2006年。

部门之一(其他四部为内政部、外交部、国防部和司法部)①。基本任务是消除灾害事故后果,主要负责的是自然灾害、技术事故和灾难类突发事件的预防和抢险救援工作,逐渐发展成为俄罗斯应急管理的综合协调机构。② 紧急情况部作为政府应对突发事件的日常管理机构,负责教育培训、收集分析信息、制定应急计划(预案)等突发事件的预防工作;发生突发事件后,该部负责统一指挥、协调有关方面的应急工作,向灾民提供各种帮助;负责消除灾害造成的影响,安置灾民,恢复秩序。③ 俄罗斯国家紧急情况部承担的职能广泛,如制定和落实相关政策、提供民防和紧急搜救服务、提供救灾支持、开展消除灾害后果活动、监督相关资金使用、向国外提供人道主义援助等。④ 该部门紧急情况救援力量强大,2002年原属内务部的20余万消防队伍转属该部,使其人数陡增一倍。如今辖有40万常态化应急救援力量,作为独立警种按部队建制统一管理,具有国家消防队、水下设施事故救援队、心理医疗救援队等多种救助专业力量,还可得到内务部、国防部及其所属武装力量的协助。⑤ 而且上述力量接受紧急状态民防学院、国家消防学院等8所院校的专业培训。紧急情况部下设若干局,包括居民与领土保护局、灾难预防局、防灾部队局、武装力量部、国际合作局、消除放射性及其它灾难后果局、科学技术局及管理局等。下设相关专门委员会用以协调和实施相关行动,包括俄罗斯联邦打击森林火灾跨机构委员会、俄罗斯联邦水灾跨机构委员会、海上和水域突发事件跨机构海事协调委员会、俄罗斯救援人员证明跨机构委员会。同时设置"指挥控制中心""特殊危险救援中心""空中救援中心"等专职机构。⑥ 在地区管理方面,紧急事务部在俄罗斯设有8个区域中心,负责89个州的救灾活动,在州、直辖市、共和国、边疆区等联邦主体和下属城市、村镇分别设立紧急情况

---

① 谭波、王玉:《论应急行政法的部门定性极其法治发展路径》,《江汉学术》2021年第1期。
② 刘庆:《美俄应急管理部门的运作机制》,《国外参考》2018年第3期。
③ 李宏伟:《突发公共事件应急管理域外经验及对策建议》,《当代经济》2020年第5期。
④ 刘庆:《美俄应急管理部门的运作机制》,《国外参考》2018年第3期。
⑤ 周兴波:《国外应急管理体系对比研究及其启示》,《水力发电》2021年第9期。
⑥ 刘庆:《美俄应急管理部门的运作机制》,《国外参考》2018年第3期。

局,从而形成了五级应急管理机构逐级负责、协调配合、垂直应急的"紧急情况预防和应对体系"。①

紧急情况部作为俄罗斯联邦政府的强力部门之一,在跨部门综合协调方面具有很大的优势,体现了统一领导与协调联动并举,可以有效地减少跨地区、跨部门资源的调动交叉管理和推诿扯皮产生的内耗。海量的应急资源由联邦层面的紧急情况部掌握,这样的体制更加有利于全国各地应急管理体制和应急技术体系的体系化、专业化和标准化,避免因地方政府重视程度不同而产生应急管理体制和响应能力差异化。② 值得一提的是,2020年新冠肺炎疫情防控期间,俄罗斯紧急情况部在应对紧急情况中运输能力表现突出。紧急情况部的职能和地位呈现日益增强的趋势,作用发挥一直受到俄罗斯社会各界甚至外国政府的高度评价,被称为是俄罗斯"效率最高、最忙碌、责任重大的部门之一"。③

为了强化应急机构的权威性并进行集中统一领导,紧急情况部在联邦层级设立了国家危机管理中心,这是一个智能型的救灾指挥中心,采用了许多高科技手段,对自然灾害和突发事件进行预测预报,组织救援。作为全国应急体系的总指挥和控制中心。为保证完成相关任务,"国家应急管理中心"下设有应急响应、运作与分析、电信等分中心,并在全国各区域设置分支机构,在联邦主体层级设立了8个区域危机管理中心,每个区域中心管理辖区内的若干地区危机管理中心,以此类推,在全俄形成五级应急管理机构逐级负责的垂直管理模式,从而形成了脉络清晰的指挥应对体系。其运转,上对总统负责,中间联络各政府部门,向下统合各联邦主体,具有层级简明、反应迅速、运作高效的鲜明特点。有力地保障紧急情况部在应急救灾中发挥中枢协调作用。④

俄罗斯联邦预防和消除紧急情况的统一国家体系(UEPRSS)是紧

---

① 刘庆:《美俄应急管理部门的运作机制》,《国外参考》2018年第3期。
② 孙志刚:《俄罗斯核应急管理体制和技术支持体系分析》,《辐射防护》2022年第5期。
③ 刘庆:《美俄应急管理部门的运作机制》,《国外参考》2018年第3期。
④ 伍浩松:《俄核应急管理体系》,《综述》2019年第12期。

急情况部的重要工作机制。该体系由区域与职能两个子系统组成,其中区域子系统由国家的行政区域及其行政首长构成;而职能子系统则依据俄罗斯联邦政府的具体职能部门组成。包括 89 个州、1000 个城市化区域和大城市以及超过 2200 个位于偏远地区的城镇和乡村,成立了 576 个应急管理委员会,使得俄罗斯危机预警能力和处理应急安全事务的能力得以大幅提升。其主要目标是预警紧急情况的发生并减少其带来的损失以及消除紧急情况。①

UEPRSS 有 5 个基本层次,由低至高包括:一是组织,与之相对应的是企事业、研究机构、其他组织等;二是地方,与之相对应的是行政区、城邦或者城镇;三是地区,与之相对应的是俄联邦主体、联盟;四是区域,即相邻的两个俄罗斯联邦主体;五是联邦,即超过两个以上的联邦主体或者把整个国家版图作为一个整体。② 每一级紧急情况部均包括协调机构紧急情况与消防安全委员会,常设管理机构民防与紧急情况管理机关,日常管理机构危机控制点(中心)、值勤部门,常规力量与资源,财政和物质资源储备,通信、警报和信息支持系统。各级别的常规力量都由紧急救援部门、紧急救援队和其他配备了能执行三天以上紧急救援和抢险工作的特殊装备、工具、物资的部门和队伍组成。③

UEPRSS 对灾害和紧急状态的处理与管控程序,其处理方式旨在发挥最大的效用来救人、处理原料危机和保护环境。具体来讲,其处理范围涉及社会经济和环境危机的调整,当紧急状态愈演愈烈转变为重大事件时,"USEPRSS"所牵扯和调整的领域也更为广泛。而地方紧急状态则一直由地方管理机构和组织来处理,主要负责火灾、警力支援、医疗协助和其他紧急事件的处理。但是当地方管理机构遇到无法处理的严重事件时,就会向联邦政府请求协助处理,而不是向相邻的地区求援。④

---

① 周兴波:《国外应急管理体系对比研究及其启示》,《水力发电》2021 年第 9 期。
② 周兴波:《国外应急管理体系对比研究及其启示》,《水力发电》2021 年第 9 期。
③ 李思琪:《俄罗斯国家应急管理体制及其启示》,《俄罗斯东欧中亚研究》第 1 期。
④ 游志斌:《当代国际救灾体系比较研究》,硕士研究生论文,2006 年。

一、俄罗斯国家紧急状态法律制度研究

　　为了减少紧急状态事件的发生,俄罗斯建立起了统一领导、垂直管理、协调有序的紧急状态应对体系,俄罗斯紧急状态应对体系主要分为预警预报、应急响应和灾后救助3个环节。如水旱灾害预警预报由国家危机情况管理中心、联邦水文气象局以及紧急状态部下设的信息中心负责,可以自动接受联邦机构和各地的灾害信息,紧急情况部连同各地区的监测机构,对可能发生的突发事件进行预测和预警。应急响应核心机构是紧急情况部,负责决策、搜救和灾害的实时监测,统一管理协调联邦部门和地区的应急行动。在应急行动中,紧急情况部负责统一收集和分析来自联邦、地区等部门的灾害信息,情况严重的会立即上报俄罗斯总统。①

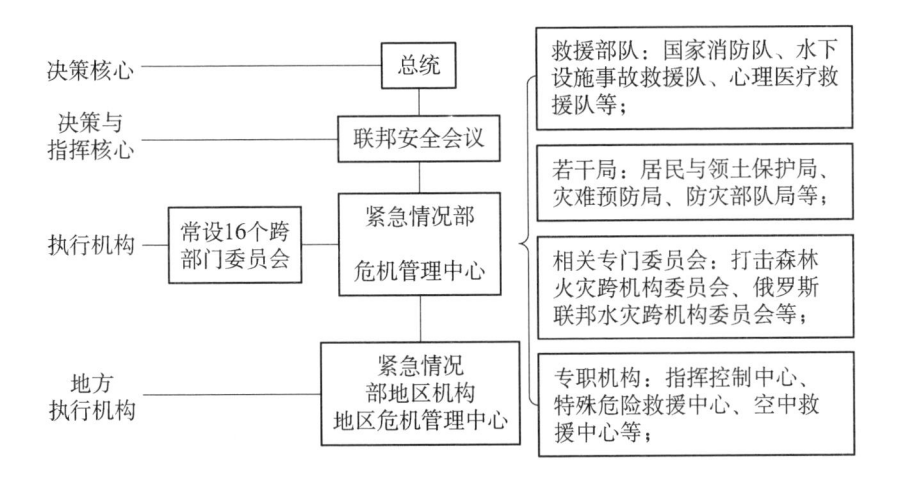

俄罗斯紧急状态应急管理体系

1.2 俄罗斯紧急状态应对的决策及运行机制

（1）俄罗斯紧急状态管理决策机制

　　根据2010年颁布的新版联邦安全法,确定决策的核心为俄联邦总统,总统下面有一个专职国家安全的重要机构——联邦安全会议,由总

---

① 周兴波:《国外应急管理体系对比研究及其启示》,《水力发电》2021年第9期。

统直接组建和领导,是国家安全核心决策机构。① 在俄罗斯,总统拥有很大的权力,涉及到大多数重要的应急管理法案以及后续行动都离不开总统来做决定,这一行为也使得其总统直接享有了这个国家在面对紧急情况时的决定权和实施权。而联邦安全会议作为国家安全策略的核心机构,自俄罗斯独立以来便一直存在。联邦安全会议辅助总统进行国家安全决策。在俄罗斯国家安全体制中的总体协调地位基本确立,其基本职能、任务及工作重点随着时代的发展而有所变化和调整,但国家安全最高咨询机构的地位不断得到巩固。在紧急状态出现的情况下,该机构具有为预防和消除紧急状态及后果提出措施、对策的责任,辅助并实施总统的决定,以及协调各相关跨部门委员会相互配合,共同应对。联邦安全会议的职能涵盖了俄罗斯应急管理决策的各个环节,包括信息收集与分析、突发事件预测、制定应急预案、应急决策发布、落实协调行动、决策效果评估等。② 另外,值得一提的是,紧急情况部的部长也是该机构的成员。

(2) 俄罗斯紧急状态管理预警机制

俄罗斯是一个灾害频发的国家,对预警响应体制的建立与完善十分重视。根据俄罗斯联邦政府的联邦目标计划,减少俄罗斯自然和人为紧急情况的风险并减轻其后果。俄罗斯紧急情况部、内务部和联邦安全局共同创建了全俄人口密集人群信息和预警综合系统(ОКСИОН)。③ 该系统建立的目的是在发生紧急状态时,包括恐怖主义行为发生时,及时地向民众提醒。其依据终端设施实施预警,主要安装在大型购物中心、机场、中心广场、火车站和汽车站以及地铁站,通过液晶面板或 LED 屏幕 24 小时播放相关信息。全俄人口密集人群信息和预警综合系统④(ОКСИОН)是一个组织和技术系统,结合了处理、传输和显示音频的硬件和软件,以提供民防培训、紧急情况的保护、消防安全、水体安

---

① 孙志刚:《俄罗斯核应急管理体制和技术支持体系分析》,《辐射防护》2022 年第 5 期。
② 李思琪:《俄罗斯国家应急管理体制及其启示》,《俄罗斯东欧中亚研究》2021 年第 1 期。
③ 李思琪:《俄罗斯国家应急管理体制及其启示》,《俄罗斯东欧中亚研究》2021 年第 1 期。
④ 李思琪:《俄罗斯国家应急管理体制及其启示》,《俄罗斯东欧中亚研究》2021 年第 1 期。

全以及公共秩序的保护,及时快速地向公民提供紧急情况和威胁的消息。

全俄人口密集人群信息和预警综合系统(ОКСИОН)是俄罗斯预防和消除紧急情况管理系统(РСЧС)的重要组成部分,与日常管理机构对接,为紧急情况的识别、决策和危机管理提供信息支持,这就避免了民防和应急保护措施和管理方面的职能重复和财政费用的大幅增加。其任务包括:提高发生紧急情况信息发布的及时性;提高公民的安全意识;提高信息影响的有效性,以尽快恢复受灾人口的生活等。

目前,该系统在俄罗斯五十多个地区建立了相应的信息中心,对俄罗斯人民实施覆盖。在某种情况下,信息中心能够检测该地区的灾害、重大事故、消防和救灾活动的实施情况。整个系统由全俄信息中心(ФИЦ)进行统一管理。这一套信息和预警系统堪称世界上唯一的24小时紧急情况预防和预测机制,可实现全天候实时监测和预报,并及时更新信息数据。该系统涵盖了四种应急机制,分别是常态机制、预警机制、应急机制以及灾后机制。[1] 俄联邦紧急情况部称,该系统所采取的措施可以减少紧急情况造成的损失,提高紧急情况检测和系统预报的工作效率。当然,俄罗斯应急预警系统也存在着不完善的地方,例如广大农村地区该系统未普及,导致灾害应对不及时;还有公众的安全意识不高等。国家需要不断地改革和完善,以实现对紧急事态出现之后的应对。

(3) 俄罗斯紧急状态储备机制

应急储备体制是俄罗斯应急管理体系的重要组成部分,根据《俄罗斯联邦预算法》,俄联邦政府设立了用于预防和处理紧急情况和自然灾害后果的储备基金。法案规定,俄罗斯联邦政府及其下级储备基金用于消除自然灾害和其他紧急情况后果时,采取应急救援和恢复等措施时产生的不可预见支出,[2] 从政府基金运行的实际情况来看,具有提高

---

[1] 李思琪:《俄罗斯国家应急管理体制及其启示》,《俄罗斯东欧中亚研究》2021年第1期。
[2] 李思琪:《俄罗斯国家应急管理体制及其启示》,《俄罗斯东欧中亚研究》2021年第1期。

人民生活水平,稳定社会秩序安定的积极作用。特别是2014年乌克兰危机以来,随着西方国家对俄罗斯经济制裁的加剧,作为"稳定器"的储备基金,在俄罗斯经济发展过程中以及灾难应对中发挥越来越重要的作用。政府的储备基金主要用于支付未预见的支出和《联邦预算法》中未规定的联邦重要活动。近年来,俄罗斯政府基金的规模扩大到了29亿卢布。除了金融储备外,俄罗斯还建立了物资储备机制。应急物资在俄罗斯被纳入到国家物资储备的范畴当中,由联邦国家储备局统一承担采购、储存和管理的职责。该机构直接受俄罗斯联邦政府领导。联邦国家储备局是决定国家物资储备重大事项的机构,每年定期根据国际国内形势变化调整物资储备品种和规模,经总统批准后即可执行。[1] 该局同样建立了应急储备资金,用于紧急情况发生的应对。俄罗斯联邦储备局承担着储存国家物资储备、协调和监管的责任,保护俄罗斯人民和领土免受自然灾害或技术原因导致的紧急情况的影响的活动。具有防止紧急情况的发生和发展,减少紧急情况造成的损失,以及消除紧急情况,确保各组织正常运行的可持续性的职能。其职责还包括:为清除紧急情况后果的行动提供后勤保障;在最重要的原料、能源、食品和非食品产品供应出现暂时中断的情况下,向俄罗斯联邦各经济部门、组织机构和联邦主体提供国家支持,以稳定经济;提供人道主义援助;协助市场监管;预防或防止传染病、动物流行病及放射性污染的扩散;制定国家物资储备管理相关的国家政策和法律规范;管理国家物资储备统一体系;代表俄罗斯联邦行使国家物资储备所有者的职权;组建、安置、储存和维护国家物资储备,并组织其所属部门进行相关保护工作;调控国家物资储备的库存、流动和状态;及时更新国家物资储备;按照国家标准和技术规格要求,确定国家物资储备的储存条件;确保在规定的时间内归还从国家物资储备中借出的物资。[2]

此外,俄罗斯联邦设有国家储备委员会,由联邦政府各部门官员组

---

[1] 李思琪:《俄罗斯国家应急管理体制及其启示》,《俄罗斯东欧中亚研究》2021年第1期。
[2] 李思琪:《俄罗斯国家应急管理体制及其启示》,《俄罗斯东欧中亚研究》2021年第1期。

成,作为决定国家物资储备重大事项的机构,其重要的职责就是每年根据当下形势提出修订物资储备的种类和规模的意见。直接向总统汇报,经过同意后即可实施。目前,俄罗斯储备了足够数量的粮食、食品、燃料、药品、帐篷、衣物等应急物资,主要用于灾害发生地人员的安全保护与恢复生产。此外,每个联邦主体都建立了食品、日用品、机械等物资的储备制度。例如,在全国建立了雪灾应急储备制度,专门储备牵引车辆、取暖设备、电力设备、融雪剂以及防滑沙等。此外,俄联邦国家储备局与俄罗斯军方保持高度协同,借助军方的强大运输能力,能够在第一时间调运储备物资到达任何需要的地方,极大地提升了国家储备的战略保障能力。

俄罗斯逐渐形成了以紧急情况部为核心平台与抓手,以联邦安全会议为主要决策机制,预警体系、储备体系、法律体系相统一的应急管理体制。俄罗斯应急管理体制的特点是,以国家首脑为核心,联邦安全会议为平台,紧急情况部为主力,资源集中于中央,也就是紧急情况部一家手中,并在应急事务中实行依靠国家行政管理体系的垂直管理。

2. 俄罗斯国家紧急状态应对制度的总体特点及发展趋势

2.1 俄罗斯紧急状态应对制度的实践应用及特点分析

俄罗斯紧急状态应对制度建立主要是为了应对暴乱类突发事件以及因自然原因或技术原因引发的灾害。目前,俄罗斯政府拨出巨额资金用于消除自然和人为灾害的后果,在自然和人为灾害越来越多的背景下,人们的生活安全水平也普遍下降。而恐怖袭击、暴乱等不仅会造成经济损失,更直接的是会对社会乃至国际都会造成重大影响,对此,俄罗斯联邦政府十分重视暴乱类突发事件的解决。本文将从以上几个角度,选取典型案例进行分析:

(1) 莫斯科剧院人质事件

近20多年来,俄罗斯遭受多次恐怖袭击,其中著名的便是2002年的莫斯科剧院人质事件。2002年10月23日晚,莫斯科轴承厂文化宫大楼剧院发生车臣恐怖分子劫持人质事件。当时剧院内的观众和演员有近千人,有部分人质成功外逃,其余人质被恐怖分子集中在音乐厅。

领头的恐怖分子巴拉耶夫称剧院内安装了大量爆炸物,除非俄罗斯从车臣撤军,否则就炸毁剧院屠杀人质。事发当晚,俄罗斯总统普京原计划正在准备出访德国和葡萄牙的工作,得到消息后迅速取消访问计划,召集俄罗斯联邦安全局、内务部、紧急情况部等强力部门组成应急指挥中心研究对策,并很快制定出武力营救方案,坚决不向恐怖分子妥协,并且命令安全局下属特种部队"阿尔法"去往现场,在附近一座几乎一模一样的剧院内进行临战训练。为防止恐怖分子在莫斯科城内进行连环恐怖袭击,俄罗斯政府加强安保,大批军警进入莫斯科市,加强巡逻和重要目标的警戒。普京声称这次危机的当务之急是"确保人质的生命安全",并命特种部队紧急待命。

为摸清剧院内的情况,特战队员利用通风管道和下水道抵近侦察,在房顶、外墙、空隙处安装窃听器,在外围布设红外监视器,采用技术手段监听恐怖分子的通信,找前期逃出的人质谈话询问,初步掌握了恐怖分子的相关信息:以恐怖组织"车臣特战团"团长巴拉耶夫为首的恐怖分子大约有50人,每人都装备有军用武器和手雷,有数个身上绑有1.5公斤左右炸药的女性恐怖分子分布在人质中间;剧院的走廊和出入口有恐怖分子的巡逻哨,并且设置有诡雷和反步兵地雷;剧院的承重墙、立柱、房顶安装有添加破片的爆炸装置,其中两个是由数枚152毫米榴弹炮炮弹组成的大威力爆炸物;所有爆炸物相互连接,起爆器就握在恐怖分子手上。经过综合研判,联邦安全局最终决定挖地道解救人质。

经过俄罗斯各部门的相互配合,于27日7时15分,俄罗斯官员宣布包括巴拉耶夫在内的50多名恐怖分子被当场击毙,突击队员无一伤亡。武力营救行动似乎完美收官,但悲剧却发生在最后。据俄罗斯卫生部门统计,行动中共有126名人质死亡,其中只有1人是在战斗过程中被流弹打死,其余均为吸入大量麻醉气体引发其他病症导致死亡。

该事件表明,恐怖袭击事件对于国家和人民的伤害是巨大的,即使是俄罗斯在面对此类大型恐怖事件时也不免会有人员伤亡的发生。在面对和解决突发性事件时,总统和相关部门展现出了相当大的决心,尽管有所损伤,但是对维护俄罗斯国家尊严,向世界展现反恐的决心具有重大意义,反过来遏制了更多此类事件的发生,也是国家应对紧急事态体制的有力印证。

(2)莫斯科地铁爆炸事件

地铁是各国重要的交通工具,运客量也在所有交通工具的前列。如果不能及时应对,便会造成相当大的危害。莫斯科也曾发生地铁爆炸事件,俄罗斯联邦的应对与处理值得我们借鉴与学习。这次爆炸发生在莫斯科时间2004年2月5日,爆炸物被安放在地铁第二节车厢的第一个门附近,爆炸地点距离俄罗斯地铁的"汽车厂站"约300米,记录了当时为早上上班高峰期,此时一驶往市中心的地铁列车内挤满上班族。其中据某乘客回忆他们曾听到一声爆炸声后,便看到烟雾弥漫的景象,并闻到了塑胶和胶带燃烧的味道。地铁列车随即停下,紧接着司机通过车内广播系统反复向每节车厢乘客通知"该铁道铁轨已经断电,请大家不要惊慌,尽快离开车厢",并同时打开车厢两侧的车门。其中第一节车厢的乘客是沿着轨道步行走到下一站,而其余的乘客则返回"汽车厂站"。并且当第一批乘客走上地面的时候,警车和救护车已赶到地铁站。在整个救援过程中,莫斯科市急救站出动一架直升机、60台救护车,俄罗斯卫生部和莫斯科市政府下属的灾害医疗中心分别出动5个和3个快速反应分队,另有3个心理专家组在现场辅导相关事宜工作,并在短时间内将80多人送往医院,130多人在现场接受包扎和治疗。[1]

不难看出,莫斯科地铁员工、乘客和相关救援部门具有很强的组织性和纪律性,这其中包括交通司机及时采取措施,向调度中心及时报告情况,乘客听从司机安排并相互帮助,有秩序地撤离现场而没有造成拥挤、恐慌所带来的人员伤害。可见救灾教育已深入莫斯科市民心中。同时,各种救援机构也训练有素,能及时到位并各司其职。因而莫斯科地铁爆炸事件减轻了可能的损失,也对处理各项紧急事件有借鉴意义。[2]

---

[1] 游志斌:《当代国际救灾体系比较研究》,硕士研究生论文,2006年。
[2] 游志斌:《当代国际救灾体系比较研究》,硕士研究生论文,2006年。

从俄罗斯独立以来的实践看,俄应急管理体系的立法经验、管理模式、决策机制和联合应急等方面的经验和成绩均值得肯定,且具有独特的模式特点,在管理体制、决策机制、协调指挥、效果评估等体制制度积累了一些成功经验和做法,即统一指挥、分级负责,高效运转、共同参与、体系健全。

2.2 俄罗斯后续专门法律立法、修法的趋势预判

俄罗斯联邦在紧急状态法律制度建设方面,根据当今时代的背景与国际局势的变化,更加注重法律法规的健全、扬长避短,加快推进应对机制完善、职责明晰、社会资源配置优等特点和方向进行立法修法。俄罗斯联邦1994年颁布《紧急状态法》,距今已经接近30年,在这期间,国内发生了众多突发事件,如恐怖袭击、地震、洪水、核泄漏等威胁。实践中遇到的新情况新问题,《紧急状态法》有所不能涉及,需要对紧急状态法律制度加以完善。

就全国性立法方面来看,注意借鉴西方国家的紧急状态立法经验,如美国、加拿大等,尤其是处理危险品所引发的意外,如放射性和化学危险物质的释放对人体造成损害的法律还不完善,为了减少此类突发事件的发生以及提高对人民的保障,应当完善立法。俄罗斯紧急状态法律制度正朝着两个方向发展:其中之一就是以减低风险为目标的新法案的发展,主要是处理新出现的伤害性物质和力量,如危险原料、新型病毒等,新的立法规则也开始应对现有的各种紧急灾害。另一个立法修法的发展方向是使现存的紧急状态法律法案能够和谐一致,不产生冲突,因为对现存的法案、条令和指令以及建议,可以使责任归属更加清楚,并且在处理紧急事态时,可以让主管机关明白自己的职责和救助内容。由此可见,这两个发展方向在实务上是紧密相关的[①]。加强立法结构的整体化,能够更好地应对突发事件,更迅速地对紧急情况和灾难采取应急措施和手段,以达到尽快进行灾后重建的效果。此外,紧急状态管理的司法制度也涉及到国家安全系统,即意味着俄罗斯会继

---

① 游志斌:《当代国际救灾体系比较研究》,硕士研究生论文,2006年。

续研究和完善该法律制度以保障国家安全,仍采用国际通用的"可持续发展"标准。其核心在于风险管理,旨在降低风险造成的损失。虽然可以降低风险,但是不能完全免除风险。

俄罗斯是一个灾害频发的国家,在过去的一段时间里出现了许多紧急情况,诸如战争、自然灾害、疫情传染病、工业事故等,造成民众身体健康的损害和物质的损失。可以预见新的立法修法发展方向会朝着旨在调整使那些容易随俄罗斯版图而发生变化的风险达到令人接受的程度的方向走去。俄罗斯的突发事件数量每年都在增加,并导致对国家经济、环境和人口的影响越来越大。在过去的十年里,大规模紧急情况的数量每年增加7%。人为事故和灾难的比例为72%,自然事故20%,社会事故8%。技术性原因造成的危险也依然存在,其中核电站的泄漏所造成的损失是人们最关心的话题。为了降低灾害的频发,紧急状态法律制度会朝着更加有利于俄罗斯更全面性的国家安全计划和可持续的方向发展。

现如今,俄罗斯联邦各项法案的提出,着重于紧急状态管理法律制度架构、原理和方向的整合。涉及了紧急状态的处理方向以及早期的预查方法,目的在于降低危机对于人类和环境的危害减少社会经济的损失。但是,该法律制度主要保护公众以抵抗自然灾害和技术性灾害(也包括危害材料),缺少冲突性质的突发事件,包括暴乱、骚动以及地方性冲突等。尽管此类事件的处理能够在其他法律法案中找到解决方案,但是需要对相关法律法规资源进行整合,以对紧急状态法律制度体系加以完善,创建一个完整的体系,以提供和明确联邦和行政区在处理各种类型突发事件时的特殊职责。

总之,俄罗斯紧急状态管理制度发展成熟,结构体系完善。在应对紧急状态突发事件方面各部门相互配合、协调处理,大大提高了紧急事态的处理效率,保障了人民的健康和物质财产。现如今,俄罗斯法律在实践中不断通过立法修法被加以完善,可以预见,俄罗斯法律制度、体制运行正在朝多元化方向发展,以更好地维护国家安全和人民利益。

二、美国国家紧急状态法律制度研究

2020年的新冠肺炎疫情是中国迄今为止遭遇的影响范围最广、传播速度最快、防控难度最高的重大突发公共卫生事件。在疫情出现并开始传播后，中国各大省市及自治区都随即启动了特别重大响应，国家进入了事实上的"紧急状态"。新冠肺炎疫情在全国范围的暴发，使得"紧急状态"这个较少使用的概念，被反复提及和广泛使用，也暴露出了我国应急法律体系的许多问题和缺陷。俄乌冲突爆发的背景下，国际形势波谲云诡，周边环境复杂敏感，为及时有效地应对来自国内外的紧急情况，维护我国的国家安全、保障经济的平稳运行，我国的紧急状态法律制度的改革已经迫在眉睫。

相较于我国目前的实践而言，美国具有较为完善的国家紧急状态法律体系，主要依据1976年《国家紧急状态法》以及《国际紧急经济权力法》宣布进入国家紧急状态，并授权总统行使广泛的权力和手段以高效、灵活地应对来自国内外的特定国家安全威胁。除了完备的法律制度之外，美国宣布国家紧急状态的案例也极为丰富。据统计，自1979年至2023年6月，美国历届总统共宣布了76次国家紧急状态，其中尚在生效的国家紧急状态仍有41个。在此背景下，从比较法的视角出发，立足于我国国情，对美国国家紧急状态法律制度的发展沿革、具体内容以及实践案例进行归纳与梳理，以期为我国现有的紧急状态理论以及法律制度建构提供参考性的建议。

二、美国国家紧急状态法律制度研究

（一）美国国家紧急状态法律制度

1. 美国法律中"国家紧急状态"的历史经纬

美国建国两百多年以来，每当国家命途多舛，遭遇多事之秋，便会采取紧急措施应对危机。① 在这当中，总统始终扮演着较为积极、主动的角色，通过历史实证分析，可以发现不同历史情境下美国法律中的"国家紧急状态"存在很大差异，可划分为几种不同的紧急状态模式。

1.1 建国初期：对紧急权力进行严格限缩解释

建国初期的美国人口只有不到 300 万，没有常备军和海军，并且在独立战争消耗了大量的财力和资源。为了从欧洲列强的争端中求得自身的生存和发展，国力在当时极其弱小的美国奉行孤立主义政策，极力避免在国际事务中承担政治和军事义务、不与外国特别是欧洲国家结盟的主张和政策。孤立主义下的美国倾向于对行政当局的紧急权力进行限缩解释，认为紧急权力的行使须有宪法和法律的明文规定，同时不区分常态和紧急状态，强调宪法和法律在任何情势下都要严格贯彻执行，这就是"国家紧急状态"的早期严格模式。然而美国宪法中并没有"紧急状态"的字眼，只是规定总统有权统率民兵以执行美国的法律、镇压内乱，并抵御外敌入侵，这就意味着早期总统的紧急权力只限于运用军事力量保护国家不受外国势力侵犯，并镇压反对合众国或各州的暴乱。为了明确何时召集民兵、由谁来决定征召、如何统率民兵等具体细节问题，国会先后通过了 1792 年《征召法案》、1795 年《民兵法案》来规范总统的紧急权力。1791 年，时任总统华盛顿第一次援引法律动用联邦武力解决宾州西部地区的"威士忌酒"叛乱，成就了美国第一个援引国内紧急情势的典型案例。②

莫特案是最高法院审理的第一起紧急权行使的案例。该案中，大法官斯托里（Story）在判决中认为，法律已将是否存在外敌入侵，或存

---

① 李卫海：《宪法紧急权的模式之争——以美国为例》，《理论探索》2006 年，第 150 页。
② Robert W. Coakley, *The Role of Federal Military Forces in Domestic Disorders, 1789 - 1878*, at https://history.army.mil/html/books/030/30-13-1/CMH_Pub_30-13-1.pdf, accessed December 5, 2023.

在紧急情势的裁断权完全赋予了总统,对此其他任何人均不得染指。总统形成的对紧急情势的判断,是建立在他对事实的掌握基础上,只对相关法律负责。而法律中并没有规定对总统的这种判断可以进行任何申诉,或规定由其他权力来审查他的判断。① 1843年卢瑟案中,谈尼(Taney)大法官也表达了"如果总统在行使专断性权力出现错误,或侵害到州人民的权利,应由国会来审查并施以适当的救济"。② 据此,美国联邦最高法院清楚地表达了对总统征召民兵决断权的高度尊重,但认为总统在行使权力时应当严格遵守宪法和法律,国会而不是法院保留对总统行使此种紧急权的审查权。③

1.2 内战时期:以"必要情势"为由扩张宪法权限

内战期间,为保护国家,总统开始采取一切必要的紧急措施,甚至不惜中止宪法规定的基本权利。时任总统林肯表示:"我发誓尽己所能维系宪法,它赋予我维系的义务并通过不可或缺的手段,它是有机的法律。我认为这些措施是不合宪的,但对于保持国家来说,却是合法(正当)的。"④这一时期的美国总统开始认为,其不仅拥有宪法和法律明确赋予的紧急权力,也享有基于总统作为行政首长和总司令职责所固有权力而派生的紧急权力,同时坦然承认如此行使紧急权可能会严重违宪。该模式中包含着一个悖论:总统行使紧急权过程中可能是违宪的,但这种权力本身却是合宪的。

面对总统肆意采取紧急措施,对人权造成极大侵害,美国联邦最高法院开始说"不",总统和最高法院首次产生严重对立。在"米利根"案中,原告米利根在内战中被控煽动叛乱和为邦联"敌人"提供帮助,因而被军事审判委员会判处绞刑,但一直未执行。1866年,原告向联邦最高法院申请了人身保护令,最后得以释放。大法官戴维斯(Davis)在判

---

① Martin v. Mott, 25 U.S. 19(1827), at 19.
② Luther v. Borden, 48 U.S. 1(1849), at 10.
③ 李卫海:《行政紧急权的模式之争——以美国为例》,《行政法学研究》2006第2期,第135页。
④ See *Letter from Abraham Lincoln to A. Hodges*, at: https://www.abrahamlincolnonline.org/lincoln/speeches/hodges.htm, accessed December 5, 2023.

决中批驳了在战时军官根据总统命令可以中止公民宪法权利的观点，认为宪法担保和守护在平时不得被忽视、中止甚至抛弃，在战时和灾难中也并不比平时获得更多被忽视、中止甚至抛弃的理由。政府在危机时并不获得任何新的权力，在紧急状态下政府平时所获得的权力也不得扩张。面对危机，政府只能行使普通法律规定的常规权力。戴维斯强调，美国宪法是统治者和人民的法律，在战时和平时平等适用，为任何人、在任何时间、在任何条件下提供保护。①

与建国初期相类似，这一时期的美国总统旨在从宪法文本中寻找使用紧急权的根据，宪法授权给政府的权力不仅可以履行和平时期的通常功能，也在战时授以必要权力以解决危机。但是严格模式强调法律的明确与刚性，在危机中往往被人讥讽为一种乌托邦式的幻想；而调适模式主张法律的韧度与弹性，在危机中则容易被政府所滥用，并有可能走向过度侵害公民权利与自由的滑坡上。

1.3 一战至二战后：紧急权力从实际的战事工作延伸到经济领域

在一战、新政及二战这三个危机时期，威尔逊总统与罗斯福总统通过宽泛解释和自由裁量授权，运用行政创制、立法领导权、立法程序缩减、授权法及行政扩张等危机应对技术获取了大量紧急权力，并将总统权力由实际的战事工作延伸到战争准备、生产和动员工作等经济领域。②

在第一次世界大战期间，威尔逊总统掌握了比林肯总统更为广泛的权力，总统的紧急权力逐渐延伸到了经济领域。1917年1月，德国对英国周围海域船只发动了无限制潜艇战。③ 为保证美国本土安全，同年2月5日，威尔逊总统成为美国进入第一个通过以总统行政命令方式宣告全国进入紧急状态的总统，他声称："我发现，国家紧急状态业

---

① Ex parte Milligan, 71 U.S. 2(1866), at 120 - 121.
② 刘志欣：《紧急权力的历史叙事及其宪政之维——评罗斯托〈宪法专政〉》，《交大法学》2017年第4期，第183页。
③ 方旭：《枪炮作响法无声？美国国家紧急状态历史叙事及当代启示》，《云南大学学报（社会科学版）》2019年第6期，第138页。

已出现,农产品、林产品、矿产品以及加工制品海上运输能力和吨位不足。"①从这以后,美国总统宣布以总统行政命令方式(Executive Order)或公告方式(Proclamation)宣告全国紧急状态的事件增多。除了宣告进入国家紧急状态,威尔逊总统也推动了国会颁布紧急状态相关的法律。1917—1918年,国会通过了一系列的法案,授权总统对国家的行政管理进行全面掌控。②

经济大萧条时期,罗斯福总统将经济紧急情势比喻为战争状态,以获取对抗大萧条的非常权力。1933年6月16日美国国会通过《全国工业复兴法》,宣布:"一个产生了广泛失业和工业解体、妨害了洲际贸易和对外贸易、影响了公共福利、降低了美国人民生活水准的国家紧急状态已经存在。"国会通过该法授予罗斯福一般用于应对战争危机的权力以应对经济危机。以1917年的《对敌贸易法》为例,该法原本本身针对的是战时状态中的敌人,而非经济萧条,但罗斯福依据此法宣布下令银行休假,禁止金银出口和外汇交易。③

随着第二次世界大战的爆发,总统的紧急权力得到了进一步的扩张。1939年9月8日,即二战爆发后的第八天,罗斯福总统宣布美国进入"有限国家紧急状态"。珍珠港事件爆发后,紧急状态等级进一步提升至"无限国家紧急状态"。在此期间,他曾两次运用紧急权力:一是基于"防止间谍和阴谋破坏的理由"于1942年2月19日美国将居于西海岸的7万日裔美国人驱逐进集中营统一管理,二是通过《夏威夷领土组织法》在夏威夷执行了长达3年的戒严令。这些行动都引起了极大争议。④

不同于过往的模式,这一时期的美国总统不再从宪法文本中寻找

---

① 江振春:《美国"国家紧急状态"的前世今生》,《世界知识》2019年第4期,第67页。
② 例如1917年5月的《间谍法》和1918年《欧佛曼法》,参见[意]吉奥乔·阿甘本:《例外状态》,薛熙平译,西北大学出版社2015年版,第29页。
③ 方旭:《枪炮作响法无声？美国国家紧急状态历史叙事及当代启示》,《云南大学学报(社会科学版)》2019年第6期,第138页。
④ 方旭:《紧急状态与社会治理——紧急权力理论基础述评》,《北京社会科学》2015年第3期,第126页。

二、美国国家紧急状态法律制度研究

紧急权力的来源,而是在洛克的《政府论》中获得了灵感,认为政府天然地享有一种"特权",可以在不存在法律规定、有时甚至违反法律的情形下,依照自由裁量采取行动来为公众谋福利。①

1.4 冷战时期:立法规范和平时期的紧急权力

二战后,接踵而至的是美苏意识形态的严重对立,美国进入全面冷战状态。行政当局制造了近半个世纪的"假想紧急状态",总统紧急权水涨船高。冷战结束后,国会开始全面反思整肃紧急立法,并形成了以《国家紧急状态法》为主干,在实体内容层面"准用他法"的紧急状态法律体系,通过援引其他法律中有关紧急状态的规定来加以具体适用。② 随着法律中有关紧急状态的规定愈发缜密,总统行使紧急权的法外空间也越来越小,国家紧急状态的法定模式应运而生。在该模式下,每当危机来临时,总统首先基于宪法、法律或向国会要求紧急授权来作出应对。如果法定授权无法有效应对危机,总统则会采取其认为必要的紧急行政措施。司法机关对此种措施进行合法性审查,代表民意的国会应在参酌司法裁判后,最终对总统的决断作出是否正当的评价。贬抑的评价往往会使总统承担政治责任,甚至刑事责任;褒扬的评价则会豁免总统的责任,将他在危机时采取的紧急措施追认为法律,甚至修改宪法。

1.5 "9·11"事件之后:对紧急权力的立法制约弱化

尽管理论与实践都倾向于将紧急状态放在法治框架下进行讨论,试图通过法治限制紧急权力,但紧急权力还是不断基于形势需要或者国家安全考虑逃逸出法治之外。③ 2001年发生的"9·11"事件推动了美国总统紧急权力再一次扩张。布什总统在"9·11"恐怖袭击事件发生后第三天通过行政命令宣布进入紧急状态。经此事件以后,美国国

---

① [英]洛克:《政府论(下篇)》,叶启芳、瞿菊农译,商务印书馆1997年版,第98—104页。
② 戚建刚、杨小敏:《六国紧急状态法典之比较》,《社会科学》2006年第10期,第100—108页。
③ 刘志欣:《紧急状态破坏法治吗?——二战以来美国紧急权力扩张及制约问题研究》,《国外社会科学前沿》2021年第10期,第4页。

051

家紧急状态的地域范围逐渐延展到美国本土之外。①

通过从历史叙事的角度对美国法律中"国家紧急状态"进行梳理,可以发现美国紧急权力扩张呈现棘轮效应。② 在历史实践中,行政机构通过与立法机构的竞争,以宽泛解释、立法授权、自我创制等方式,逐步确立在紧急状态应对中的主导地位,成功掌握紧急权力。最初,紧急权力只是偶尔使用,但在紧急状态持续期间会以国家安全等名义逐步加强,甚至超越宪法规定的权力界限。在紧急状态结束后,有些权力会产生惯性,成为常态行政权力的一部分。当紧急状态重复发生时,权力会周而复始地扩张并循环,最终呈现出棘轮效应。

2. 美国《国家紧急状态法》

2.1 《国家紧急状态法》的出台背景

1917年,美国国会对德国宣战,并于同年通过了《对敌贸易法》(Trading with the Enemy Act of 1917, TWEA)。其中 TWEA 第5条(b)款赋予了美国总统在战争时期对私人国际经济交易的广泛控制权。③ 一战结束以后,大量战时权力被国会终止,但因为美国政府尚未处理其保管的大量外国财产,TWEA 得以维持效力。④ 经济大萧条(The Great Depression)期间,政府律师(government lawyers)在梳理旧的战时法律以寻求总统权力对抗经济危机时,重新发现了 TWEA。

---

① 黄锦就、梅建明:《美国爱国者法案:立法、实施和影响》,蒋文军译,法律出版社2008年版,第3—5页。
② 棘轮效应由经济学家杜森贝提出。狭义的棘轮效应是指即使收入水平下降,个人的消费习惯也不会随之下降。即所谓的"由俭入奢易,由奢入俭难"。广义的棘轮效应是指经济活动中的不可逆性,就像前进中的"棘轮"一样难以逆转。
③ 最初颁布的 TWEA 第5条(b)款规定:"总统可根据其规定的规则和条例,通过许可证或其他方式,调查、监管或禁止任何外汇交易、金或银币、金块或货币的出口或指定其用途、任何形式的信贷转让(仅与完全在美国境内履行的交易有关的信贷除外),以及美国境内任何人在美国与任何外国(无论是敌国、敌国的盟友还是其他国家)之间,或在一个或多个外国的居民之间转让债务或财产所有权的证据;并可要求参与任何该等交易的任何该等人士在该等交易完成之前或之后,经宣誓提供与该等交易有关的完整资料,包括交出由该等人士保管或控制的任何账簿、合同、信件或其他文件。"
④ U. S. Congress, House, Trading with the Enemy Act Reform Legislation, Report of the Committee on International Relations on H. R. 7738, 95th Cong., 1st sess., H. Rept. 95-459 (Washington, DC: GPO, 1977), p.4.

1933年,时任美国总统罗斯福通过将经济危机类比作战争,①依据TWEA第5条(b)款宣布"银行停止营业"(Bank Holiday),暂时禁止所有银行交易。美国国会随后通过立法修改了第5条(b)款的规定,授权总统在和平时期通过宣布进入国家紧急状态以援用这一条款,支持了总统的这一行动。随着1941年美国加入第二次世界大战,国会再次修订TWEA,进一步授予了总统永久扣押外国国家或私人财产的广泛权力。②

20世纪70年代中期,越南战争的情报失误、水门事件的窃听丑闻消解了民众和国会对行政部门的信任,一向沉默的国会开始考虑对总统的紧急权力加以限制。③ 1973年1月6日,参议院成立了"参议院终止国家紧急状态特别委员会"(the Special Committee on the Termi-nation of the National Emergency),负责对总统行使紧急权力的情况进行评估。评估结果表明,美国自1933年3月9日以来一直处于国家紧急状态,目前同时有四项不同的紧急状态声明正在生效。④ 在委员会提及的诸多法规中,最饱受诟病的便是TWEA。众议院国际关系委员会经济政策小组主席乔纳森·宾厄姆(Jonathan Bingham)直言TWEA是"赋予总统不受国会限制且可形成独裁权力"的法案。⑤

最终,国会通过立法对TWEA规定的紧急权力进行改革。国会在1976年颁布了《国家紧急状态法》(National Emergencies Act,

---

① See *Franklin D. Roosevelt's Inaugural Address of 1933*, at: https://www.gilderlehrman.org/sites/default/files/inline-pdfs/00675.pdf, accessed December 5, 2023.
② P.L. 77-354 (December 18, 1941), 55 Stat. 838.
③ Christopher A. Casey et al., The International Emergency Economic Powers Act: Origins, Evolution, an d Use, at: https://crsreports.congress.gov/product/pdf/R/R45618, December 5, 2023.
④ Special Committee on National Emergencies and Delegated Emergency Powers, *National Emergencies and Delegated Emergency Powers*, at: https://www.senate.gov/about/resources/pdf/report-national-emergencies-1976.pdf, accessed December 5, 2023.
⑤ U.S. Congress, House, Committee on International Relations, Revision of the Trading with the Enemy Act: Markup before the Committee on International Relations ("House Markup"), 95th Cong., 1st sess., June 1977 (Washington, DC: GPO, 1977), p.5.

NEA),该法终结了除了根据 TWEA 第 5 条(b)款宣布的所有国家紧急状态,并要求美国总统在未来宣布进入国家紧急状态时必须立即通知国会,国会则有权对国家紧急状态进行审查,并通过共同决议(concurrent resolution)的方式终止国家紧急状态。[①]

2.2 《国家紧急状态法》的主要内容

NEA 的主要内容规定在第二编和第三编,其中分别规定了总统未来宣布进入国家紧急状态需要遵守的程序,以及国会对此进行监督的具体安排。

第一,总统的报告义务。总统在行使国家紧急权力时需遵守以下报告义务:首先,总统需要在宣布国家进入紧急状态后立即通知国会,宣布进入国家紧急状态的声明应当立即传达至国会,并在《联邦公报》(Federal Register)上公布。[②] 其次,总统根据本法宣布的任何国家紧急状态后的每个周年日之前的九十天内,如果总统没有在《联邦公报》上公布并向国会转达一份通知,说明这种紧急状态在该周年日之后继续有效,则该紧急状态应在周年日后终止。[③] 最后,当总统宣布进入国家紧急状态时,应当明确说明拟适用的法律授权和条文依据,否则不得行使法律规定的在紧急状态下可行使的权力或权限。这种说明可以在宣布进入国家紧急状态时作出,也可以同时或随后通过在《联邦公报》上公布的一项或多项行政命令作出,并传达给国会。[④]

第二,国会的加速终止程序。根据 NEA 第 202 条(c)款规定,终止总统宣布的国家紧急状态的联合决议案可以在任何时候提交至众议院或参议院中适当的委员会。同时,NEA 为加速审议终止决议规定了以下期限:首先,接收议案的委员会应在收到议案后的 15 个工作日内呈报此类联合决议案,并同时呈报其建议,除非该委员会通过口头表决

---

① L. Elaine Halchin, *National Emergency Powers*, at: https://crsreports.congress.gov/product/pdf/RL/98-505, accessed December 5, 2023.
② 50 U.S.C. §1621(a).
③ 50 U.S.C. §1622(d).
④ 50 U.S.C. §1631.

(yeas and nays)另行决定。任何呈报的联合决议案应作为有关全院大会的待决事项(如提交至参议院,议案的辩论时间应在提议者和反对者之间平均分配),并应在该决议呈报之日起三个工作日内进行表决,除非众议院通过口头表决另行决定。其次,经众、参两院中的一院通过的联合决议案应提交给另一院的适当委员会,并由该委员会收到议案后的15个工作日内呈报此类联合决议案,并同时呈报其建议,除非该委员会通过口头表决另行决定。最后,如果国会两院对两院通过的联合决议有任何分歧,两院应立即任命会议代表组成联席委员会(conference committee),并在参众两院任命联席议员代表后的六个工作日就该联合决议制作并提交报告。不论两院对联席报告的印刷或延迟审议存在任何规定,两院都应在联席报告提交给首先收到报告的那院后的六个工作日内对该报告采取行动。如果联席议员代表在四十八小时内无法达成一致,他们应向各自的议院报告分歧。

第三,国会六个月的审查周期。NEA第202条(b)款规定对持续生效的国家紧急状态实行每六个月重复进行的终止审查。具体而言,在宣布进入国家紧急状态后的六个月内,以及进入紧急状态后的每六个月,国会两院应举行会议就一项联合决议进行表决,以确定是否应当终止该紧急状态。但在实践中,国会似乎并没有持续开会审查正在进行的国家紧急状态的状况,相比于将此项规定认定为国会的一项"义务",国会更倾向于将其解释为NEA每六个月提供一次审议和投票的机会。①

3. 对《国家紧急状态法》的补充:《国际紧急状态经济权力法》

3.1 《国际紧急状态经济权力法》的出台背景

鉴于TWEA第5条(b)款授予的权力与美国战后货币政策和制裁政策密切相关,NEA并未对该条款进行修订,而是要求参议院和众议员的相关委员会"对该法律条款进行全面研究和审查",并在270天

---

① Michael Greene, *National Emergencies Act: Expedited Procedures in the House and Senate*, at: https://sgp.fas.org/crs/natsec/R46567.pdf, accessed December 5, 2023.

内报告建议的修订。① 国会的研究表明，TWEA 第 5 条(b)款的授权实际上已经成为了用于处理政府日常事务的常规权力。② 作为审查的结果，国会开始禁止总统在和平时期行使 TWEA 授予的权力，并在 1977 年颁布了《国际紧急状态经济权力法》(International Emergency Economic Powers Act, IEEPA)，以便在和平时期有限制地行使第 5 条(b)款中的大部分紧急权力。③

3.2 《国际紧急状态经济权力法》的主要内容

现行的 IEEPA 由 8 个法律条款组成，其中第 1702 条最为核心，规定了授予总统的权力范围，具体包括以下三项权力：(1)金融管制，对受美国管辖的外汇、证券、信贷等金融交易进行限制；(2)冻结财产，对任何受美国管辖的外国或其国民财产的占有和使用以及相关交易等采取调查、阻止和冻结等措施；(3)没收敌国财产，当美国从事武装敌对行动或受到来自外国的武装攻击时，可以在冻结财产措施的基础上没收没受美国管辖的相关国家的财产。④

如果总统针对不同寻常或特殊的威胁宣布进入国家紧急状态，那么其将有权行使 IEEPA 第 1702 条授予的任何权力以应对这一威胁。所谓的"国际紧急状态"需要同时满足两个实质性要件：一是存在不同寻常或特殊的威胁；二是这类威胁必须全部或部分源于美国境外，且主要针对美国国家安全、外交政策或经济稳定。⑤ 在援引 IEEPA 的授权规定时，总统必须遵循 NEA 规定的程序，即在宣布进入国家紧急状态时，总统应当"立即"将紧急状态声明传达给国会，并在联邦登记处

---

① 50 U.S.C. § 1651(b); and Revision of Trading with the Enemy Act: Markup Before the H. Comm. on Int'l. Rel., 95th Cong. 1(1977) (statement of Clement J. Zablocki, chairman, Committee on International Relations).

② 123 Cong. Rec. H235 – H236 (daily ed. Jan. 10, 1977) (statement of Jonathan B. Bingham, chairman, Subcommittee on International Economic Policy and Trade).

③ International Emergency Economic Powers Act of 1977, 50 U.S.C. § § 1701 – 1708 (1977).

④ 50 U.S.C. § 1702.

⑤ 50 U.S.C. § 1701(a).

(Federal Register)公布。① 除了 NEA 的要求外,IEEPA 本身也对其适用规定了进一步的限制。根据 IEEPA 的规定,总统应在行使 IEEPA 授予的任何权力之前与国会进行磋商。如果总统援引 IEEPA 宣布进入国家紧急状态,应立即向国会递交一份报告,具体说明:(1)有必要行使这种权力的情形;(2)这类情形对美国的国家安全、外交政策或经济为何构成不寻常和特殊的威胁,且这种威胁全部或主要源于美国境外;(3)为处理这类情形总统将行使哪些授权,以及行使权力时将采取哪些行动。(4)拟采取的行动对于处理这类情形的必要性;以及(5)行动拟针对的国家,以及选择这些国家的原因。② 行使 IEEPA 授权后的每六个月,总统应向国会至少报告一次自上次报告以来根据授权所采取的行动,并更新报告中的信息。③

3.3 《国际紧急状态经济权力法》的主要修订

截至目前,国会共计对 IEEPA 进行了八次修订。其中有五项修订旨在调整针对违反根据 IEEPA 发布的命令的处罚条款。其他修订则排除了 IEEPA 针对特定信息材料的适用,并在 2001 年 9 月 11 日恐怖袭击后扩大了 IEEPA 的适用范围。除此之外,国会还根据美国联邦最高法院的一项裁决修订了 NEA,④将终止国家紧急状态的程序要求由通过国会共同决议更改为联合决议(joint resolution)。⑤

3.4 信息材料修正案

在最初颁布时,IEEPA 便明文规定国家紧急权力不得用于直接或间接地监管或禁止美国人与受制裁的外国人之间的邮政、电报、电话或其他个人通信,只要上述通信方式不涉及任何价值转移。这一限制旨

---

① 50 U.S.C. § 1621.
② 50 U.S.C. § 1703(b).
③ 50 U.S.C. § 1703(c).
④ INS v. Chadha, 462 U.S. 919(1983).
⑤ 共同决议是指国会两院之一以决议形式通过的行为,另一院予以同意,表明在某一特定问题上属两院的共同决议。它必须由两院通过,但无需总统签署。共同决议不同于联合决议,后者须经总统批准,批准后方能具有法律效力。相较而言,联合决议的通过难度要明显高于共同决议。

在保护本国公民的通信权。1988年和1994年的修正案则进一步更新了这一受保护权利的清单,将已公开信息的交换,不论其形式或传播媒介如何,一律列入了例外情形当中。① 经修订后的IEEPA保护包括但不限于出版物、电影、海报、唱片、照片、微缩胶片、磁带、光盘、艺术品和新闻电报等信息或信息材料的交换,不论是否涉及商业目的,只要此种信息交换不违反旨在实施核不扩散、反恐怖主义等国家安全政策的出口管制措施。②

3.5 《爱国者法》对条文的修订

为了限制TWEA不断扩张的权力,IEEPA在诞生之初仅授权美国总统在国家面临不同寻常或特殊的威胁时冻结美国管辖范围内的外国资产,并没有进一步继承前者对被冻结资产的处置权。然而在"9·11"恐怖袭击以后,为了配合袭击后美国在全国范围内的追踪调查和快速报复计划的有效落实,《爱国者法》(USA PATRIOT Act)对IEEPA进行了修订,将处置受冻结财产的部分权力再次归还给了总统。③ 修订后的IEEPA授权总统在美国从事武装敌对行动或受到来自外国的武装攻击时,指定特定的机构或人员持有、使用、管理、清算、出售或者以其他方式处置没收的敌国财产。④ 除了增加了对敌国财产的处置权外,针对IEEPA规定的调查权,《爱国者法》也进一步增加了总统在调查悬而未决期间冻结财产的权力。⑤

为了进一步扩大IEEPA的执法范围,美国国会于2007年通过了

---

① P. L. 100-418 (August 23, 1988); P. L. 103-236 (April 30, 1994). The amendments were introduced by Rep. Howard Berman (D-CA) and are occasionally referred to as the "Berman Amendments." For more background, see, "Sleeping with the Enemy? OFAC Rules and First Amendment Freedoms," Perspectives on History (May 2004).

② 50 U.S.C. § 1702(b)(3).

③ Uniting and Strengthening America by Providing Appropriate Tools Required to Intercept and Obstruct Terrorism (USA PATRIOT) Act of 2001, P. L. 107-156, 115 Stat. 272.

④ P. L. 107-156 § 106, 115 Stat. 272, 277, codified at 50 U.S.C. § 1702(a)(1)(C) (2018).

⑤ P. L. 107-156 § 106, codified at 50 U.S.C. § 1702(c) (2018).

《国际紧急经济权力增强法》(International Emergency Economic Powers Enhancement)。① 该法修订了 IEEPA 第 1705 条(a)款,除了大幅增加了对违反 IEEPA 行为的处罚额度之外,还将"造成美国人违法"的人纳入调整范围,即任何人违反、试图违反、密谋违反、或造成美国人违反根据该法颁发的任何许可、命令、法规或禁令,均将被视为非法行为,"明知故犯"则可能构成刑事犯罪。

1705 条(a)款中的"任何人"在立法和执法实践被认为包括位于美国境外、非制裁目标对象的第三国的"非美国人"。换言之,"非美国人"由于在美国境外的行为造成了美国人违反制裁规范,而受到美国的执法处罚,即"非美国人"与美国人的违法行为存在因果关系。从法理角度看,1705 条(a)款的管辖范围从造成美国境内"损害"的境外行为这一传统的效果原则,扩展到了造成美国境内行为"违法"的境外行为。这是从行为角度禁止"非美国人"帮助"美国人"规避制裁或造成"美国人"违反制裁规范,为美国执法管辖"非美国人"提供了实体性的国内法依据。但是,1705 条(a)款管辖依据在法理上存在模糊性,滥用了效果管辖原理。②

4. 其他类型的紧急状态立法

4.1 联邦层面的其他紧急状态法

除了《国家紧急状态法》之外,美国联邦层面的紧急状态法还包括《公共健康服务法》(Public Health Service Act, PHS)和《斯塔福特灾难与紧急援助法》(以下简称《斯塔福特法》)。本部分将从"紧急状态"的定义、执行机构、授权范围、资金来源以及紧急状态的持续期间等方面对这三部法律进行横向比较。

《公共健康服务法》

根据 PHS 第 319 条规定,美国卫生与公众服务部部长有权宣布进

---

① Library of Congress, *PUBLIC LAW 110—96—OCT. 16, 2007*, at: https://www.congres.gov/110/plaws/publ96/PLAW-110publ96.pdf., accessed December 5, 2023.
② 郭华春:《美国经济制裁执法管辖"非美国人"之批判分析》,《上海财经大学学报》2021 年第 1 期,第 126—127 页。

入公共卫生紧急状态(public health emergency)，[①]并采取适当的行动来应对所面临的公共卫生紧急状态，包括拨款、提供奖励、签订合同以及开展或支持对疾病或紊乱的成因、治疗或预防的调查。公共卫生紧急状态通常自宣布后持续90天，或直到部长确认紧急情况不再存在，两种终止情形以在先者为准。卫生与公众服务部部长有权延长公共卫生紧急状态，但必须在宣布进入或延长公共卫生紧急状态后48小时内书面通知国会。[②]

《斯塔福特灾难与紧急援助法》

早在1950年，美国就颁布了《斯塔福特法》，该法是美国第一个与应对突发公共事件有关的法律。《斯塔福特法》规定了行政部门在"紧急状态"下可以行使的各种权力，并将此类状态定义为"总统认为确有必要提供联邦援助以补充州和地方在保护公共健康和安全方面努力的任何情况"。[③]具体而言，总统有权在以下三种情况下宣布进入"紧急状态"：首先，在符合某些条件和先决条件的情况下，当州和地方在没有联邦援助的情况下就无法应对当前局势时，州长可以要求总统宣布进入"紧急状态"。[④]其次，印第安部落的行政长官可以要求总统与前一次情况相同的条件下宣布进入"紧急状态"。[⑤]最后，在联邦政府承担应对紧急情况的主要责任的情况下，总统可以在没有州或印第安部落请求的情况下宣布进入"紧急状态"。[⑥]除了"紧急状态"以外，《斯塔福特法》还授权总统在特定情形下宣布进入"重大灾难状态"(major disaster)。根据该法的定义，"重大灾难"是指一系列需要联邦援助的

---

① 王云屏、樊晓丹、何其为：《美国卫生安全治理体系及其对新冠肺炎疫情的应对》，《美国研究》2021年第1期，第21页。
② 42 U.S.C. §247d.
③ See U.S.C. §5122(1) ("'Emergency' means any occasion or instance for which, in the determination of the President, Federal assistance is needed to supplement State and local efforts and capabilities to save lives and to protect property and public health and safety, or to lessen or avert the threat of a catastrophe in any part of the United States.").
④ See U.S.C. §5191(a).
⑤ See U.S.C. §5191(c)(1).
⑥ See U.S.C. §5191(b).

灾难性事件,包括飓风、龙卷风、火灾和地震。① 宣布进入"重大灾难"会激活一系列不同的法定权力,这些权力与"紧急状态"期间的权力部分重叠。与"紧急状态"相同,州长和印第安部落的行政长官有权要求总统在特定情形下宣布进入"重大灾难状态"但不同于"紧急状态",总统无权在州长和印第安部落的行政长官未提出请求时单方面宣布进入"重大灾难状态"。②

4.2 联邦紧急状态法律之间的差异

尽管上述法律本质上均在于以存在"紧急状态"为名激活特定的授权,以应对所面临的紧急情况,但三部法律不论是实质内容还是运作程序均存在较大的差异。一方面,三部法律对"紧急状态"的定义各不相同。NEA 为了最大化总统应对危机的灵活性,并未对何为"国家紧急状态"进行定义。而根据《斯塔福特法》的规定,"紧急状态"是指在公共健康和安全领域总统认为有必要对州和地方施以援助的任何情形。PHS 则规定所谓的"公共卫生紧急状态"是指某种疾病或身体机能紊乱构成对公共卫生的威胁,并且不同于前两种紧急状态是由总统宣布,认定构成公共卫生紧急状态的权力由卫生与公众服务部部长享有。另一方面,三种紧急状态的作用范围和方式也存在差别。不同于 NEA 下的国家紧急状态默认作用于美国全境,《斯塔福特法》规定的紧急状态以及 PHS 规定的公共卫生紧急状态在效力范围方面通常仅限于卫生与公众服务部或州及地方指定的地区。国家紧急状态的运作方式通常是由总统以行政命令的行使进一步授权对应的政府机构进行行动。公共卫生紧急状态的应对通常由卫生与公众服务部下属的备灾和应对助理部长(Assistant Secretary for Preparedness and Response)和疾病控制与预防中心(Center for Disease Control)牵头,常见的应对措施包括发放补助金、宣布豁免特定费用等。紧急状态或是重大灾难状态则由联邦应急管理署(Federal Emerg-ement Agency)牵头处

---

① See U.S.C. §5122(2).
② See U.S.C. §5170.

理，主要特定针对个人或机构的经济援助来进行应对。①

（二）州层面的紧急状态立法概况及特点

在战争、疾病或其他特殊情形下，各州州长均有权宣布紧急状态，并据此享有被扩大的行政权力，直到紧急状态结束。本部分将对各州紧急状态立法的总体情况进行梳理和概括，以及近年的发展趋势。

1. 美国各州紧急立法的基本内容

美国各州均规定了自己的紧急状态法，授权州长在战争、疾病或其他特殊情况下以行政命令或者公告的形式宣布进入紧急状态以扩大自身行政权力，直到紧急状态宣告结束。一经宣布进入紧急状态，州长通常享有以下紧急权力：其一，启动应急反应。宣布进入紧急状态的行政命令或命令启动适用于有关地区的州和地方灾害应急计划，作为本州军队总司令，州长有权根据应急计划遣用所需的军队，使用或分配所有物资，根据应急计划或与灾害紧急情况有关的任何其他法律规定组装、储存或安排提供的设备、材料和设施。其二，暂停部分法律。如果严格遵守任何法规、命令、规则或条例的规定会以任何方式阻止、阻碍或延迟应对紧急情况的必要行动，则暂停规定州内事务处理程序的任何监管法规的规定，或任何有关的命令、规则或条例。例如在紧急状态下，出于应急要求州政府的有关机构有权无视有关公共资金支出的程序要求执行公共工作、签订合同、承担义务、雇用临时工人、租用设备、购买用品和材料，强制性宪法要求除外。其三，征用私人财产。必要时州政府可以向私人征用应对紧急情况所需设备、设施、场地、交通工具和其他物资，但必须予以相应的补偿。

1.1 疫情后各州紧急立法的改革趋势

在抗击新冠疫情的两年里，在美国州长和州/地区卫生官员属于国内抗疫的第一道防线。历史上第一次，美国 55 个州针对同一事件宣布

---

① Federal Emergency Management Agency, *How a Disaster Gets Declared*, at: https://www.fema.gov/zh-hans/disaster/how-declared, accessed December 5, 2023.

进入了紧急状态。各州紧急权力得到了前所未有的广泛使用。为了有效应对此次疫情,各州对自身关于应急响应的法律规定进行了同样前所未有的大规模修订。由于大多数州在疫情暴发之前几十年就制定了紧急状态法,且立法初衷在于应对短期的天灾人祸,因而此类法律在疫情期间的扩张适用引发了许多的争议。许多州的立法机构诉诸诉讼和立法,以规范州政府不断膨胀的紧急权力。据统计,在2020年和2021年的各州立法会议上,议会提出了总计750多项法案(bill),意在调整州长和州卫生官员的紧急权力。[①] 其中至少有70项法案获得通过,至少有25个州颁布了限制相关权力的法律。在宾夕法尼亚州,立法机构甚至通过联合决议通过了一项宪法修正案,以限制州长的紧急权力。[②] 通过对上述修法提案进行梳理归纳,可以发现此次大规模的修法活动聚焦于以下几个关键主题,这些主题在一定程度上反映了后疫情时期各州紧急立法的未来发展趋势。

1.2 增强对公共卫生事件的应急反应能力

虽然没有对紧急权力的限制那么普遍,但一些州通过了加强政府公共卫生应急能力的立法提案,为州长和州卫生官员提供了更多应对公共卫生紧急事件的政策工具。在疫情期间,许多州依据紧急权力暂时中止或修改可能减缓或拖延应急响应措施的监管和法定要求。部分州的立法机构选择将此类应急措施编入法律,使其效力得以持续到紧急状态结束以后。这种立法主要包括三方面的内容:

(1) 扩大可以进行新冠疫苗接种的认证医疗专业人员的人员规模。为了增加疫苗接种工作人员,许多州的州长和卫生官员采取了通过颁布行政命令扩大部分卫生专业人员的执业范围,授权牙医、紧急医疗员(EMT)、药房技术人员和其他卫生专业人员接种新冠肺炎疫苗。

---

① The Association of State and Territorial Health Officials, *Sentinel Surveillance of Emerging Laws Limiting Public Health Emergency Orders*, at: http://lawatlas.org/datasets/sentinel-surveillance-laws-limiting-public-health-authority, accessed December 5, 2023.

② S.B. 2, 78th Gen. Assemb., Reg. Sess. (Pa. 2021).

在2021年的立法会议上,至少有32个州的立法机构审议了扩大执业范围的法案,其中19个州颁布了扩大执业范围或加强新冠疫苗接种队伍的法律。①

(2) 加强政府机构的公共卫生调查和执法权力。新冠在全国范围内的大流行引起了强大感染报告和安全协议执行机制需求,以应对在集中护理场所(如疗养院和长期护理设施)和某些工作场所的大规模感染。为此,美国部分州通过紧急命令和条例制定了新的协议,有甚者将这些程序编入法律当中。例如,马里兰州议会颁布了一项新的法律,其中规定在州长宣布的公共卫生紧急情况下针对养老院的应急计划和报告要求。①

(3) 明确州一级的命令可以排除地方命令。州长的行政命令或州卫生官员命令是否以及在多大程度上排除了地方公共卫生命令,过去和现在都是各州冲突和混乱的根源。② 目前部分州试图通过立法来解决此类紧张局势,规定在公共卫生紧急情况下,州行政命令如何与地方命令发生冲突,后者将被排除在外,又或者赋予州一级的行政命令专属管辖权。在西弗吉尼亚州,一项新法律规定,如果州长宣布全州进入公共卫生紧急状态,州长可以指示州卫生官员制定当地卫生部门必须遵

---

① H. B. 1134, 93rd Leg., Reg. Sess. (Ark. 2021); H. B. 1135, 93rd Leg., Reg. Sess. (Ark. 2021); A. B. 1064, 2021 – 2022, Reg. Sess. (Cal. 2021); S. B. 768, 123rd Leg., Reg. Sess. (Fla. 2021); S. B. 46, 156th Leg., Reg. Sess. (Ga. 2021); H. B. 1079, 122nd Leg., Reg. Sess. (Ind. 2021); S. F. 296, 89th Gen. Assemb., Reg. Sess. (Iowa 2021); L. D. 1, 130th Leg., Reg. Sess. (Me. 2021); S. B. 67, 2021 Leg., Reg. Sess. (Md. 2021); S. B. 736, 2021 Leg., Reg. Sess. (Md. 2021); S. F. 475, 92nd Leg., Reg. Sess. (Minn. 2021); S. B. 2221, 67th Leg., Reg. Sess. (N. D. 2021); H. B. 572, 2021 Leg., Reg. Sess. (N. H. 2021); A 5222, 219th Leg., Reg. Sess. (N. J. 2021); H. B. 6, 134th Leg., Reg. Sess. (Ohio 2021); SB 398, 58th Leg., Reg. Sess. (Okla. 2021); H 3900, 124th Leg., Reg. Sess. (S. C. 2021); S. B. 777, 112th Gen. Assemb., Reg. Sess. (Tenn. 2021); H. B. 2079, 2021 Gen. Assemb., Spec. Sess. (Va. 2021); S. B. 13, 2021 – 2022, Reg. Sess. (Wis. 2021); and H. B. 2962, 85th Leg., Reg. Sess. (W. Va. 2021).

① H. B. 1022, 2021 Leg., Reg. Sess. (Md. 2021).

② McDonald III, Bruce D., Christopher B. Goodman, and Megan E. Hatch, *Tensions in state-local intergovernmental response to emergencies: The case of COVID-19*, 52(3) State and Local Government Review, Vol. 52, No. 3, 2020, pp. 186 – 194.

守的紧急政策和指导方针,并进一步规定州卫生局的隔离和检疫权力,排除了地方卫生局的权力。① 尽管这类规定扩大了州政府紧急权力的范围,澄清了州层面的应急措施与地方应急措施的关系,但同时也削弱了地方政府应急响应的灵活性。

1.3 加大对紧急权力的监督与限制

近年来,各州提出和颁布的有关紧急状态的立法,大多从实体和程序方面对州长的紧急权力施加了限制。一些州的立法机构扩大了对应急措施的立法监督力度,其他州立法机构则明文限缩了州长和州卫生官员的紧急权力范围。此外,还有些州的立法机构限制了紧急状态的持续时间、限制应急行政命令的作用范围,或是为州政府的行动设定了与联邦层面指导有关的限制。

(1) 对行政行为实行立法监督。各州的紧急状态法赋予了州长广泛的自由裁量权,以发布紧急状态、灾害和公共卫生紧急状态命令。在新冠疫情之前,至少有41个州的紧急状态法要求某种类型的立法监督程序,其中最典型的是以立法授权的形式来终止紧急情况。② 疫情暴发之后,针对州内紧急状态的立法监督得到了进一步的重视,各州的立法机构纷纷通过建立立法委员会或承诺人,以及立法通知、审查、批准、终止和撤销行政紧急行动的程序等方式提升自身在应对紧急状态的参与程度。部分州选择设立全新的立法监督机制(如特别立法委员会)来监督州政府的应急活动。阿肯色州的一项新法规定,在全州公共卫生灾难状态(statewide public health state of disaster)下,州卫生委员会发布的命令要接受州立法委员会的审查,委员会有权终止该命令。③ 堪萨斯州的一项新法律建立了一个立法协调委员会,当州卫生官员根据州长宣布的灾难发布命令时,该委员会有权撤销该命令。④ 犹

---

① S.B. 22,134th Leg., Reg. Sess. (Ohio 2021).
② National Conference of State Legislatures, *Legislative oversight of emergency executive powers 2020*, at: https://www.ncsl.org/about-state-legislatures/legislative-oversight-of-emergency-executive-powers, accessed December 5,2023.
③ S.B. 379,93rd Leg., Reg. Sess. (Ark.2021).
④ S.B. 40,2021 Leg., Reg. Sess. (Kan. 2021).

他州则开始要求州卫生局在发布超过 30 天的命令时,应提前 24 小时向立法应急委员会提交一份拟议行动通知。① 俄亥俄州立法机构通过 SB22 号法案设立了俄亥俄州卫生监督和咨询委员会,该委员会有权监督州卫生部门,并审查州卫生局长预防、调查和控制传染病传播的行动。② 佛罗里达州则颁布了一项法律,要求任何机构在宣布进入紧急状态之前、期间或之后发布的任何命令在发布后 3 天内提交给行政听证处,逾期提交则不发生效力。③ 部分州则授权立法机构终止紧急状态或撤销州长和州卫生官员发布的命令。如纽约州于 2021 年颁布了一项新法,授权立法机构通过共同决议终止紧急状态的宣布。④ 在俄亥俄州颁布的 SB22 法案中,立法机构被授权通过共同决议撤销任何州卫生部门旨在控制传染病的命令或行动,撤销后州卫生部门在 60 天内将不得采取相同或类似的行动。

（2）对紧急状态和行政命令的持续时间进行限制。在疫情以前,大多数州法都规定了紧急状态的最长期限,并要求州长或州卫生官员在一段时间(通常是 30 天或 60 天)后延长紧急状态。⑤ 由于新冠疫情持续时间较长,各州州长反复更新有关紧急状态的命令,以确保一致和有效的应急反应。为了规范州长的此类行为,部分州颁布了新法,对公共卫生紧急情况规定了新的时间限制。蒙大拿州颁布了一项法律,对州长的紧急声明规定了 21 天的期限,除非州参议院和众议院的多数成员同意延长。⑥ 在怀俄明州的一项新法将任何限制行动自由或个人从事任何活动的命令的生效时间限制在 10 天之内。⑦

---

① S. B. 195, 2021 Leg., Reg. Sess. (Utah 2021).
② S. B. 22, 134th Leg., Reg. Sess. (Ohio 2021).
③ S. B. 2006, 123rd Leg., Reg. Sess. (Fla. 2021).
④ A 5967, 2021 - 2022 Leg., Reg. Sess. (N. Y. 2021) and New York S 5357, 2021 - 2022 Leg., Reg. Sess. (N. Y. 2021).
⑤ National Conference of State Legislatures, *Legislative oversight of emergency executive powers 2020*, at: https://www.ncsl.org/about-state-legislatures/legislative-oversight-of-emergency-executive-powers, accessed December 5, 2023.
⑥ H. B. 230, 67th Leg., Reg. Sess. (Mont. 2021).
⑦ H. B. 127, 66th Leg., Reg. Sess. (Wyo. 2021).

(3) 对紧急权力的适用范围进行限制。疫情期间，各州为了防止病毒传播，制定了许多影响个人生活的措施，以保护公众的健康。作为回应，许多州的立法机构通过立法规范削减了州长应对未来紧急情况的能力。例如，爱达荷州的一项新法律关于"州长改变、调整或创设州法典"的任何条款。① 其他类型的限制大致可分为两大类，一是针对限制或禁止与某些宪法权利有关的紧急命令；二是限制行政权力，代而通过立法建立和执行防控传染病暴发的统一标准，包括口罩协议、疫苗接种要求、疫苗验证以及隔离和检疫要求。

(4) 禁止限制宪法第一、第二修正案规定的基本权利。疫情期间，半数以上的州立法机构提出了限制可能侵犯第一和第二修正案权利的公共卫生行动的提案。这些提案要求包括室内集会禁令的公共卫生限制不应影响受第一和第二修正案保护的活动，例如教会服务。其中至少有26个州提出、7个州颁布了法律，以确保州长的紧急行政命令不对宗教设施和宗教活动构成影响。例如，印第安纳州明令禁止对宗教组织和宗教服务的运作施加比对其他向公众提供基本服务的企业和组织更多的限制。此外，根据新法只有在州政府证明拟议的命令是满足迫切的政府利益的最小限制性手段时，州政府才可以施加可能对宗教活动造成实质性负担的健康、安全或居住要求，即使这些要求并不单独针对宗教组织。② 蒙大拿州的新法则禁止政府直接限制宗教服务，除非政府证明这些限制同样适用于提供基本服务的非宗教组织，并且是促进强制性政府利益的最小限制性手段。③ 此外，各州还考虑对州长影响到第一修正案集会权的紧急权力进行限制。具体而言，至少有四个州颁布了限制行政权力对商业活动进行紧急限制的法律。例如，得克萨斯州的新法律取消了在灾难期间限制或损害商业运作的任何行政紧急权力，这一权力现在只作为立法权力。④ 除了

---

① H.B. 392, 66th Leg., Reg. Sess. (Idaho 2021).
② S.B. 263, 122nd Leg., Reg. Sess. (Ind. 2021).
③ S.B. 172, 67th Leg., Reg. Sess. (Mont. 2021).
④ H.B. 3, 87th Leg., Reg. Sess. (Tex. 2021).

禁止限制影响第一修正案的自由行使或宗教和集会的权利外,一些州还考虑立法保护第二修正案的持枪权。在 2021 年的立法会议上,至少有 13 个州考虑限制对行政官员在紧急状态下禁止销售火器或弹药的权力,其中有 2 个法案最终被颁布为法律。① 例如,堪萨斯州的新法禁止州长在紧急状态下扣押弹药或限制枪支销售。② 蒙大拿州的新法特别要求该州在紧急状态或灾难期间确保其居民的第二修正案权利不受影响。③

(5) 纳入联邦层面的指导。在国内事务方面,联邦政府的紧急权力与州政府相比较为有限,联邦官员不能直接命令各州执行联邦标准。然而,许多州和地方政府在其公共卫生命令中参考了联邦机构(CDC)的建议。新泽西州甚至颁布了一项法律,要求州政府旨在抗疫的紧急措施不能施加超过 CDC 建议范围的限制。④

(6) 授权州检察长对联邦行动进行审查。部分州颁布了新法,授权州检察长依照指定的程序审查联邦层面的公共卫生紧急行动。⑤ 如果州检察长认定一项联邦政策构成违宪,则州长和州卫生官员将不再要求州内继续遵守该政策。例如,蒙大拿州颁布了一项法律,规定立法委员会有权审查美国总统发布的行政命令,并可以建议州检察长和州长进行进一步审查。如果检察长确定该命令违宪,则禁止州政府根据该行政命令使用公共资金应对大流行病或其他公共卫生紧急情况。⑥ 犹他州同样出台新规,规定如果州检察长认定与大流行病或其他公共卫生紧急情况有关的联邦行政命令构成违宪,则禁止任何州政府机构执行这一命令。⑦

---

① S. B. 14, 2021 Leg., Reg. Sess. (Kan. 2021) and S. B. 370, 67th Leg., Reg. Sess. (Mont. 2021).
② S. B. 14, 2021 Leg., Reg. Sess. (Kan. 2021).
③ S. B. 370, 67th Leg., Reg. Sess. (Mont. 2021).
④ A 5820, 219th Leg., Reg. Sess. (N. J. 2021).
⑤ S. B. 277, 67th Leg., Reg. Sess. (Mont. 2021) and H. B. 415, 2021 Leg., Reg. Sess. (Utah 2021).
⑥ S. B. 277, 67th Leg., Reg. Sess. (Mont. 2021).
⑦ H. B. 415, 2021 Leg., Reg. Sess. (Utah 2021).

(三) 国家紧急状态的运行机制和制度特点分析

1. 国家紧急状态授权下各职能部门分工及运行机制

1.1 经济制裁的发起和执行

自颁布以来,美国国家紧急状态主要被用于实施经济制裁,旨在打击恐怖主义、毒品交易、跨国犯罪等严重罪行,或者通过强制性经济措施改变被制裁国的政策。经济制裁通常由美国总统通过宣布进入国家紧急状态发起,然后授权财政部长与国务卿进行行动,此后财政部长进一步授权外国资产控制办公室(OFAC)执行制裁,最后总统每年针对《国际紧急状态经济权力法》下的制裁计划,确认其紧急情况的延续。

1.1.1 经济制裁的发起

大多数经济制裁通过 IEEPA 中的授权进行实施,总统在依据 NEA 宣布进入国家紧急状态时,有权同时援引 IEEPA 第 1702 条(a)款的规定,禁止或限制涉及任何外国或其国民的任何利益交易,只要该交易与受美国管辖的任何人或是财产有关。其中,"人"既包括自然人,也包括任何实体。当美国从事武装敌对行动或受到来自外国的武装攻击时,总统有权没收其认为计划、授权、协助或从事此类敌对行动的任何外国人、外国组织或受美国管辖的外国财产。

为行使上述授权,总统通常会发布一项行政命令,其中通常包括以下内容:其一,根据 NEA 宣布进入国家紧急状态;其二,确立财政部长或其他官员(如国务卿)用以指定受制裁的特定外国人的法定依据;其三,确定与被制裁人的限制交易类型或者其他禁令。例如,关于打击"俄罗斯联邦政府的有害外国活动"的第 14024 号行政命令阻止并禁止指定外国人在美国境内或与由美国人拥有或控制的财产交易。财政部长在与国务卿协商后,可根据第 14024 号行政命令指定个人,包括该外国人是"俄罗斯联邦政府的政治分支、机构或部门",或参与了"破坏美国、其盟友或合作伙伴的和平、安全、政治稳定或领土完整的活动"。[①]

---

① The White House, *Blocking Property With Respect To Specified Harmful* (转下页)

基于总统行政命令的规定以及得到的情报信息，美国财政部或是国务卿将确定符合这些行政命令标准的特定人员。然后将这些人员添加到适当的列表中。资产被冻结且美国人通常不得与之交易的人员出现在特别指定国民和被冻结人员清单（SDN 清单）上。资产未被冻结，但与之进行某些交易被禁止的人则出现在非 SDN 清单上，由 OFAC 统一安排在综合制裁清单上（Consolidated Sanctions List）。根据 IEEPA 第 1705 条的规定，任何人违反、企图违反、共谋违反或导致违反根据上述禁令的行为均属违法，违者将面临最高 250,000 美元或两倍于作为违法行为基础的交易金额的民事处罚，以及最高 100 万美元的刑事罚款，或是最高 20 年的监禁。

1.1.2 经济制裁的执行

如前文所述，违反经济制裁的个人可能面临民事或刑事处罚。经济制裁的执行主要涉及对违反制裁行为的调查及处罚，以及针对调查违反制裁行为时查明的其他非法行为的执法行动。

外国资产控制办公室：如果 OFAC 认为某人或实体的行为可能违反了经济制裁措施，其有权启动执法程序。根据调查所掌握的证据，OFAC 可以得出无违规行为的结论、要求提供进一步的信息、予以警告；得出行为违规的结论；得出行为违规的结论并附带民事罚款；或发出刑事转介（criminal referral）。如果 OFAC 有理由相信，违反制裁的行为可能正在进行或再次发生，它也可以发出禁制令（cease-and-desist order），禁止个人或企业继续某一特定行为。在相关情况下，外国资产管制处还可以撤销、暂停、修改、扣留或否决从事特定交易的许可证。

如果 OFAC 决定对违反制裁措施者处以罚金，具体处罚数额的确定取决于相关的法律授权（通常是 IEEPA）以及其对违反情形的评估。具体而言，OFAC 首先需通过考虑违规行为是否符合"恶劣情形"以及

（接上页）*Foreign Activities of the Government of the Russian Federation*, at: https://www.federalregister.gov/documents/2021/04/19/2021-08098/blocking-property-with-respect-to-specified-harmful-foreign-activities-of-the-government-of-the, accessed December 5, 2023.

违规者是否自愿自行披露违规行为来确定"基本处罚数额"。是否构成恶劣情形需综合考虑多方面因素,包括违规者的主观故意、违规行为对制裁计划目标的损害;以及个案的特点。其次,OFAC将考虑是否存在减轻或加重情节,包括违法者是否采取了补救措施或与OFAC的调查合作,以计算出最终的处罚。最后,如果OFAC认为某个案件可能需要进行刑事处罚,可以将该案提交至司法部发落。

司法部:美国司法部负责处理违反经济制裁的刑事案件,其同时通过对洗钱等可能助长违反制裁行为的行为进行调查,来处理有关经济制裁的执行问题。司法部国家安全司领导对违反制裁行为的起诉,而其他与经济制裁相关的起诉则由其他办公室领导,包括刑事司内的洗钱和资产追回科。

(1)违反经济制裁的刑事案件。与OFAC的民事执法权类似,司法部处理违反制裁行为的刑事执法权来源于美国法律的明文规定。由于大多数经济制裁是通过IEEPA实施的,所以该法构成司法部提起刑事起诉的主要法律依据。

(2)与经济制裁相关的其他刑事案件。除了依据IEEPA的授权之外,司法部还可以通过"非制裁权力"来处理促成违反制裁的行为,特别是可以通过对洗钱或其他金融犯罪的调查,寻求对逃避制裁行为进行起诉。在此类调查中,司法部可能会依据享有的民事和刑事没收权来扣押被认定为非法行为所得的资产。例如在2022年3月,司法部宣布成立捉贼特别工作小组(Task Force Klepto Capture),旨在对俄罗斯寡头实施制裁,作为对俄乌冲突的回应。该小组由来自联邦调查局、美国法警局、国家税务局、美国邮政检查局、美国移民及海关执法局、美国特勤局的官员组成,主要工作目标在于对特定的俄罗斯个人实施制裁,以冻结和扣押美国政府声称是他们非法参与俄罗斯政府和入侵乌克兰的所获收益的资产。除了调查违反制裁的行为外,工作小组还将调查可能破坏经济制裁的行为,包括洗钱和逃避"了解你的客户"(know your customer)义务的行为,并扣押可能构成非法行为收益的资产。此外,司法部和财政部还参与了七国集团成立的多边俄罗斯精英、代理人和寡头联合工作组(Russian Elites, Proxies, and Oligarchs, REPO),以便各国协调实施各国对俄罗斯寡头的制裁政策,收集和分享信息,以采取具体行动,包括制裁、资产冻结、资产扣押以及刑事起诉。

(3)没收财产。美国扣押资产的权力通常来自于民事和刑事法律中有关没收的法律规定,而非来源于与制裁相关的授权。刑事没收权广泛存在于《美国法典》的条文当中,要求没收"被污染的资产"财产,即参与某些非法活动或来自某些非法活动的财产。例如,《美国法典》第十八编第982条规定,在被告被刑事定罪后,如果该财产涉及或可追踪到各种犯罪,包括洗钱、证券欺诈,以及邮件或电信欺诈,则可对不动产或个人财产进行刑事没收。联邦最高法院在"Honeycutt v. United States"案中指出,刑事没收法规服务于重要的政府利益,比如将罪犯与其不义之财分开,以及将财产全额返还给那些被错误剥夺或欺诈的人。①

民事没收允许政府以财产可能涉及犯罪为由,对财产而不是对人提起诉讼。例如,《美国法典》第十八编第981条允许美国政府对不动产或财产进行民事没收,如果该财产涉及或可追溯到洗钱、证券欺诈或邮件或电信欺诈等犯罪行为。不同于刑事案件,实施没收并不需要政府对被没收财产的所有者进行刑事定罪,同时根据《美国法典》第十八编第983条的规定,没收财产的所有者有权以其不知道引起没收的非法行为,或者在得知非法行为后,采取了所有合理的步骤来终止该财产与这种行为的关系为由对民事没收提出异议。尽管国会在制定刑事和民事没收条款时保留了较大的自由裁量权,但宪法的过度罚款条款限制了没收程序的适用范围。就刑事没收而言,没收不得与被告罪行的严重程度严重不相称。② 而在民事没收方面,过度罚款条款只适用于呈现出至少是部分惩罚性的没收条款,而不适用于严格的补救性条款。③

---

① Honeycutt v. United States, 137 S. Ct. 1626, 1631(2017).
② United States v. Bajakajian, 524 U.S. 321, 334(1998).
③ Austin v. United States, 509 U.S. 602, 622(1993).

其他联邦机构：除了 OFAC 和司法部外，部分联邦机构也参与了经济制裁的执行工作。例如，财政部的金融犯罪执法网络（FINCen），作为其在《银行保密法》下职责的一部分，FINCen 负责监测并向司法部提供可能反映逃避制裁的可疑交易的信息。FINCen 收集情报和实施限制的主要途径在于针对外国金融机构设立"首要洗钱关注对象名单"（Primary Money Laundering Concern），要求美金融机构对名单中的外国金融机构采取以下一项或多项特别措施：(1)记录并报告额外交易记录；(2)收集与受益权有关的信息；(3)收集与通汇账户有关的信息；(4)收集与代理行账户有关的信息；(5)禁止开立或持有代理行和通汇账户。① 2005 年，FinCEN 以为涉朝制裁主体提供服务为由，将我国澳门银行列入反洗钱首要关注对象，关闭该行的美元代理行账户，日本、韩国的金融机构也相继停止与其往来，于 2020 年 8 月解除对该银行的制裁。2017 年 11 月，FinCEN 以从事涉朝制裁业务为由，宣布将丹东银行列入首要关注对象，关闭该行美元代理行账户，导致该行国际业务基本中断。②

此外，美国商务部工业和安全局（BIS）会通过出口管制措施落实 OFAC 的制裁政策。为使出口管制更为细化，BIS 制定了三种制裁清单：(1)被拒绝清单（Denied Persons List），即列有被拒绝给予出口特权的实体（含个人）的名单。被列入的实体不得以任何方式参与美国所限制的出口活动。(2)实体清单（Entity List），由外国实体组成，包括外国企业、研究机构、政府、民间组织、个人及其他形式的法律意义的个人。向被列入清单的实体出口、再出口、在国内转让受《出口管理条例》管辖的物项需要事先取得出口许可。③ (3)未经核实清单（Unverified

---

① 李文君：《美国金融制裁及我国的应对之策研究》，《现代金融》2022 年第 2 期，第 23 页。
② 李文君：《美国金融制裁及我国的应对之策研究》，《现代金融》2022 年第 2 期，第 24 页。
③ 拜登政府执政后，美国商务部部长吉娜·雷蒙多在宣誓就职后的首次采访中称，将充分发挥实体清单的作用，使其成为限制美国产品和技术流向他国的有力武器。See MSNBC, *Commerce Secretary Gina Raimondo sits down with Stephanie Ruhle*, at: https://www.msnbc.com/stephanie-ruhle/watch/commerce-secretary-gina-raimondo-sits-down-with-stephanie-ruhle-102040645717, accessed December 5, 2023.

List,简称 UVL),①列入该清单后,该实体不能再享受之前许可证豁免的权利。2019 年 4 月 11 日,工业和安全局将同济大学、中国人民大学等 37 家大学、研究机构、企业列入未经核实清单。② 在一系列严密的出口管制清单下,美国拥有广泛的自由裁量权,当美国想通过出口管制制裁某一个外国实体时,就会通过某种理由将该实体列入相应清单。③ 总之,美国目前已经形成了一套覆盖全面、打击准确、分工合理的制裁执行体系,使得经济制裁成为美国实现其对外政策目的的常见工具。④

1.2 总统与国会的互动

国会的立法指示:除了授权总统根据自由裁量行使紧急权力以外,国会有时会通过颁布法律的形式,指示总统利用 IEEPA 的授权来解决某些问题。例如 2016 年 12 月 23 日生效的《全球马格尼茨基人权问责法》(The Global Magnitsky Human Rights Acountability Act)便授权美国总统得依据 IEEPA 对有关外国个人和机构采取限制措施并进行制裁,以应对发生在全球范围内的"严重侵犯人权行为"。⑤ 2020 年 5 月,《2019 年维吾尔人权政策法案》获得美国国会参众两院压倒性的支持,1 个月内迅速通过审议并获美国总统特朗普签署生效。与《全球马格尼茨基人权问责法》相类似,该法同样指示美国总统得依据 IEEPA 对有关外国个人和机构采取限制措施并进行制裁。此类"指示型立法"的适用条件大多较为模糊,如《全球马格尼茨基人权问责法》的适用前提在于存在"严重侵犯人权",至于如何认定此种情形成立并据此发动

---

① 所谓的"未经核实"是指由于东道国政府、最终用户或收货人不予配合、配合不充分、无法取得联系等原因,工业和安全局无法核实参与相关交易的外国实体是否"善意"(bona fides)或其合法性,及是否会违反《出口管理条例》。
② Industry and Security Burea, *Revisions to the Unverified List (UVL)*, at: https://www.federalregister.gov/documents/2019/04/11/2019-07211/revisions-to-the-unverified-list-uvl, accessed December 5, 2023.
③ 欧福永、罗依凯:《美国〈2018 年出口管制法〉评析与启示》,《河北法学》2022 年第 2 期,第 77 页。
④ 王佳:《美国经济制裁立法、执行与救济》,《上海对外经贸大学学报》2020 年第 5 期,第 59 页。
⑤ 魏枭枭:《美国单边人权制裁的国内运行机制与中国对等法律反制研究》,《上海政法学院学报(法治论丛)》2021 年第 3 期,第 75 页。

紧急权力,全凭国会自由裁量。2020年6月,美国众议院议长佩洛西要求美国总统特朗普根据《全球马格尼茨基人权问责法》及《香港人权及民主法》对中国实施制裁,包括实施签证限制和经济制裁等。① 同年9月,美国财政部发表声明将根据《全球马格尼茨基人权法案》和美政府有关行政命令,以"侵犯人权"为由,对中国优联发展集团有限公司在柬埔寨的发展项目进行制裁。②

  总统的"替代立法":尽管在三权分立的架构下,总统作为行政部门并不享有立法权能,但通过对紧急权力的广泛行使,总统不时能在某些外交领域篡夺到一部分的立法控制权。③ 其中最为典型的例子当属总统通过 IEEPA 继续执行《出口管制法》(Export Administration Act, EAA)。在 2018 年《出口管制改革法》出台以前,两用物项和技术进行监管一直由 1979 年《出口管理法》予以规范。该法到期后,历任总统以出口管制的制度缺位构成国家紧急状态为由,根据 IEEPA 的授权通过行政命令将该法不断延期。④

  因美国国会多次未能延续过期的 EAA 及其项下赋予美国总统的出口管制权,时任美国总统里根于 1983 年发布了 12444 号行政命令,认为"鉴于 1979 年《出口管理法》的到期,外国方面不受限制地获得美国的商业货物、技术和技术数据,以及外国存在的某些抵制做法,对国家安全构成了不寻常的特别威胁,特此宣布进入国家经济紧急状态以应对这一威胁。据此,《出口管理法》被编入该行政命令,以继续保持效

---

① See Nancy Pelosi, *Pelosi statement on China's Passage of Sweeping Law Cracking Down on Hong Kong*, at: https://www.speaker.gov/newsroom/63020, accessed December 5, 2023.

② 参见中国驻柬埔寨大使馆:《中国驻柬埔寨大使馆发言人就美国对在柬中资企业优联集团实施制裁发表谈话》,来源:http://kh.china-embassy.org/chn/dssghd/t1815352.htm,2023 年 12 月 5 日访问。

③ Jason Luong, *Forcing Constraint: The Case for Amending the International Emergency Economic Powers Act*, Texas Law Review, Vol.78, No.5, 1999-2000, p.1192.

④ 《出口管理法》赋予总统的出口管制权生效至 1983 年 9 月 30 日。

力".① 尽管《出口管理法》自 1983 年首次到期后曾被国会短期重新授权,但随后的每一任总统都利用 IEEPA 授予的权力,在失效期间维持现有的出口管制体系。在最近的迭代中,时任美国总统布什于 2001 年发布了第 13222 号行政命令,认定存在与 EAA 到期有关的国家紧急情况,并根据 IEEPA 分配的权力,指示"应根据本命令执行 EAA 的管理规定,以便继续全面实施……迄今保持的出口管制制度"。直至《出口管制改革法》出台,奥巴马和特朗普总统每年都下令延长 2001 年的行政命令。

总统的这一做法在司法实践中得到了充分的讨论,法院总体而言对此持支持态度。在"United States v. Mechanic"案中,美国第五巡回上诉法院在 EAA 实际已经失效的前提下维持了企图违反 EAA 行为的定罪,进而变相地认可了总统延续法律行为的效力。在"Wisconsin Project on Nuclear Arms Control v. U.S. Department of Commerce"案中,美国哥伦比亚特区巡回上诉法院认为从立法历史来看,国会存在授权总统保持 EAA 项下出口条例继续运作的意图。②

2.《国家紧急状态法》的实践应用

2.1 现存国家紧急状态概况

通过整理美国白宫官网发布的行政命令、国会研究服务部公布的数据以及纽约大学法学院布伦南司法中心(Brennan Center for Justice)的统计数据,本部分整理出了截至 2023 年 11 月 16 日仍在生效和已经失效的国家紧急状态的情况明细,并对各紧急状态的内容和实施情况进行了梳理。其中,表 1 列出了 NEA 颁布 40 年来历任美国总统根据该法宣布的国家紧急状态的效力情况,表 2 展示了当中尚在生效的国家紧急状态。表 3 则统计了 NEA 颁布以来每十年间总统根据 NEA 宣布的国家紧急状态的数量。

---

① See UCSB, *Executive Order 12444—Continuation of Export Control Regulations*, at: https://www.presidency.ucsb.edu/documents/executive-order-12444-continuation-export-control-regulations, accessed December 5, 2023.

② Wisconsin Project on Nuclear Arms Control v. U.S. Dep't of Commerce, 317 F.3d 275, 282 (D.C. Cir. 2003).

二、美国国家紧急状态法律制度研究

表1　(1979—2023)历任美国总统宣布的国家紧急状态数量

总统	生效国家紧急状态	失效的国家紧急状态	总计
詹姆斯·厄尔·卡特	1	1	2
罗纳德·威尔逊·里根	0	4	4
乔治·赫伯特·沃克·布什	0	4	4
威廉·杰斐逊·克林顿	5	10	15
乔治·沃克·布什	11	1	12
贝拉克·侯赛因·奥巴马	9	3	12
唐纳德·特朗普	10	2	12
约瑟夫·罗宾内特·乔·拜登	7	0	7
总计	42	35	77

表2　截止至2023年6月尚处存续状态的国家紧急状态

总统	声明文件	起始日期	标题	类别
卡特	第12170号行政命令	1979年11月14日	冻结伊朗政府财产	制裁
克林顿	第12938号行政命令	1994年11月14日	大规模毁灭性武器的扩散	军火
克林顿	第12957号行政命令	1995年3月15日	禁止与伊朗石油资源开发有关的特定交易	制裁
克林顿	第12978号行政命令	1995年10月21日	冻结资产并禁止与重大毒品贩运者进行交易	制裁
克林顿	第6867号声明	1996年3月1日	宣布进入国家紧急状态,并援引与监管船舶停泊和移动有关的紧急权力	海运
克林顿	第13067号行政命令	1997年11月3日	冻结苏丹政府的财产并禁止与其进行交易	制裁
乔治·布什	第13219号行政命令	2001年6月26日	冻结威胁西巴尔干地区稳定局势的人士的财产	制裁
乔治·布什	第13222号行政命令	2001年8月17日	继续实施出口管制条例	立法

077

续　表

总统	声明文件	起始日期	标题	类别
乔治·布什	第7463号声明	2001年9月14日	以特定恐怖袭击为由宣布进入国家紧急状态	军事行动
乔治·布什	第13224号行政命令	2001年9月23日	禁止与实施、威胁实施或支持恐怖主义的人进行交易并冻结其财产	制裁
乔治·布什	第13288号行政命令	2003年3月6日	冻结津巴布韦境内破坏民主进程或制度者的财产	制裁
乔治·布什	第13303号行政命令	2003年5月22日	保护伊拉克发展基金和伊拉克拥有权益的某些其他财产	立法
乔治·布什	第13338号行政命令	2004年5月11日	冻结某些人的财产并禁止向叙利亚出口某些货物	制裁
乔治·布什	第13405号行政命令	2006年6月16日	冻结某些破坏白俄罗斯民主进程或制度的人的财产	制裁
乔治·布什	第13413号行政命令	2006年10月27日	冻结某些参与刚果民主共和国冲突的人的财产	制裁
乔治·布什	第13441号行政命令	2007年8月1日	冻结破坏黎巴嫩主权或其民主进程和机构者的财产	制裁
乔治·布什	第13466号行政命令	2008年6月26日	继续对朝鲜和朝鲜国民实施特定限制	制裁
奥巴马	第13536号行政命令	2010年4月12日	冻结某些对索马里冲突有贡献的人的财产	制裁
奥巴马	第13566号行政命令	2011年2月25日	冻结与利比亚有关的财产和禁止与其的特定交易	制裁
奥巴马	第13581号行政命令	2011年7月24日	冻结跨国犯罪组织的财产	制裁
奥巴马	第13611号行政命令	2012年5月16日	冻结威胁也门和平、安全或稳定的人的财产	制裁
奥巴马	第13660号行政命令	2014年3月6日	冻结某些对乌克兰局势有贡献的人的财产	制裁

续　表

总统	声明文件	起始日期	标题	类别
奥巴马	第13664号行政命令	2014年4月3日	冻结某些与南苏丹有关联的人的财产	制裁
奥巴马	第13667号行政命令	2014年5月12日	冻结某些参与中非共和国冲突的人的财产	制裁
奥巴马	第13692号行政命令	2015年3月8日	冻结某些对委内瑞拉局势有影响的人的财产并限制其入境	制裁
奥巴马	第13694号行政命令	2015年4月1日	冻结某些从事重大恶意网络活动的人的财产	制裁
特朗普	第13818号行政命令	2017年12月20日	冻结参与严重侵犯人权或腐败行为者的财产	制裁
特朗普	第13848号行政命令	2018年9月12日	针对外国干涉美国选举的行为实施特定制裁	制裁
特朗普	第13851号行政命令	2018年11月27日	冻结某些对尼加拉瓜局势有贡献的人的财产	制裁
特朗普	第13873号行政命令	2019年5月15日	确保信息和通信技术及服务供应链的安全	制裁
特朗普	第13882号行政命令	2019年7月26日	冻结某些对马里局势有影响的人的财产并限制其入境	制裁
特朗普	第13894号行政命令	2019年10月14日	冻结某些对叙利亚局势有贡献的人的财产并限制其入境	制裁
特朗普	第13936号行政命令	2020年7月14日	总统关于香港正常化的行政命令	制裁
特朗普	第13959号行政命令	2020年11月12日	应对资助中国涉军企业的证券投资的威胁	制裁
拜登	第14014号行政命令	2021年2月10日	冻结与缅甸局势有关的财产	制裁
拜登	第14024号行政命令	2021年4月15日	冻结与俄罗斯联邦政府的特定有害境外活动有关的财产	制裁

续 表

总统	声明文件	起始日期	标题	类别
拜登	第14046号行政命令	2021年9月17日	就埃塞俄比亚的人道主义和人权危机对某些人实施制裁	制裁
拜登	第14059号行政命令	2021年12月15日	对参与全球非法毒品贸易的外国人实施制裁	制裁
拜登	第14064号行政命令	2022年2月11日	保护阿富汗央行特定财产维护阿富汗人民利益	财产扣押
拜登	第10371号声明	2022年4月21日	宣布进入国家紧急状态,并援引紧急权力对俄罗斯的船只在美国港口的锚泊和移动实施管制	国家安全
拜登	第14078号行政命令	2022年7月19日	加强努力,将人质和被错误拘留的美国国民带回家	制裁
拜登	第14105号行政命令	2023年8月11日	解决美国在受关注的国家对某些国家安全技术和产品的投资	国家安全

表3　各时间段总统宣布的国家紧急状态总数

时间段	国家紧急状态总数	尚在存续状态的国家紧急状态总数
1971—1980年	2	1
1981—1990年	9	0
1991—2000年	18	5
2001—2010年	17	12
2011—2020年	23	16
2021—2023年	8	8

通过上述表格可以看出,从涉及的主题进行分类,美国总统根据NEA宣布的国家紧急状态主要可以分为针对特定国家/地区的国家紧急状态、针对特定事件/主题的国家紧急状态以及针对特定行业/领域的国家紧急状态。下文将从实证研究的角度出发,通过对各个主题下

的国家紧急状态的具体案例进行分析，以了解各主题下国家紧急状态的特点、发展状态和具体措施之异同。

2.2 援引《国家紧急状态法》《国际紧急状态经济权力法》的案例分析

2.2.1 针对特定国家、地区的国家紧急状态：对俄紧急状态

本部分主要以美国对俄罗斯紧急状态为例，通过对其演进历史进行梳理，以期准确理解美国针对国家宣布国家紧急状态的真正目的和走向，进而预判美国紧急状态的未来调整方向。

（1）对俄紧急状态的发展过程

21世纪以来，美国主要对俄罗斯宣布了五次国家紧急状态：一是有关反核扩散的紧急状态。2000年，时任美国总统克林顿认定俄罗斯拒绝履行《俄美高浓缩铀协定》，在境内大量可用于武器的裂变材料所造成的核扩散危险对美国的国家安全构成不同寻常和特殊的威胁，进而宣布进入国家紧急状态，将俄罗斯在美国境内的政府相关资产全部冻结。[①]

二是有关克里米亚危机的紧急状态。2014年3月16日，克里米亚宣布加入俄罗斯联邦。美国迅速做出反应，时任美国总统奥巴马发布13660号行政命令，认定未经乌克兰政府授权在克里米亚地区行使政府权力的人的行动和政策，破坏了乌克兰的民主进程和体制；威胁到乌克兰的和平、安全、稳定、主权和领土完整；并助长了对其资产的侵吞，对美国的国家安全和外交政策构成不同寻常和特殊的威胁，因此宣布进入国家紧急状态，对直接参与克里米亚事件的俄罗斯和乌克兰官员实施旅行禁令及资产冻结。[②] 2014年7月17日，马来西亚航空的波

[①] The White House, *Blocking Property of the Government of the Russian Federation Relating to the Disposition of Highly Enriched Uranium Extracted From Nuclear Weapons*, at: https://www.federalregister.gov/documents/2000/06/26/00-16252/blocking-property-of-the-government-of-the-russian-federation-relating-to-the-disposition-of-highly, accessed December 5, 2023.

[②] The White House, *Blocking Property of Certain Persons Contributing to the Situation in Ukraine*, at: https://www.federalregister.gov/documents/2014/03/10/2014-05323/blocking-property-of-certain-persons-contributing-to-the-situation-in-ukraine, accessed December 5, 2023.

音客机 MH17 航班在乌克兰东部地区坠毁,机上乘客及机组成员全部遇难。后续调查结果表明,涉事航班是被俄罗斯导弹击中后坠毁的。作为回应,奥巴马发布了第 13662 号行政命令以进一步扩大第 13660 号行政命令宣布的国家紧急状态的范围。① 随后,美国财政部根据 13662 号行政命令对俄罗斯经济金融部门内其他实体实施金融制裁,冻结相关企业在美国的资产,限制它们进入美国资本市场。②

三是有关反选举干涉的紧急状态。2015 年 2 月 4 日,时任美国总统奥巴马发布 13694 号行政命令,认定全部或大部分来自美国境外、或由境外人士指挥的恶意网络活动日趋普遍和严重,对美国的国家安全、外交政策和经济构成了不寻常和特殊的威胁,因而宣布进入国家紧急状态。③ 2016 年,美国以俄罗斯干预美国大选为由发布 13757 号总统行政命令,进一步扩大根据 13694 号行政命令宣布的国家紧急状态,将俄罗斯总参谋部情报局、联邦安全局、三家与俄罗斯情报机关有关的技术公司和 4 名总参谋部情报局的局长、副局长分别列入 SDN 清单和实体清单当中。④

四是有关滥用生化武器的紧急状态。1994 年,美国前总统克林顿发布第 12938 号行政命令,认定有关大规模杀伤性武器及其运载工具

---

① The White House, *Blocking Property of Additional Persons Contributing to the Situation in Ukraine*, at: https://www.federalregister.gov/documents/2014/03/24/2014-06612/blocking-property-of-additional-persons-contributing-to-the-situation-in-ukraine, accessed December 5, 2023.
② U.S. Department of the Treasury, *Announcement of Additional Treasury Sanctions on Russian Financial Institutions and on a Defense Technology Entity*, at: https://www.treasury.gov/press-center/press-releases/Pages/jl2590.aspx, accessed December 5, 2023.
③ The White House, *Blocking the Property of Certain Persons Engaging in Significant Malicious Cyber-Enabled Activities*, at: https://www.federalregister.gov/documents/2015/04/02/2015-07788/blocking-the-property-of-certain-persons-engaging-in-significant-malicious-cyber-enabled-activities, accessed December 5, 2023.
④ The White House, *Taking Additional Steps to Address the National Emergency With Respect to Significant Malicious Cyber-Enabled Activities*, at: https://www.federalregister.gov/documents/2017/01/03/2016-31922/taking-additional-steps-to-address-the-national-emergency-with-respect-to-significant-malicious, accessed December 5, 2023.

扩散的行为构成对美国国家安全、外交政策和经济安全的不同寻常和特殊的威胁,据此宣布进入国家紧急状态,制裁任何直接或间接从事上述行为的人。① 因为发生于2018年3月4日的英国前俄罗斯间谍毒杀案,时任美国总统特朗普于2019年发布13883号总统行政命令,指责俄政府于2018年3月在英国对俄前情报人员使用神经毒剂,违反《1991年化学和生物武器管制和消除战争法》,进而扩大了第12938号行政命令下的紧急状态的实施范围,通过禁止多边开发银行对俄提供援助、禁止美国银行对俄罗斯相关实体提供贷款或交易等手段对俄实施制裁。②

五是有关俄乌冲突的紧急状态。2022年2月24日,俄罗斯总统普京宣布对乌克兰采取特别军事行动。作为应对,美国相继发布了第14065、14066、14068、14071号行政命令及相关指令,以强化现有的对俄制裁。

(2) 对俄紧急状态的主要应对措施

截至最新一轮的紧急状态,美国对俄罗斯的主要限制措施如下:一是禁止美国人在顿涅茨克和卢甘斯克任何地区投资、直接或间接进口来自两个地区的任何货物、服务或技术;从美国或由美国人(不论其身处何处)直接或间接向两个地区出口、再出口、销售或供应任何货物、服务或技术;批准、资助、协助或担保由非美国人完成的、制裁禁止美国人直接参与的任何交易。二是禁止美国人参与任何与俄罗斯联邦特定主权债务有关的交易。三是将俄罗斯政府高管、企业高管及其亲属列入SDN清单,禁止美国人与之开展交易并冻结其资产。四是将俄罗斯重要的金融、能源、军工企业列入SDN清单,禁止美国人与之开展交易并

---

① The White House, *Proliferation of Weapons of Mass Destruction*, at: https://www.archives.gov/files/federal-register/executive-orders/pdf/12938.pdf, accessed December 5, 2023.
② The White House, *Administration of Proliferation Sanctions and Amendment of Executive Order 12851*, at: https://www.federalregister.gov/documents/2019/08/05/2019-16879/administration-of-proliferation-sanctions-and-amendment-of-executive-order-12851, accessed December 5, 2023.

冻结其资产。五是将俄罗斯金融、能源、贵金属、运输等重要行业的实体列入综合制裁清单对其实施融资禁令。六是将俄罗斯第一大银行俄罗斯联邦储蓄银行(Sberbank)及其25家子公司列入往来账户与通汇账户清单,禁止美国金融机构为其开立或维持往来账户和/或通汇账户或为其处理任何资金交易。七是禁止进口原产自俄罗斯的原油、液态天然气、煤炭等能源产品,禁止美国人投资俄罗斯能源行业。八是切断环球银行间金融通信协会(SWIFT)与部分重要银行的连接。九是扩大对俄的出口管制范围,限制向俄罗斯出口和再出口高度敏感的美国技术。①

(3) 对俄紧急状态的实施特点

总体来看,美国对俄宣布的国际紧急状态的实施特点可以归纳为以下几方面:其一,内容不断迭代。通过梳理美国对俄紧急状态的发展过程,可以发现其应对措施并非一成不变,而是根据目前的外交形势不断更新,针对性地增强或减弱对应措施。相较于"一事一紧急"的模式,更新现有的国家紧急状态一方面有助于构建较为明晰的应对机制,防止同时出现大量尚在生效的国家紧急状态给相关执行机构带来困扰;另一方面也更具灵活性,可以更好地适应不断变化的国际形势。其二,强调精准应对。区别于全面制裁的做法,美国对俄罗斯的制裁具有针对性,均有技术性法律条文作为支撑,可以做到目标明确、有的放矢。② 在"聪明制裁"理念的主导下,③美国对俄经济制裁既达到了精确打击的目的,又节约了实施制裁的成本,同时也规避了陷入大国的全面对抗或诱发人道主义危机的风险。其三,强调自身合法性。美国经常在其宣布进入国家紧急状态的声明中,强调俄罗斯的特定行为构成对

---

① 舒雄:《美对俄经济制裁的法律机制、措施分析及启示》,《中国外汇》2022年第13期,第74页。
② 周芳宇、周跃雪:《美国对俄罗斯经济制裁的法律分析及启示》,《邵阳学院学报(社会科学版)》2023年第2期,第23页。
③ 单边制裁以制裁对象为标准划分为全面制裁(general sanctions)和聪明制裁(smart sanctions)。聪明制裁是指根据具体的制裁需要,针对特定领域或特定主体所实施的制裁。

国际法的违反,以强调自身应对措施在国际法层面的合法性和合理性。

2.2.2 针对特定事件、主题的国家紧急状态

本部分主要以美国涉美墨边境非法移民国家紧急状态为例。2019年2月15日,时任总统特朗普通过白宫发布了第9844号声明,宣布美国南部边境进入国家紧急状态,以应对威胁核心国家安全利益的边境安全和人道主义危机。在声明中,特朗普援引了《美国法典》第10编第2808条关于应急国防建设(emergency military construction)的授权,以绕过国会批准获取建筑边境墙的必要资金。尽管国会尝试终止这一紧急状态,但最终也以失败告终。通过对美国涉美墨边境非法移民国家紧急状态进行分析,有助于进一步了解美国国家紧急状态的资金来源以及立法监督机制的运作情况。

(1) 涉美墨边境非法移民国家紧急状态的缘起

在2016年的竞选期间,特朗普总统一再承诺在美墨边界建造一座"大而美丽的墙",并声称有关费用将完全由墨西哥支付。墨西哥则拒绝为此提供任何资金。2018年,特朗普转而要求国会拨款修建边境上约700英里的隔离墙,用于取代根据2006年安全围栏法案建造的654英里的围栏,但对于具体拨款数额双方存在较大的分歧。特朗普多次表示,建造隔离墙需要大约57亿美元的拨款,但遭到民主党的坚决反对。民主党控制的众议院拒绝通过包括边境围墙的拨款法案,理由是特朗普违背了建造墙的费用将由墨西哥支付的竞选承诺。因此,民主党控制的众议院投票决定,在不包括特朗普要求的资金的情况下通过这项拨款法案。但特朗普仍坚持要求包括修建隔离墙的资金,并表示他将否决任何不包括这些资金的法案。最终,因为特朗普和民主党围绕预算问题相持不下,整个联邦拨款方案被连带冻结,联邦政府因为无法获得拨款出现资金缺口,不得不陷入长达35天的停摆。2019年1月25日,特朗普终于签署一项不包含修墙资金的临时法案,结束了美国政府史上最长关门,但这项法案只能让政府再维持运作3周,以便继续就拨款法案进行谈判。特朗普表示,如果国会未能在2月15日之前达成协议,联邦政府会因为他不同意相关的拨款法案而再次停摆,或者

他将宣布进入国家紧急状态扩大权限挪用资金来建造隔离墙。① 2月15日，特朗普签署不含建墙费用的政府预算，同时宣布进入国家紧急状态以取得建墙费用，即为美国涉美墨边境非法移民国家紧急状态。特朗普就其宣布的国家紧急状态给国会的信中指出，在援引第2808条时，他授权国防部长根据其判断，授权军事部门第2808条规定的权力，从事必要的建设，以应对南部边境的危机。②

(2) 第2808条的紧急军事建设授权

根据《美国法典》第十编第2808条，在战争时期或是国家紧急状态时期，如需进行军事建设项目，可以在不经任何其他法律授权的前提下要求国防部长进行军事建设，可用于紧急军事建设的资金包括国会已拨付但尚未承付的所有军事建设资金。过往实践中历届总统通常只在建设海外军事基地时援引这一权力。鉴于国会已经为2019年的各种形式的军事建设拨款了大量资金，这便为第2808条授权的军事建设活动提供了充足的资金。然而，特朗普是否真的有权以国家紧急状态为由挪用军事建设项目资金建造隔离墙在法律层面仍有争议。

首先，美国南部边境的非法移民问题是否为援引第2808条提供了充分的事实依据，可能存在争议。在使用第2808条的权力之前，总统必须确定相关的建设项目将能够解决符合国家紧急状态中提出的"需要动用武装部队"的问题。据此，一方面宣布进入国家紧急状态必须在客观上需要动用武装部队，拟采取的建设项目也必须是"为了动用武装部队所必需的"。但第2808条并未规定任何实质性的标准用以评估国家紧急状态是否"需要动用武装部队"或设想的军事建设项目是否为"动用武装部队所必要"，司法实践中法院通常会根据政治问题原则拒

---

① The New York Times, *Trump Signs Bill Reopening Government for 3 Weeks in Surprise Retreat From Wall*, at: https://www.nytimes.com/2019/01/25/us/politics/trump-shutdown-deal.html, accessed December 5, 2023.

② See Donald J. Trump, *Letter to Congressional Leaders on Declaring a National Emergency Concerning the Southern Border of the United States*", at: https://www.presidency.ucsb.edu/documents/letter-congressional-leaders-declaring-national-emergency-concerning-the-southern-border, accessed December 5, 2023.

绝审查这类决定。即便法院予以审查，考虑到传统上司法部门对行政部门关于军事必要性的主张给予了极大的尊重，可以预见要想对援引第2808条的国家紧急状态进行司法审查存在着较高的难度。

其次，修建边境隔离墙是否符合第2808条语境下的"军事建设项目"(military construction project)。《美国法典》第十编将"军事建设项目"定义为包括"军事建设工程"，并进一步将"军事建设"定义为"包括与军事设施有关的任何建设、开发、改建或扩建……或任何土地购置或国防通道的建设"。一方面，沿南部边境大部分地区修建边境墙似乎不符合"与军事设施有关"的要求，《美国法典》第十编对"军事设施"(military installation)的定义是"基地、营地、哨所、车站、院子、中心或军事部门部长管辖下的其他活动"。另一方面，在美国的司法判例中，法律条文中的"包括"(include)一词，表明定义中提出的例子是说明性的，而不是详尽的。因此，第十编将"军事建筑"定义为"包括"与军事设施有关的建筑，便意味着由军队进行的其他类型的建筑并不必然被排除在该定义之外。因此，法院对于修建边境隔离墙是否符合第2808条语境下的"军事建设项目"的判断，可能取决于在其理解下边境隔离墙与军事设施的相似性。

最后，鉴于拟建设的边境隔离墙长约700英里，位于不同地理位置的墙体可能会产生不同的结论。例如，确保边境某些地区的安全比确保其他地区的安全更有可能"需要动用武装部队"，或者边境隔离墙在某些地理位置可能是动用武装部队所必需的，但在其他地方则不是。同样，在边境的某些地区，特别是直接毗邻军事基地的地区修建隔离墙，似乎比在边境其他地方修建隔离墙更有资格成为"与军事设施有关"的建筑。[1] 法院是否会对隔离墙的不同部分进行单独的法律分析，最终可能取决于有关资金分配的具体细节和隔离墙具体建

---

[1] The Wall Street Journal, *Trump Administration to Ask Military to Build Walls for Base on U. S.-Mexico Border*, at: https://www.wsj.com/articles/trump-administration-to-ask-military-to-build-walls-for-base-on-u-s-mexico-border-1522868941, accessed December 5, 2023.

设情况。

(3) 国会结束紧急状态的努力

特朗普宣布国家进入国家紧急状态并提出为"建墙"抽调其他项目的资金的决策引发了民主党人甚至是部分共和党议员的不满。早在特朗普宣布进入国家紧急状态前,国会众议长民主党员南希·佩洛西便表示,如果共和党支持特朗普在美墨边境修墙,那么民主党人将就共和党关心的枪支问题上,支持下一位民主党总统宣布关于枪支暴力的国家紧急状态。① 随后,佩洛西与参议院少数党领袖查尔斯·舒默发表声明,谴责特朗普从对公共安全和国家安全更重要的项目中抽调资金的决策是在践踏三权分立的政治体制,针对南部边境的国家紧急状态是非法的:"总统对一场并不存在的危机的非法声明严重违反了我们的宪法,从我们军队和国家安全急需的国防资金中窃取资金使美国更加不安全。这显然是一位失望的总统在攫取权力,他已经超越了法律界限,试图得到他在合宪的立法过程中未能得到的东西。"②

因此在国家紧急状态颁布七日后,国会两院根据 NEA 的规定进行了有关国家紧急状态的终止的表决,并最终达成联合决议案,但因特朗普对联合决议案的否决未能生效。随后,国会针对特朗普的否决进行投票,试图达成三分之二以上的绝对多数以否决总统的否决,但最终以 248-181 的投票结果宣告失败。③ 随后,参议院再次就终止涉美墨边境非法移民国家紧急状态进行联合决议的表决,但再次被特朗普否决,最终又因 53-36 的结果未能成功否决总统的否决。在特朗普宣

---

① Ian Schwartz, *Pelosi: Democratic President Will Now Be Able To Declare National Emergency On Guns*, at: https://www.realclearpolitics.com/video/2019/02/14/pelosi_democratic_president_will_now_be_able_to_declare_national_emergency_on_guns.html, accessed December 5, 2023.

② Mike Lillis, *Pelosi, Schumer hammer 'unlawful' emergency declaration*, at: https://thehill.com/homenews/senate/430216-pelosi-schumer-hammer-unlawful-emergency-declaration, accessed December 5, 2023.

③ 116th Congress, *H. J. Res. 46-Relating to a national emergency declared by the President on February 15, 2019*, at: https://www.congress.gov/bill/116th-congress/house-joint-resolution/46/actions?KWICView=false, accessed December 5, 2023.

布就边境问题进入国家紧急状态之后,国会与总统之间不断博弈,国会一直尝试根据 NEA 规定的程序终止该国家紧急状态。然而在共和党主导参议院的背景下,对于总统的否决权,国会无法形成绝对多数以制衡总统的权力,NEA 中关于国会对总统的限制在否决权面前"不堪一击"。尽管参众两院均有共和党员投票支持终止国家紧急状态,但国会很难达到绝对多数,总统的否决在政党政治的影响下很难被国会推翻,这也成为美国总统宣布国家紧急状态的频次增长的原因之一。

2.2.3 针对特定行业、领域的国家紧急状态

自特朗普政府以来,总统对紧急授权的使用已然超出了其立法本意,成为了美国与他国进行"贸易战"的有力武器。具体而言,美国总统以与他国之间的贸易纠纷为借口,宣布进入国家紧急状态,进而援用 IEEPA 授予的国家紧急权力限制美国企业在该国的特定行业或领域的投资、打击该国的高科技企业,对该国进行出口管制,甚至对来自特定国家的进口产品征收关税。在此背景下,本部分将以美国针对信息通信技术服务供应链安全的国家紧急状态为例,通过对其主要内容、适用实例进行研究分析,以洞悉紧急状态法在"贸易战"中发挥的具体作用和运行机制。2019 年 5 月 15 日,美国总统特朗普根据 IEEPA、NEA 和"301 条款"的有关规定,发布名为《保障信息与通信技术及服务供应链安全》的第 13873 号行政命令,宣布国家进入紧急状态,禁止国内企业或个人在信息和通信领域进行任何可能会对国家安全构成风险和威胁的商业交易,并授权商务部部长审查、限制甚至禁止美国实体与"外国对手"①之间的任何信息通信技术与服务交易。

行政命令发布后,美国商务部曾于 2019 年 11 月 27 日在"联邦公报"公布落实行政命令的"建议规则",公开征求意见,并于 12 月 27 日

---

① 规则认定古巴、伊朗、朝鲜、俄罗斯和委内瑞拉马杜罗政权等国为"外国对手"。此认定仅适用于第 13873 号行政命令相关语境下,不作为美国政府对这些外国政府和非政府组织的性质的认定。"外国对手"名单由商务部长酌情决定,定期评估并更新。

再次发布通知,将征求意见期延长至2020年1月10日。① 2021年1月19日,征求意见期结束约一年后,商务部公布了《确保信息通信技术服务供应链安全》暂行规则。根据"联邦公报"消息,规则将于2021年3月22日生效。规则主要明确了美商务部部长如何对信息通信技术服务相关交易进行审查、评估和应对,以避免"外国敌对方"对美国国家安全造成"不当"或"不可接受"风险。根据规则,对于满足特定条件的信息通信技术服务(ICTS)交易,商务部部长均有权对其发起审查:对ICTS交易的审查结论分为"允许""禁止"和"附条件允许"3种。"允许"意味着交易在当前情况下可以继续进行,但未来随着商务部部长获得更多信息,该交易仍有可能再次被审查。"附条件允许"指交易方须采纳商务部部长为控制交易相关风险而提出的有关措施,在此基础上交易可继续进行。不遵守商务部的审查结论,可导致行政处罚或刑事处罚,视情节严重程度而定。② 值得注意的是,商务部对ICTS交易的审查,目的在于"补充"而非"取代"外国投资委员会(Committee on Foreign Investment in the United States, CFIUS)审查、电信安全审查小组(Team Telecom)审查等其他现存的审查机制。规则不适用于CFIUS正在进行审查或已经审查过的交易,但该交易的后续ICTS交易仍可能受到商务部审查。

---

① 商务部的审查范围包括:(1)受美国管辖的任何个人或实体所进行的,或涉及受美国管辖的财产的;(2)涉及任何外国国家或其国民拥有权益(包括提供技术或服务合同中的权益)的财产;(3)在2021年1月19日当天或之后开始,将要进行或完成的交易,不论该交易相关合同何时签订、日期标注或签署日期为何时,也不论与该交易相关的任何许可、执照或授权何时获得。若某ICTS交易相关的任何行为或服务例如任何托管服务合同条款的执行、软件更新的安装或维修的进行在2021年1月19日当天或之后发生,即使该交易合同最初签订时间或该活动开始的时间在2021年1月19日之前,也将该ICTS交易视为在规则管辖范围内。See Commerce Department, *Securing the Information and Communications Technology and Services Supply Chain*, at: https://www.federalregister.gov/documents/2021/01/19/2021-01234/securing-the-information-and-communications-technology-and-services-supply-chain, accessed December 5, 2023.

② 行政处罚最高罚款为25万美元,根据通胀调整后约为30.8万美元;刑事处罚最高罚款为100万美元,同时可判20年以下监禁。

2.3 美国国家紧急状态制度的特点、发展趋势及成因分析

2.3.1 美国国家紧急状态制度的适用趋势及特点分析

自颁布以来,IEEPA主要被用于打击恐怖主义、毒品交易、跨国犯罪等严重罪行,或者通过强制性经济措施改变被制裁国的政策。① 然而总统使用IEEPA的频率、时长、范围和目标都在不断扩大,②特别是自特朗普政府以来,总统对IEEPA授权的使用已然超出了其立法本意,成为了美国与他国进行"贸易战"的有力武器。具体而言,在与他国发生贸易纠纷时,美国总统可以根据IEEPA授予的权力,限制美国企业在该国的投资、打击该国的高科技企业,对该国进行出口管制,甚至对来自特定国家的进口产品征收关税。

(1) 限制美国企业的对外投资

美国总统根据紧急权力对本国企业的投资行为施加限制的做法最早可以追溯到1968年,时任总统林登·约翰逊利用前任总统杜鲁门于1950年根据TWEA第5条(b)款宣布的紧急状态限制美国公司的外国直接投资,以改善英国英镑贬值后美国的国际收支状况。③ 尽管IEEPA继承了TWEA第5条(b)款的大部分授权,但自其颁布以后,这项权能一直处于休眠状态。直到2019年8月,特朗普总统在推特上威胁要动用IEEPA要求美国企业离开中国并返回美国投资,倒逼美国企业与中国"脱钩",人们才重新意识到IEEPA的这项"潜在用途"。

尽管IEEPA并没有特别授权总统直接命令美国公司离开特定国家或停止在该国的业务,但该法确实赋予了美国总统广泛的"阻断"权。这类授权可以通过设置障碍来提高在该国的经营成本,并阻止新的美国公司进入该国,进而在很大程度上剥夺美国公司及其外国分支机构

---

① Barry E. Carter, International Economic Sanctions: Improving the Haphazard U. S. Legal Regime, California Law Review, Vol.75, No.4, 1987, pp.1159 – 1166.
② 张焕波、毛天羽:《须高度重视美国〈国际紧急经济权力法〉》,中国国际经济交流中心主编:《中国智库经济观察(2019)》,社会科学文献出版社2020版,第175页。
③ See *Report From the Cabinet Committee on Balance of Payments to President Johnson*, at: https://history.state.gov/historicaldocuments/frus1964-68v08/d5, accessed December 5, 2023.

和子公司在外国有效运营或扩大投资的能力。① 正如最高法院指出的那样,"IEEPA 的措辞笼统而无保留"。②

IEEPA 中"任何"(any)一词的反复出现也从侧面表明总统在 IEEPA 下拥有广泛的权力。具体而言,第 1702 条(a)款第(1)项(A)目授权总统调查、监管或禁止任何外汇交易,该条款或将用于阻止未来向外国公司或个人转移资金。根据该条的授权总统甚至有权发布更进一步的行政命令,禁止美国公司使用特定国家的货币进行交易。③ 另一可行路径是直接援引第 1702 条(a)款第(1)项(B)目中的资产冻结条款,该条款授权总统阻断或冻结涉及外国或其国民利益的美国公司的全部国内资产。④ 据此,美国总统可以阻断或冻结美国公司的国内资产,以迫使美国公司遵守总统的命令。除此之外,美国政府还可以终止美国公司与外国公司的合同,包括租赁协议、商品合同或销售合同,从而迫使美国企业剥离在该国的业务。⑤ 更进一步而言,美国政府可以限制甚至阻止谁前往特定国家的商务旅行,以达到该命令的目的。⑥ 综上所述,基于 IEEPA 授予美国总统的广泛权力,总统得以采取灵活多样的路径迫使美国企业放弃对特定国家的投资。

(2) 限制特定国家的企业在美投资

在过去四十五年里,美国国会确立了两条法律路径以应对外国实体对国家安全、外交政策或是美国经济的威胁,即以 IEEPA 为核心的国际紧急状态制度和以 CFIUS 为核心的外资监管体制,分别涉及与国家安全和经济威胁有关的不同总统权力。外资监管体制旨在管理外国实体在正常经济交往中对美国带来的常规风险,具体由 CFIUS 负责对

---

① Jeffrey P. Bialos, *The President's Ability to Block US Business from China*, at: https://us.eversheds-sutherland.com/NewsCommentary/Articles/223929/The-Presidents-ability-to-block-US-business-from-China, accessed December 5, 2023.
② Dames & Moore v. Regan, 453 U.S. 654, 671(1981) (quoting Chas. T. Main Int'l, Inc. v. Khuzestan Water & Power Auth., 651 F.2d 800, 807(1st Cir. 1981)).
③ 50 U.S.C. § 1702 (a)(1)(A).
④ 50 U.S.C. § 1702 (a)(1)(B).
⑤ See Chang v. United States, 859 F.2d 893, 898 (Fed. Cir. 1988).
⑥ See Regan v. Wald, 468 U.S. at 243–44.

二、美国国家紧急状态法律制度研究

外国投资进行国家安全审查。随着1988年《埃克森—弗洛里奥修正案》、1992年《伯德修正案》、2007年《外国投资与国家安全法》(FINSA)、2018年《外国投资风险审查现代化法案》(FIRRMA)等一系列文件出台,CFIUS的监管权限和队伍日趋扩大,审查程序也日趋细致。IEEPA则在于应对针对美国经济稳定的"不同寻常或特殊的威胁",是维护美国经济安全的"非常规武器"。美国著名智库"战略与国际研究中心"高级顾问凯文·内勒(Kevin Nealer)曾表示,《国际紧急状态经济权力法》是美国经贸保护政策的"核选项",仅限于处理国家间经贸矛盾升级的最坏情况。[①]

可见,尽管IEEPA和CFIUS均为美国行政部门提供了应对经济威胁的法律手段,但是从IEEPA的条文表述和过往的实践来看,IEEPA并非限制外国在美投资的恰当工具,[②]外国投资所带来的常规经济风险应交由CFIUS进行逐案审查和排除。[③]然而自特朗普政府开始,美国的供应链安全思维开始从认可全球供应链在效率基础上的分工合作逻辑为前提,致力于识别和管控供应链中真实存在的风险的"效率范式",转变为服务于大国竞争的"泛安全范式",其实质是要以政治逻辑强行扭转自生自发的全球经贸秩序,以便在与他国的战略竞争中胜出。[④]这一政策思维转向也作用在外国投资领域,具体表现为美国总统为实现"美国优先"的目标泛化国家安全威胁,恣意扰乱正常经贸秩序。

2018年初,彭博社报道称特朗普总统开始考虑依据IEEPA来阻

[①] 张焕波、毛天羽:《须高度重视美国〈国际紧急经济权力法〉》,中国国际经济交流中心主编:《中国智库经济观察(2019)》,社会科学文献出版社2020版,第174页。

[②] David R. Allman, Scalpel Or Sledgehammer: Blocking Predatory Foreign Investment with CFIUS Or IEEPA, National Security Law Brief, Vol. 10, No. 1, 2020, pp. 267 - 341.

[③] 李巍、赵莉:《美国外资审查制度的变迁及其对中国的影响》,《国际展望》2019年第1期,第50—51页。

[④] 陈若鸿、曲海:《美国供应链安全思维的转向及我国的应对》,《西藏民族大学学报(哲学社会科学版)》2022年第2期,第142页。

止中国对其"认为重要"的美国产业和技术进行投资。① 2019年5月15日,特朗普根据IEEPA发布《保障信息与通信技术及服务供应链安全》行政命令,宣布进入国家紧急状态,禁止国内企业或个人在信息和通信领域进行任何可能会对国家安全构成风险和威胁的商业交易。而后特朗普以"必须采取其他措施保护信息和通信技术与服务供应链"为由,再次援引IEEPA于2020年8月6日连发两份行政命令,即第13942号行政命令《解决TikTok威胁并采取其他措施解决有关信息和通信技术与服务供应链的国家紧急状态》和第13943号行政命令《解决微信威胁并采取其他措施解决有关信息和通信技术与服务供应链的国家紧急状态》,禁止受美国管辖的任何人与微信、TikTok及其任何子公司交易,并禁止涉及上述中国公司的交易与受美国管辖的任何财产有关。可见,IEEPA俨然成为了美国禁止来自特定国家的投资与交易的有力工具。其背后的原因在于,相较于美国外资监管体制,IEEPA的权力涉及面较广,也不需要经过各种复杂的审查程序,客观上容许总统采取更为广泛的阻断措施,可以全面禁止特定类型的投资与交易,力度更大,效果也更显著。②

美国对外经济立法活动由国会和政府共同决定,但具体的权力配置并不明晰;加之国会与政府对待外国投资的理念不同,深化了国会与政府对外资监管权的争夺,③而国家安全审查和国家紧急状态中有关经济权力的内容均为二者博弈的"战场"。总体来说,CFIUS较IEEPA而言在行政权力和国会监督之间达成了更公平的平衡。首先,自从FINSA以法律形式强化了国会的国家安全审查监督权以后,CFIUS不仅须向国会提交阶段报告、年度报告、接受国会关于具体交易情况或

---

① Kelley Drye, *Trump Administration Considering Using IEEPA to Block Chinese Acquisitions*, at: https://www.ustrademonitor.com/2018/04/trump-administration-consi-dering-using-ieepa-to-block-chinese-acquisitions, accessed December 5, 2023.
② 杨荣珍、罗慧:《美国〈国际紧急状态经济权力法案〉的运用及影响》,《国际贸易》2020年第9期,第86页。
③ 冯纯纯:《美国外资国家安全审查的新动向及其应对——以美国〈外国投资风险评估现代化法案〉为例》,《河北法学》2018年第9期,第153—154页。

减缓协议实施情况的质询,而且国会可以进行个案干预,甚至推翻 CFIUS 或总统的决定。反观 IEEPA 只要求总统在"任何可能的情况下"与国会进行磋商,但却未能进一步明确"任何可能的情况"的含义,最终立法时的疏忽使得该条款未能对总统形成有效的约束。

其次,为了督促投资者主动申报有关的风险,美国在外资监管体制中插入了"安全港协议"。① 据此,被 CFIUS 接受并审查的投资项目,如果被划定在安全范围内,外国投资者将收到 CFIUS 的"安全港协议"(即该项目未危及美国国家安全),总统或 CFIUS 不能再对该交易采取行动,除非投资者实质性的违反减缓协议或附加条件,抑或是向 CFIUS 作虚假陈述、提交错误或遗漏重要信息。而因为 IEEPA 没有任何适用"安全港协议"的迹象,使用该法对外国投资者进行规范将产生更为强烈的"寒蝉效应"。

最后,CFIUS 的审查程序历经三度修改完善,其操作程序对外国投资者而言具有透明性、灵活性和指导性。② FINSA 准许 CFIUS 与投资者磋商、签订或附加、实施任何协议或条件以减缓由交易造成的国家安全威胁;FIRRMA 第 16 条则进一步明确了风险减缓标准,要求 CFIUS 在签订减缓协议或附加条件时必须明确该协议或条件可以解决交易所呈现的国家安全风险,同时必须考虑协议或条件的有效性、可遵守性及可监督性。相比之下,IEEPA 的适用程序则授予了总统不受监督的自由裁量权。如前文所述,自颁布之始 IEEPA 虽然历经八次修订,但历次修订均未能进一步完善其适用程序。而约束 IEEPA 适用的 NEA 反而在一次修订中提高了国会终止国家紧急状态的程序门槛,将终止条件由通过国会共同决议升格为需要总统签署同意联合决议。

(2) 针对特定国家征收歧视性关税

尽管自 IEEPA 颁布以来,尚未有总统依据 IEEPA 对来自特定国家的进口产品或一般进口到美国的产品征收关税。然而,TWEA 与

---

① 31 C.F.R. § 800.204(e).
② 详见李军:《国际视角下外资安全审查制度 3.0 版的新发展及其因应》,《国际贸易》2022 年第 11 期,第 88—95 页。

IEEPA 在具体条文规定上的相似性,以及 TWEA 被频繁用于实施进出口限制的过往历史表明,依据 IEEPA 对特定国家征收关税并非是空穴来风。

1917 年,布雷顿森林体系的瓦解引发了美国国际收支危机。为了稳定美元汇率,1971 年 8 月美国总统尼克松发布第 4074 号声明,宣布根据 TWEA 进入国家紧急状态,并对所有进口商品加征 10% 的额外关税。① 针对这一声明,数家进口商向法院提起了诉讼,指责尼克松无权加征关税。尼克松政府辩称,根据 TWEA 第 5 条的规定,其有权课征进口附加税。最终,联邦关税及专利上诉法院(United States Court of Customs and Patent Appeals)认为②,TWEA 毫无疑问授予了总统在战争期间和国家紧急状态时管制进口的权力,并支持了尼克松的行动,部分原因在于加征关税与美国所面临的紧急状态存在合理联系。③ 次年,该法院在另一类案中维持了这一判断。④

1977 年,国会在就 TWEA 的改革进行研讨时,美国国际经济法学者洛温费尔德(Andreas F. Lowenfeld)曾对尼克松加征关税的行为表达了不满,并认为联邦关税及专利上诉法院在 Yoshida 案中的论证并不充分("thin")。为此,洛温费尔德建议修改 TWEA 第 5 条的表述。⑤ 尽管如此,国会依然在 IEEPA 第 1702 条中极大程度地保留了 TWEA 第 5 条的条文表述。⑥ 同时,第 116 届和第 117 届国会都提出

---

① See The White House, *Proclamation 4074 — Imposition of Supplemental Duty for Balance of Payments Purposes*, at: https://www.presidency.ucsb.edu/documents/proclamation-4074-imposition-supplemental-duty-for-balance-payments-purposes, accessed December 5, 2023.
② 1982 年美国国会通过了联邦法院改进法(Federal Court Improvement Act),该法将原来的美国海关与专利上诉法院与美国索赔法院(United States Court of Claims)的上诉部门合并为美国联邦巡回上诉法院。
③ Yoshida, 526 F. 2d 560.
④ Alcan Sales, Div. of Alcan Aluminum Corp. v. U.S., (1981), 528 F. Supp. 1159 (Ct. Int'l Trade 1981).
⑤ 讨论记录详见:https://babel.hathitrust.org/cgi/pt?id=mdp.39015078707026&view=1up&seq=5,2023 年 12 月 5 日访问。
⑥ Tom Campbell, Presidential Authority to Impose Tariffs, Louisiana Law Review, Vol. 83, No. 2, 2022, pp. 606-607.

了一些旨在"限制总统使用 IEEPA 征收关税的权力"的法案,[1]上述迹象都显示了国会在制定 IEEPA 时有意让其继承了 TWEA 中有关征收关税的权力。即便如此,IEEPA 颁布后的历届总统均未曾依据 IEEPA 征收关税,而选择在紧急状态下求助于《1962 年贸易拓展法》(Trade Expansion Act of 1962)第 232 条。第 232 条授权美国商务部调查进口产品对国家安全的影响,一旦商务部长发现某种物品的进口可能会损害美国的国家,那么总统将有权对产品进口作出调整或采取其他非贸易相关措施,以排除上述风险。[2]

虽然第 232 条授权的行使需要以商务部调查发现存在风险为前提,但是无需遵守 NEA 和 IEEPA 规定的程序限制和报告要求,因此在过往曾一度受到总统的青睐。根据美国商务部工业和安全局的数据显示,《1962 年贸易拓展法》颁布后至 2022 年,美国政府共发起过 35 次"232 调查",其中发现进口产品威胁国家安全并采取措施的共计 12 次。[3] 最近一次是 2018 年 3 月 8 日,时任总统特朗普根据商务部提交的调查报告签署了两项声明,分别对除加拿大和墨西哥以外的所有国家进口的钢铁、铝产品征收 25% 和 10% 的附加关税。[4]

---

[1] E.g., Protecting Our Democracy Act, S. 2921 (Klobuchar), 117th Cong., 1st sess., September 30, 2021; Global Trade Accountability Act of 2021, H.R. 2618 (Davidson), 117th Cong., 1st sess., April 16, 2021; Global Trade Accountability Act, S. 691 (Lee), 117th Cong., 1st sess., March 10, 2021; Global Trade Accountability Act, H.R. 723 (Davidson), 116th Cong., 1st sess., January 23, 2019; Reclaiming Congressional Trade Authority Act of 2019, S. 899 (Kaine), 116th Cong., 1st sess., March 27, 2019.

[2] 管健:《中美贸易争端中的焦点法律问题评析》,《武大国际法评论》2018 年第 3 期,第 146 页。

[3] Rachel F. Fefer, *Section 232 of the Trade Expansion Act of 1962*, at: https://crsreports.congress.gov/product/pdf/IF/IF10667, accessed December 5, 2023.

[4] See The White House, *Adjusting Imports of Aluminum into the United States*, at: https://www.federalregister.gov/documents/2018/03/15/2018-05477/adjusting-imports-of-aluminum-into-the-united-states. see also The White House, Adjusting Imports of Steel Into the United States, https://www.federalregister.gov/documents/2018/03/15/2018-05478/adjusting-imports-of-steel-into-the-united-states, accessed December 5, 2023.

尽管如此，作为行使第232条措施的前提条件，商务部进行调查的时间历时经常半年，有的甚至超过了270天的法定调查期限，[1]显然难以及时应对瞬息万变的国际形势。相比之下，作为紧急授权的IEEPA则允许总统不经调查迅速对特定产品加征关税，以应对来自美国境外的"不寻常或特殊威胁"。2019年5月30日，特朗普通过白宫发布了一份声明，宣布为了解决美国南部边境的紧急情况，将依据IEEPA从6月10日起对墨西哥所有输美商品征收5%的关税，且关税将会逐步提高，关税将每月上涨5%，直至10月1日，税率将高达25%。声明指出，拟采取的关税措施将一直持续到"非法移民问题得到解决"。[2] 尽管因为墨西哥方面同意采取措施，遏止经由墨西哥抵达美国南部边界的移民潮，这一关税计划最终无限期推迟实施，但整个事件也进一步证实了总统依据IEEPA对特定国家加征关税的可能性。

可见，IEEPA的适用范围已经不再局限于紧急情况的应对，而是逐渐成为了总统达成美国外交政策目标的一种常规武器，[3]其背后反映的是美国国际紧急经济权力的扩张。面对来源于国外的不寻常威胁，美国总统之所以可以享有越发广泛的紧急经济权力，直接原因在于美国国会的纵容以及法院对"政治问题"的回避，但究其本质则要归因于美国国家力量增强以后国家安全观念的转变。分权制衡下国会和法院对紧急权力的扩张起到了推动作用。

2.4 分权制衡下国会和法院对紧急权力的扩张起到了推动作用

2.4.1 国会默许与司法尊重：权力扩张的直接原因

美国行政部门的权力扩张并非自身单方面行动的结果。在三权分

---

[1] 杨国华：《美国钢铁和铝的232调查及措施解读》，来源：https://www.wells.org.cn/home/Literature/detail/id/725.html，2023年12月5日访问。

[2] The Washington Post, *Trump says U.S. to impose 5 percent tariff on all Mexican imports beginning June 10 in dramatic escalation of border clash*, at: https://www.washingtonpost.com/immigration/trump-prepares-to-threaten-mexico-with-new-tariffs-in-attempt-to-force-migrant-crackdown/2019/05/30/0f05f01e-8314-11e9-bce7-40b4105f7ca0_story.html, accessed December 5, 2023.

[3] Landau David, *Rethinking the Federal Emergency Powers Regime*, Ohio State Law Journal, Vol.84, No.3, 2023, p.639.

立的架构下，政府机构的权力在立法、司法与行政三方体系中进行分配，三者互相制约以实现权力的内在平衡。特别是在外交权方面，总统和国会之间处于"零和博弈"的状态，①总统作为行政部门，企图干涉立法权以扩大行政权；国会掌握着立法权，企图干涉行政权以巩固自身地位。但当国家遭遇事关存亡的紧急时刻，国会囿于自身决策机制效率低下，无法形成有效应对，只能通过立法授予总统采取特定经济政策的权力。而司法部门对总统逾越立法授权的行为往往基于政治问题和国际礼让原则，并不做司法审查，总统国际紧急经济权力的扩张由此得到了立法与司法的支撑。②

（1）国会的立法疏忽和事后默许

外交政策领域，美国宪法为总统和国会留下了争夺权力的空间。③ 凭借着 NEA 和 IEEPA 的广泛授权，总统近年来在这场斗争中近乎"战无不胜"。如前所述，国会颁布这两部法律的初衷在于限制总统的广泛权力，但为何 IEEPA 的适用范围最终却在不断扩张？笔者认为，一方面是因为国会在起草 NEA 和 IEEPA 时存在疏漏，导致规定的程序限制和报告要求无法对总统形成有效的约束；另一方面则在于国会自身干预意愿的缺乏，对于总统根据 IEEPA 颁布的经济措施持"默许"态度。

联邦政府权力持续扩张是美国历史上显著而重要的一项发展，为了将行政权力纳入自身控制和监管之下，美国国会发展出了立法否决权（legislative veto）用以制约联邦政府。④ 立法否决权是美国国会在通过法律授予行政部门行政管理权限的同时附加一些条款，使国会对

---

① 孙仲：《论美国总统与国会外交决策权的消长》，《浙江大学学报（人文社会科学版）》2000年第2期，第4页。
② 薛天赐：《论美国经济制裁中的总统权力边界》，《政法论丛》2020年第2期，第102—112页。
③ Michael P. Kelly, *Fixing the War Powers*, Military Law Review, Vol. 141, 1992, pp.83-89.
④ 汤德宗：《三权宪法、四权政府与立法否决权——美国联邦最高法院 INS v. Chadha 案评释》，《美国研究》1986年第十六卷第二期，第28—38页。

行政部门进行的活动和制订的规章有表示不同意和予以撤销的权力。国会限制行政权的制约手段有两种,一是事前限制,二是事后限制。行政权行使之前,国会可以制订详细的立法指示和限制措施,参议院有权批准或拒绝总统任命行政官员的请求,在行政权行使之后,国会有权进行调查,完善和修正现有法律中容易引起误解的条款,对行为不端的行政官员予以惩罚或迫其辞职。[1]

就事前限制而言,鉴于国会无法预先全面地规定应对紧急情况的具体措施,只能授予总统较大的自由裁量权以应对未来难以预见的危机,[2]最终导致 NEA 和 IEEPA 中均未能提供任何有效的程序以限制总统的行动。[3] 具体而言,NEA 第 201 条规定,总统要想行使 IEEPA 规定的授权,必须宣布进入国家紧急状态。通过要求总统宣布进入国家紧急状态以触发特定的法定授权,NEA 企图将法律特别授权的行使限制在紧急状态下,反之则超出国会的授权范围,构成违宪。[4] 然而,NEA 却允许总统单方面地宣布并延续这一紧急状态,而无需征求国会的任何准许行为。这无异于"让狐狸掌管鸡舍",将对总统的监督权交还了总统自己,违背了最初设置该限制的初衷。NEA 的另一个立法缺陷在于没能包含任何确定国家紧急状态声明有效性的标准。相反,NEA 第 202 条规定国会需要通过联合决议来终止总统宣布的国家紧急状态。

IEEPA 第 1701 条规定同样规定了行使紧急权力的限制条件,即该法第 1702 条授予总统的权力只能用于应对不同寻常或特殊的威胁,且威胁全部或主要源于美国境外,大多针美国国家安全、外交政策或经

---

[1] 吴撷英、甘超英:《美国国会立法否决权的兴衰——兼论美国立法与行政的关系》,《中外法学》1989 年第 1 期,第 43 页。

[2] Harvard Law Review Association, International Emergency Economic Powers Act: A Congressional Attempt to Control Presidential Emergency Power, Harvard Law Review, Vol. 96, No. 5, 1983, pp. 1102 – 1103.

[3] Michael P. Malloy, *Economic sanctions and US trade*, Aspen Publishers, 1990, p. 164.

[4] Jason Luong, *Forcing Constraint: The Case for Amending the International Emergency Economic Powers Act*, Texas Law Review, Vol. 78, No. 5, 1999 – 2000, p. 1198.

济稳定。然而,此种前置条件并不能构成有效限制。一方面,IEEPA 语境下"威胁"的外延十分宽泛,并不限于针对最高级别利益的威胁,而只需要"不同寻常"或是具有特殊性即可。外交无小事,几乎任何国家历史进程中的重大事件都可以用"不同寻常和特殊"来形容。另一方面,随着各国经济相互依存程度不断加深,"威胁主要来源于美国境外"的要求也无法施加任何有效的限制。[1] 经济全球化的背景下,将纯粹的国内威胁排除出总统的管制范围似乎是一种空有其表的限制,[2]该表述下可以豁免的情形似乎只有发生在美国境内的国内叛乱和自然灾害。

除了"定义限制"之外,IEEPA 还对总统权力施加了程序限制。具体而言,第 1703 条要求在"任何可能的情况下"(in every possible instance),总统应在行使 IEEPA 授予的任何权力之前,与国会进行磋商,并应在行使此类权力期间定期与国会磋商。但在实践中,这条规定也是漏洞百出:首先,"任何可能的情况下"并不指代任何确定的时间点,因此总统可以自由地决定具体在何时进行事前的磋商;其次,第 1703 条并没有指定国会中与总统进行磋商的具体部门或成员,总统大可以选择与国会中"政见一致"的亲信进行磋商,以规避实质性的国会监督。可见,第 1703 条规定的磋商程序与其说是一种"要求"(requirement),在实践中倒不如说是一种"请求"(request),并不具有实际约束力。[3]

尽管 IEEPA 和 NEA 存在上述立法瑕疵,国会从未求助于事后限制,既没有试图终止援引 IEEPA 的国家紧急状态,亦未通过诸如反对

---

[1] Revision of Trading with the Enemy Act: Markup of H. R. 7738 Before the House Comm. on International Relations, 9 5th Cong., ist Sess. 5 (1977) (statement of Rep. Bingham), p. 20.
[2] See Partick Thronson, *Toward Comprehensive Reform of America's Emergency Law Regime*, Michigan Journal of Law Reform, Vol. 46, No. 2, 2013, p. 758.
[3] Harvard Law Review Association, *International Emergency Economic Powers Act: A Congressional Attempt to Control Presidential Emergency Power*, Harvard Law Review, Vol. 96, No. 5, 1983, p. 1119.

声明等其他方式来表达对总统适用 IEEPA 的不满。① 针对特定的问题，国会甚至颁布法律要求总统根据 IEEPA 的授权采取应对措施。可见，国会似乎在某种程度上默许了总统对 IEEPA 的扩张适用，甚至可以说国会已然将 IEEPA 认定为执行自身意愿的有效工具。国会的这种"默许"源于紧急情况的紧迫性和国会自身结构特点应对国际形势的滞后性。在国家遭遇外来威胁，特别是国家存亡的危急时刻，往往需要集中力量快速应对外部威胁。② 国会作为立法机构，主要职能在于制定法律和政策，作出决策需要经过冗长、繁琐的辩论、投票、表决、复议，显然不适合对紧急情况做出快速反应。③ 美国学者阿尔弗雷德（Alfred De Grazia）指出，总统的强大便在于他的统一性，而国会则因为它的分散性而软弱。④ 我国学者石庆环也认为，从权力结构上来看，总统的一人一元的领导结构，使总统在行使权力时比国会有更多的优势。美国总统独处于行政领导的最高位置，在某些情况下可以根据自己的意志果断而迅速地采取政治行动。与此相反，国会是一个群体和多元性的政治决策机构，任何政治行动都必须通过议员的集体行动才能够实现。从所代表选民的范围来看，总统代表全国选民的广泛性决定了其决策的果断性。而国会由来自有其特定的选区或者利益范围几百名议员组成，每一名议员在做出政治决策的时候，都必须顾及其所代表的选区和利益集团的利益，这势必导致整个决策过程复杂而缓慢。⑤

因此纵观美国历史，在南北战争、两次世界大战、经济大萧条、反恐战争等紧急状态之下，国会立法与总统紧急权力之间的分歧最终都会

---

① Christopher A. Casey et al., The International Emergency Economic Powers Act: Origins, Evolution, an d Use, at: https://crsreports.congress.gov/product/pdf/R/R45618, December 5, 2023.
② 薛天赐：《论美国经济制裁中的总统权力边界》，《政法论丛》2020 年第 2 期，第 106 页。
③ Russell A Spivak, Co-Parenting War Powers: Congress's Authority to Escalate Conflicts, 121(1)West Virginia Law Review, Vol. 121, No. 1, 2018, pp. 135 – 145.
④ De Grazia A, Republic in crisis: Congress against the executive force, Federal legal publications, 1965, p.72.
⑤ 石庆环：《现代美国总统行政权来源及其制约因素解析》，《西南大学学报（社会科学版）》2013 年第 6 期，第 166—167 页。

基于国家生存这一最大理由,以国会的让步收场。① 几次重大危机之后,美国逐渐形成了一个共识:"一个人比具有不同利益和观点的535名国会议员,能够行动得更快,更果断。"②因此,即便总统存在越权行事之嫌,国会也极少质疑总统紧急权力的行使。

(2) 美国法院的司法谦抑主义

对于国际紧急经济权力的扩张,美国司法部门同样难辞其咎。尽管IEEPA及其前身TWEA受到各方面的质疑,但法院在进行司法审查时,对TWEA、IEEPA以及根据它们颁布的行政法规、决定、命令表现出最大限度的谦抑。事实上,即便国会有意采取措施限制总统的紧急权力,如果没有司法机构予以执行配合,也将是徒劳。尽管美国国会颁布NEA和IEEPA的初衷在于限制TWEA的权力,但秉承司法谦抑主义的美国法院最终又通过判例令总统获得几乎和TWEA中一样的权力。

1981年的"Dames & Moore v. Regan"案中,联邦最高法院对IEEPA下总统权力的广度进行了说明。该案的争议点在于总统是否有权转移其所冻结的财产,即便IEEPA的规定并没有明确授权其从事此种行为。联邦最高法院认为,考虑到国会在制定IEEPA时并不能预知当国家处于紧急状况时的所有情形,更不可能全面地规定应对紧急状况所必要的各项授权,因此可以推断国会在颁布IEEPA时有意扩大总统的授权。③ 从这个意义上看,即便IEEPA并没有进行某种授权,或是授权不明时,只要总统并未直接违反规定,均为国会所"默示承认"(implicitly approved)。

在1983年的"INS v. Chadha"案中,联邦最高法院对国会的立法否决权进行了合宪性审查。典型的立法否决权中,有规定需国会联合决议予以否决的,也有仅需共同决议予以否决的,而在本案中所涉及的则为要求通过共同决议的立法否决条款。1975年12月,众议院根据

---

① 方旭:《枪炮作响法无声？美国国家紧急状态历史叙事及当代启示》,《云南大学学报(社会科学版)》2019年第6期,第136页。
② [美]沃尔特·E.沃尔科默:《美国总统的权力及其限制》,王德祥译,《法学译丛》1981年第6期。
③ Dames & Moore v. Regan, 453 U.S. 654(1981), at 678-679.

《移民与归化法》中有关的立法否决权条款,以共同决议的行使通过了有关小组委员会提出的议案,将本案的原告查德哈,一名生于肯尼亚的东印度群岛人排除出了可获得永久居留权人的名单之外。查德哈很快将众议员的议案诉诸法院,要求法院宣告《移民法》中的立法否决权条款违宪。联邦最高法院认为,国会发挥自身立法职能的首要条件便是严格遵守宪法第一条的规定,以两院通过并经总统批准的程序行使立法权。国会适用立法否决权条款的行为在性质上属于立法行为,要遵循宪法第一条的规定程序。本案中《移民法》规定的立法否决条款适用的是共同决议,既不满足两院通过的限制,也未能满足总统参与立法的要求,因而构成双重违宪。① "INS v. Chadha"案在政治上是对国会监督权力的一个沉重打击,其一举扼杀了国会立法中所有适用共同决议程序的立法否决条款,其中也导致了 NEA 中的立法否决权条款无效,国会不能否决总统宣布国家进入紧急状态,最终只能在 1985 年将 NEA 中终止国家紧急状态的方式改为联合决议。②

1984 年,时任美国总统里根授意 OFAC 对根据 TWEA 第 5 条(b)款颁布的《古巴资产管制规则》第 560 条进行修订,③取消了个人旅游和商务出行的许可。鉴于修订时 IEEPA 已经实施,并代替 TWEA 在和平时期有限制地行使第 5 条(b)款中的大部分权力,该修正案法律授权的有效性遭到了美国民众的质疑,即总统修改其所颁布的行政命令,是否得到"祖父条款"(grandfather clause) TWEA 第 5 条(b)款的授权。在"Regan v. Wald"案中,联邦最高法院认为,尽管涉案修正案未能遵照 IEEPA 规定的程序颁布,但是 TWEA 第 5 条(b)款的祖父条款为总统限制旅行的权力提供了充分的法律依据。④ TWEA 第 5 条(b)款作为祖父条款的作用并不限于维持现有的外交谈判筹码,而应

---

① INS v. Chadha, 462 U.S. 919(1983).
② Louis Fisher, Committee Controls of Agency Decisions, at: https://crsreports.congress.gov/product/pdf/RL/RL33151/3, accessed December 5,2023.
③ 47 Fed. Reg. 17030(1982).
④ Regan v. Wald, 468 U.S., at 230,244.

当从条款的目的出发,对其授予总统的权力作扩张解释。① 综上所述,尽管国会试图通过 IEEPA 限制总统经济制裁权力,但联邦最高法院没有支持国会限制总统制裁权力的法律条款,而是以司法判例的形式从反向限制国会的角度扩大了总统紧急权力。② 最终总统在 IEEPA 中的权力与 TWEA 第 5 条(b)款中的权力近乎相差无几。

联邦最高法院之所以在紧急权力扩张时表现出根本性退让,原因之一是行政机构利用设计精巧的分权制衡机制,在大法官提名方面取得的策略性成功。③ 根据美国宪法,联邦最高法院大法官由总统提名,经参议院同意后任命。自尼克松总统成功提名伦奎斯特为大法官以来,与行政机构关系密切、奉行联邦主义思想与司法克制主义观点甚至具有行政至上倾向的大法官先后得到任命,并成为最高法院的多数。④ 当行政机构策略性选择大法官获得成功、成功控制最高法院多数后,总统的紧急权力行使往往更能够顺利通过司法审查。

原因之二则在于联邦最高法院对总统外交权的尊重。在 1936 年 Curtiss-Wright 案中,联邦最高法院以 8 票对 1 票作出了判决意见,明确支持了美国总统在对外政策领域中的固有权力。⑤ 该案中,负责撰写判决意见的萨瑟兰(Sutherland)大法官认为,联邦政府的国内及对外事务的权力在其起源和性质方面并不相同,联邦政府的国内权力来自于各州,经由宪法的批准将此权让渡给联邦政府,而对外政策权力基于其主权性质,天然地归属于联邦政府。⑥ 在此基础上,萨瑟兰进一步

---

① Regan v. Wald, 468 U.S., at 240.
② 支振锋、王博闻:《美国涉港立法及其制裁的合宪性问题》,《中国社会科学院大学学报》2022 年第 7 期,第 81 页。
③ 刘志欣:《紧急状态破坏法治吗?——二战以来美国紧急权力扩张及制约问题研究》,《国外社会科学前沿》2021 年第 10 期,第 10 页。
④ Ryan Alford, *Permanent State of Emergency*, McGill-Queen's University Press, 2017, pp.164–192.
⑤ 顾元:《扩张与限制:美国总统的战争权力——以联邦最高法院的司法审查为中心》,《国家行政学院学报》2012 年第 3 期,第 114 页。
⑥ 刘永涛:《美国国会和总统关系中的法院部门:若干对外政策案例》,《美国问题研究》(第五辑),第 179—181 页。

表示总统是"国家对外关系中的唯一机构"(the sole organ of the nation in its external relations)。① 尽管萨瑟兰的推论受到了不少的质疑,但"Curtiss-Wright"案的判例至今仍被美国各级法院所援引。在美国对外政策史上,"Curtiss-Wright"案已然成为一座里程碑,它确立了美国对外政策领域中总统权力的固有性、独立性和超然性,并成为了美国法院尊重总统紧急权力的原点和总统权力扩张的基石。②

2.4.2 美国国家力量的变化:权力扩张的根本原因

从根本上讲,美国国会和法院的任何立法和判决都是从国家利益出发,其根本考量在于依据现有的国家实力最大限度地实现美国利益。③ 从这个意义上说,国会的默许和法院的谦抑是总统紧急权力扩张的直接原因,而根本原因则在于美国经济的强大和军事力量的增强,以及国力增强背景下对外政策的变化。

建国初期的美国人口只有不到300万,没有常备军和海军,并且在独立战争消耗了大量的财力和资源。④ 为了从欧洲列强的争端中求得自身的生存和发展,国力在当时极其弱小的美国奉行孤立主义政策,极力避免在国际事务中承担政治和军事义务、不与外国特别是欧洲国家结盟的主张和政策。⑤ 1796年9月17日,华盛顿在《告别演说》中第一次明确了美国孤立主义外交的基本原则。他强调,欧洲的纷争在实质上与美国毫不相关,应避免被牵连其中;美国应该发展对外商务关系,但要避免与之发生政治联系,不要与任何国家建立永久的联盟。⑥ 华

---

① United States v. Curtiss-Wright Export Corp., 299 U.S. 304,320,319-20(1936).
② 刘永涛:《美国国会和总统关系中的法院部门:若干对外政策案例》,《美国问题研究》2006年刊,第181页。
③ 方恩升:《解析美国从孤立主义者到世界警察的外交历程》,《求索》2006年第2期,第222页。
④ 王成琳:《探析美国的传统外交思想——孤立主义》,《南方论刊》2017年第2期,第33页。
⑤ 赵学功:《美国历史上的孤立主义:一种深厚文化传统》,《人民论坛·学术前沿》2017年第16期,第14页。
⑥ George Washington, *George Washington's Farewell Address*, at: https://www.senate.gov/artandhistory/history/resources/pdf/Washingtons_Farewell_Address.pdf, accessed December 5,2023.

二、美国国家紧急状态法律制度研究

盛顿所确立的外交原则为美国此后在国际事务中的孤立主义传统奠定了基础。直到二战前,每逢华盛顿诞辰日国会参众两院都要诵读这篇告别词以资纪念和反思。①

在孤立主义的视角下,美国地处新发现的美洲大陆,东西的大西洋和太平洋将其与欧洲大陆隔绝开来,而南北都是弱邻,坐拥如此优越的地理环境,除非自身主动参与国际事务,否则其他国家很难对美国产生威胁。因此,孤立主义下的美国倾向于对行政当局的紧急权力进行限缩解释,认为紧急权力的行使须有宪法和法律的明文规定。② 然而美国宪法中并没有"紧急状态"的字眼,只是规定总统有权统率民兵以执行美国的法律、镇压内乱,并抵御外敌入侵,这就意味着早期总统的紧急权力只限于运用军事力量保护国家不受外国势力侵犯,并镇压反对合众国或各州的暴乱。③

然而随着国家力量的增强,美国逐渐从一个以"孤立主义"为建国原则的民族主义的地区性国家转变为以"门户开放"为主旨的世界主义国家。④ 这种转变使得国家紧急状态与正常法律秩序之间的界限愈发模糊,原本施加于总统权力上的限制也逐渐松动。联邦最高法院率先背叛了要求"明文规定"严格模式,在1890年的"Neagle"案中,米勒(Miller)大法官认为,即便在没有特定的宪法规定和国会授权法案的情况下,法警也可以根据总统的命令保护最高法院的大法官。总统除了与外国缔结条约和国会的立法授权之外,还享有广泛的、固有的(implied)宪法权力。⑤ 美国紧急权力观的转变在二战结束之后达到了巅峰。二战期间的美国作为"民主国家的兵工厂"经济实

---

① 方恩升:《纵论美国外交政策:从孤立主义者到"国际警察"》,《南京政治学院学》,2006年第3期,第69页。
② 参见李卫海:《行政紧急权的模式之争——以美国为例》,《行政法学研究》2006年第2期,第134—139页。
③ 参见顾元:《扩张与限制:美国总统的战争权力——以联邦最高法院的司法审查为中心》,《国家行政学院学报》2012年第3期,第113页。
④ 参见王玮:《民族主义到世界主义——全球视野下的美国史研究》,《吉林大学社会科学学报》2013年第2期,第50—56页。
⑤ In re Neagle, 135 U.S. 64(1890).

力不断扩张,国民生产总值从1939年的886亿美元猛升到1945年的1350亿美元,黄金储备达到200亿美元,几乎占世界总储备的2/3,对外贸易则占到世界贸易的1/3。凭借着自身的力量优势,美国开始谋求世界霸权,限缩的紧急权力此时已然无法满足海外扩张的需要。

一方面,随着美国海外扩张的步伐不断加快,其对于国家安全的定义也开始发生重大的转变。美国眼中的"国家安全"不再限于美国国内政治和经济体系的繁荣和健康,同时还进一步关注对美国霸权地位的维护,以及在全球范围内"自由世界"各个国家的独立和自由。[1] 换言之,任何对于自身霸权地位的挑战都可能构成危害其国家安全的威胁,美国国内因此对外部威胁产生了空前强烈的恐惧感和危机感。为了有效应对来自外部的"安全威胁",总统和行政部门的紧急权力得到了大幅扩张。另一方面,冷战后美国全球战略的重点从遏制苏联转向削弱地区大国势力和激进的民族主义势力。[2] 为了建立和维护美国主导的"世界新秩序",美国在世界各地打着"人道主义"或"反恐自卫"的幌子进行武力干涉。[3] 据不完全统计,从1945年第二次世界大战结束到2001年,世界上153个地区发生了248次武装冲突,其中美国发起的就有201场,约占81%。[4] 美国武力干涉在全球范围内的泛滥模糊了战争与和平的界限,即便并不存在依据国际法宣告的战争,处于和平时期的美国依然身陷来自世界各地武装威胁,促使美国不断扩张总统在和平时期享有的紧急权力。

申言之,美国总统国际紧急经济权力的扩张是国会权力下放、法院谦抑主义以及对外政策演变共同作用的结果。随着紧急权力适用于外

---

[1] 牛可:《美国"国家安全国家"的创生》,《史学月刊》2010年第1期,第73页。
[2] 贺鉴:《"人道主义干涉"与冷战后美国的伊拉克政策》,《当代世界与社会主义》2004年第5期,第94页。
[3] 参见狄英娜:《冷战后"人道主义干涉"与美国霸权》,《思想理论教育导刊》2017年第11期,第65—69页。
[4] 中国人权研究会:《美国对外侵略战争造成严重人道主义灾难》,来源:http://www.china.org.cn/chinese/2021-05/07/content_77468857.htm,2023年12月5日访问。

交领域,紧急状态和正常状态一直存在着的难以界分的灰色地带被进一步扩大,导致了广泛的、几乎不受制约的总统紧急权力。①

(四)美国国家紧急权力的合法性界限

自颁布以来,美国总统根据国家紧急权力采取的措施一直是法院的常客。起诉方大多从宪法、行政程序法以及 IEEPA 第 1702 节的例外条款入手,对紧急措施的合宪性、合法性提出质疑。尽管受到美国法院谦抑立场的限制,大多数对于美国国家紧急权力的质疑最终以失败告终,但研究其中一小部分的胜诉案例仍然有助于勾勒此类权力的大致界限。此外,美国滥用"国家紧急权力"的行径不仅在国内法层面存在合法性的疑虑,在国际法层面还可能构成对 WTO 义务的违反。

1. 美国国家紧急权力的国内法界限

1.1 国家紧急权力不应构成对言论自由的过度限制

1.1.1 宪法第一修正案对言论自由的保护

1791 年通过的美国宪法第一条修正案规定,国会不得制定"剥夺言论自由或出版自由"的法律。多年来,经过各级法院在大量案件中对宪法第一条修正案及相关法律和法规的解释,美国在判例法中已经形成一套较为成熟的标准和惯例,用于认定行政执法措施限制言论的违宪性。具体而言,政府对言论自由施加的限制,分为"基于内容"的规制(content-based)和"内容中立"的规制(content-neutral)。"基于内容"的规制直接限制特定内容的言论,通常认为对言论自由构成的威胁最大,必须通过"严格审查"(strict scrutiny),政府机构必须举证证明限制措施旨在保护至关重要之利益且经过量身定制以达成该目的。② "内容中立"的规制则是对发表言论的时间、地点和方式进行规制,而不问

---

① Jules Lobel, *Emergency Power and the Decline of Liberalism*, The Yale Law Journal, Vol. 98, No. 7, 1989, p. 1412.
② 英文原文为:"serve a compelling state interest and are narrowly tailored to achieve that interest"。

这一言论所表达的观点或者涉及的议题为何。对于此类限制措施，法院通常会适用中等审查标准（intermediate scrutiny），为此政府机构需要证明所采取的限制手段并未超出其职权范围、限制目的服务于与言论内容无关的重大或实质性利益，以及对言论自由的限制并未超出必要限度。①

在绝大多数的言论自由案件里，美国各级法院均适用了严格审查标准来判定限权措施的合宪性，大部分案件都以政府败诉、法律失效而告终。② 然而在"9·11"事件以后，文明世界向极端恐怖主义发起了持续且无处不在的战争，"紧急状态"的界定愈发暧昧，美国法院不再认为言论自由的传统分析路径可以有效地保障国家安全。③ 在此背景下，美国法院开始将涉及美国宪法第一修正案权利保障的案件区分为国家安全与非国家安全相关案例。④ 当审理涉及国家安全的言论自由案件时，法院倾向于将传统的严查标准替换为更为宽松的审查标准，各项要求变得更易满足甚至能够自我应验（self-fulfilling in nature）。⑤ 换言之，当限制言论自由的行政执法措施旨在保障国家安全时，法院通常会认可其合宪性。⑥ 但考虑到国家安全是一个模糊而笼统的概念，为了

---

① Glob. Relief Found., 207 F. Supp. 2d, at 806.
② Nikolas Abel, "United States vs. Mehanna, the First Amendment, and Material Support in the War on Terror", 54(2) Boston College Law Review 711,717(2013).
③ 吴昱江：《试论比例原则在国家安全与言论自由平衡下的使用——以美国司法判例为鉴》，《政法论丛》2016年第3期，第49页。
④ 吴昱江：《"9·11"事件后美国言论自由案例的新分析路径》，《经贸法律评论》2020年第6期，第131—146页。
⑤ Carly Malamud, "Realizing the Promise of Justice: Proposing a First Amendment Test to Protect Against Unjust IEEPA Sanctions", 51 Upper Level Writing Requirement Research Papers 1,53(2021).
⑥ 在"Holy Land Foundation v. Ashcroft"案中，美国OFAC认定美国慈善机构圣地基金会与恐怖组织伊斯兰抵抗运动联系紧密，因此根据IEEPA的授权将其列为"特别指定的全球恐怖分子"（Specially Designated Global Terrorist）并冻结其名下所有财产。圣地基金会遂提起诉讼，认为OFAC冻结财产的措施使其无法开展任何形式的人道主义捐助，进而侵犯了自己根据《美国宪法》第一修正案规定享有的言论自由，但最终未得到法院的支持。哥伦比亚特区联邦巡回上诉法院指出，"宪法中没有为恐怖主义提供便利的权利"，因此OFAC旨在打击恐怖主义的制裁措施并不会侵犯宪法规定的权利。See Holy Land for Relief & Dev. v. 333 F.3d 156, at 25.

二、美国国家紧急状态法律制度研究

防止美国政府以国家安全为名肆意限制公民的权利与自由,法院要求限制措施意图实现的国家安全利益必须具体且经过确证,否则不得限制宪法第一修正案规定的基本权利。[①] 当前,美国为了在新兴产业的国际分工体系中独占鳌头,将来自外国的新兴科技企业认定为存在潜在或紧迫的国家安全威胁,并利用 IEEPA 实施遏制和打压。从字面意义上看,此类措施似乎满足适用宽松审查标准的基本条件。但与抗击恐怖分子不同,当 IEEPA 措施针对的是包括外国企业在内的私主体时,限制言论自由与维护国家安全的关联性和必要性存在较大的争议。在近年发生的"微信用户联合会诉特朗普"案中,法院便对此提出了质疑。

2019 年 5 月 15 日,特朗普签署第 13873 号行政命令,以"外国对手"制造和利用信息、通信技术与服务中漏洞的行为威胁美国国家安全为由宣布进入国家紧急状态。[②] 2020 年 8 月 6 日,特朗普签署第 13943 号行政命令,宣布将援引上述紧急状态下的权力禁止个人、公司和团体在美国境内从事与微信相关的交易。[③] 随后美国商务部发布实施细则,将拟禁止的与微信相关的"交易"范围明确为包括应用商店上架、下载和/或使用微信功能或服务,以及通过微信实现金融交易,基本上形

[①] 例如在 1971 年"New York Times Co. v. United States"案中,联邦最高法院便表示要想国家安全例外适用于本案,政府必须提交证据证明纽约时报发布的文件将不可避免地、直接地、立即导致类似危及海上运输安全的事件发生。See New York Times Co. v. United States, 403 U. S. 713(1971), at 726 – 727.

[②] 根据第 13873 号行政命令的定义,"外国对手"是指长期从事或在个案中严重危害美国国家安全或美国人安全的任何外国政府或外国非政府人士。See Donald Trump, "Securing the Information and Communications Technology and Services Supply Chain", at: https://www. federalregister. gov/documents/2019/05/17/2019-10538/securing-the-information-and-communications-technology-and-services-supply-chain, accessed December 5, 2023.

[③] Donald Trump, "Addressing the Threat Posed by WeChat, and Taking Additional Steps To Address the National Emergency With Respect to the Information and Communications Technology and Services Supply Chain", at: https://www. presidency. ucsb. edu/documents/executive-order-13943-addressing-the-threat-posed-wechat-and-taking-additional-steps, accessed December 5, 2023.

成了从下载、安装到使用功能的全面封杀。① 为了维护自身权益,在美华人成立了微信用户联合会,将特朗普和商务部部长罗斯诉至加利福尼亚北区联邦地区法院,请求中止实施对微信的禁令。在本案中,原告提出的四项主张中最有力的一项便是涉案禁令违反了美国宪法第一修正案赋予的言论自由权。原告方认为,微信作为一种即时性网络社交平台,已经成为千万在美华人用户用来进行人际沟通、经商、获取资讯、社会交往的不可替代的软件工具。② 特朗普政府发布的涉案禁令对这一社交平台造成了毁灭性的损害,使得用户间的交流受阻,其结果等同于限制用户的言论方式,涉嫌剥夺了微信用户的言论自由权。③ 美国政府则辩称第 13943 号行政命令体现的国家安全利益,充分说明了限制部分微信用户言论自由权的必要性,鉴于中国对美国所构成的最大网络威胁,封禁微信有助于阻止中国政府通过本国企业实施战略渗透、挪用敏感信息,进而维护美国的数据安全、国家安全。④ 最终,原告的观点得到了法院的认可。法院认为,尽管国家安全构成重大的政府利益,但美国政府几乎没有证据表明微信构成对自身国家安全的威胁,更没能充分论证禁止美国用户使用微信为何能够消除其对国家安全的威

---

① U.S. Department of Commerce, "Identification of Prohibited Transactions to Implement Executive Order13943 and Address the Threat Posed by WeChat and the National Emergency with Respect to the Information and Communications Technology and Services Supply Chain", at: https://www.commerce.gov/sites/default/files/2020-09/WeChat%20-%20FR%20-%20Identification%20of%20Prohibited%20Transactions%20-%20Updated%20Injunction.ogc%20%281%29.pdf, accessed December 5, 2023.
② 美国华人联合会(United Chinese Americans, UCA)2020 年发布的一份调查报告显示,90%的受访者使用微信五年以上,95%的受害者每天使用微信,如果实施"微信禁令",82%的受访者表示找不到替代微信的应用软件。See UCA, "UCA WeChat Use Survey Report", at: https://ucausa.org/uca-wechat-use-survey-report, accessed December 5, 2023.
③ 美国华人联合会提交的诉状详见:https://img1.wsimg.com/blobby/go/99f042e6-97b7-444a-8718-617637ced7b5/Notice%20of%20Motion%20and%20Motion%20for%20PI%20Memo%20of%20Poi.pdf,最后访问日期:2023 年 12 月 5 日。
④ 特朗普政府提交的答辩状详见:https://img1.wsimg.com/blobby/go/99f042e6-97b7-444a-8718-617637ced7b5/Govt%20Opposition%20to%20Supp%20PI%20Motion%2009.18.2020.pdf,最后访问日期:2023 年 12 月 5 日。

胁。因此,法官最终支持了原告方提出的诉前禁令动议,裁定在对涉案禁令是否违宪作出判决之前,涉案行政命令和实施细则都不得实施。

值得注意的是,不仅社交平台上的用户享有自由表达的权利,平台背后的底层代码也可能构成受第一修正案保护的"言论"。尽管联邦最高法院尚未明确计算机代码是否属于第一修正案所称言论的范畴,但加利福尼亚州北区法院曾在判决中指出,"和音乐、数学公式一样,计算机语言也是一种语言,它将信息传递给计算机或其他能读懂的人"。[①] 第六巡回法院也认为,"由于计算机源代码是交流计算机编程信息和思想的一种表达方式,因此受到第一修正案的保护"。[②] 中国软件公司要想其推出的软件获得第一修正案的保护,需要证明软件具有足够的传播要素(communicative elements),以获取第一修正案的保护。[③] 具体而言,代码必须具有传达特定信息的意图,且旁观者很可能能够理解这一信息。[④]

1.1.2 《国际紧急状态经济权力法》对信息材料传输和个人通信的豁免

如前文所述,IEEPA 第 1702 节(b)条第(1)(3)款明文禁止行政行为限制信息材料传输以及个人通信。国会作此限制的一大目的便在于提供额外的法律保护,以维护宪法第一修正案规定的言论自由权。[⑤] 随着互联网软件应用程序对新闻业态和个人通信的再造和重构,IEEPA 第 1702 节(b)条中"信息材料"和"个人通信"的内涵也得到了进一步的丰富和发展,这就导致外国互联网企业推出的社交媒体平台也可能得到例外条款的保护。TikTok 的代表律师便成功地在诉讼中援引了这项例外,阻止了特朗普禁用 TikTok 的举措。

[①] See Bernstein v. U. S. Dep't of State, 922 F. Supp. 1426, 1435 – 1436 (N. D. Cal. 1996); See also Green v. U. S. Dep't of Just., 392 F. Supp. 3d 68, 86 (D. D. C. 2019).
[②] See Junger v. Daley, 209 F.3d 481, 485(6th Cir. 2000).
[③] Texas v. Johnson, 491 U. S. 397, 404(1989).
[④] Jorge R. Roig, "Decoding FirstAmendment Coverage of Computer Source Code in the Age of Youtube, Facebook, and the Arab Spring", 68(2) New York University Annual Survey of American Law, 319, 327(2013).
[⑤] See Cerunda v. Heavy, 720 F. Supp. 1544, 1547 – 1548 (S.D. Fla. 1989).

与微信类似,字节跳动公司在海外推出的应用程序 TikTok 也同样被美国商务部以国家安全为由施加了禁令,禁止范围与涉案禁令几乎一致。[1] 特朗普政府表示,通过 TikTok,中国政府将能够获取美国公民的个人信息,并用于实施勒索或诈骗。就在微信用户联合会"首战告捷"的几天后,TikTok 向美国哥伦比亚特区地方法院提起诉讼,申请阻止禁令生效。与前案不同,本案中法院并未审查禁令的合宪性,而是聚焦于禁令是否因为违反 IEEPA 中的例外条款而构成越权(ultra vires)。TikTok 认为,考虑到数百万美国用户使用 TikTok 应用分享实时讯息,尽管它共享的信息并非专门针对新闻报道或是股市动态,该应用程序构成 IEEPA 第 1702 节(b)条第(3)款规定的"新闻通讯社"(newswire)。[2] 同时,通过摧毁 TikTok 上的在线社区,禁令实际上阻碍了美国用户在 TikTok 进行个人通信,进而违反了 IEEPA 第 1702 节(b)条第(1)款的规定。[3]

作为回应,特朗普政府作出了四点抗辩:首先,禁令仅在于限制部分维持 TikTok 在美业务的企业间经济交易,并没有禁止信息传输,更没有对 TikTok 上的用户采取任何行动。对此,法院认为涉案禁令虽没有直接限制 TikTok 用户之间的信息材料传输,但其目的和效果在于限制可以在 TikTok 上发表评论并存留个人数据的美国用户的数量增长,并最终将用户的数量降至零。从这个角度来看,涉案禁令至少对美国民众间的信息交流构成了间接限制。同时,如果禁止企业间经济交易不构成对信息材料传输的限制的话,那么国会在(b)条第(3)款中强调"不论商业目的与否"就丧失意义,这并不符合有效解释

---

[1] U. S. Department of Commerce, "Identification of Prohibited Transactions To Implement Executive Order 13942 and Address the Threat Posed by TikTok and the National Emergency With Respect to the Information and Communications Technology and Services Supply Chain", at: https://www.federalregister.gov/documents/2020/09/24/2020-21193/identification-of-prohibited-transactions-to-implement-executive-order-13942-and-address-the-threat, accessed December 5, 2023.

[2] TikTok Inc. v. Trump, 490 F. Supp. 3d 73 (D.D.C. 2020), at 80-81.

[3] TikTok Inc. v. Trump, 490 F. Supp. 3d 73 (D.D.C. 2020), at 83.

的要求。① 其次,特朗普政府表示,原告将 TikTok 比作"新闻通讯社"的"简明语言方法"将创造出一片 IEEPA 无法涉足的真空领域,在这一真空内总统"阻止外国政府……统治国家的能力"将受到限制,这显然并非国会的立法意图。法院则认为,考虑到 IEEPA 明确排除了对新闻通讯社的间接限制,而外国对手同样可以利用新闻通讯社来宣传错误信息,被告的这一抗辩显然未能得到法律文本的支持。再次,特朗普政府援引了《反间谍法》第 794 节的规定,认为 TikTok 上的信息交流与间谍活动有关,因此符合 IEEPA"例外的例外"情形。② 对于这一抗辩,法院认为美国用户在 TikTok 上分享的电影、照片、艺术品甚至个人信息显然无法落入《间谍法》的规制范围。最后,针对个人通信例外,特朗普政府表示 TikTok 上的部分个人通信涉及经济利益,因而不在 IEEPA 的保护范围内。法院认可这一事实,但同时认为平台上仍然存在大量的、不涉及任何价值转移的个人通信,被告的抗辩有以偏概全之嫌。③ 最终,法院的审理结果认为,针对 TikTok 的禁令构成对个人通信和信息材料传输的间接限制,进而违反 IEEPA 第 1702 节(b)条的例外性规定。联邦地区法官卡尔·尼古拉斯下令暂不执行不得从应用商店下载 TikTok 的禁令,并定于不久后进行听证,审理是否执行不准与 TikTok 交易的禁令。④

2. 国家紧急权力的行使应提供基本的程序保障

2.1 宪法第五修正案对正当程序的保障

美国宪法第五修正案中的正当程序条款规定:"未经正当法律程

---

① 美国联邦最高法院的判例要求法院在解释法律时,在可能的情况下应尽可能使得法规中的每一项条款和文字有效。See United States v. Menasche, 348 U.S. 528(1955).
② IEEPA 第 1702 节(b)条第(3)款规定,授予总统的权力不包括直接或间接地监管或禁止从任何国家进口或向任何国家出口所有信息或信息材料,不论商业目的与否,不论其形式或传播媒介如何,但本段豁免的出口管制或禁止并不包括涉及第 37 章第 18 编所禁止的行为的出口管制。其中第 37 章第 18 编(即《反间谍法》)第 794 节规定,任何为了损害美国利益或帮助外国政府,为外国政府、政党、军队、代表等主体,直接或间接传达、递送、传输任何国防相关信息者,或试图做出上述行为者,可以被处以死刑或终身监禁。
③ TikTok Inc. v. Trump, 490 F. Supp. 3d 73 (D.D.C. 2020), at 81-84.
④ TikTok Inc. v. Trump, 490 F. Supp. 3d 73 (D.D.C. 2020), at 86.

序,任何人不得……被剥夺生命、自由或财产。"正当程序条款要求一个人在其权利被剥夺前享有知情权,并且有权得到有意义的听证。[①] 而为了能在听证会上作出有意义的回应,权利被剥夺的当事方同时有权知悉政府采取限权措施的事实和法律依据。[②] 正当程序原则的程序性保护范围具有相对性和情景性。当政府以维护国家安全为由,根据 IEEPA 的授权采取行动时,尽管美国法院很少从实体角度推翻此类措施的合法性,但通常会进行较为严格的程序审查。[③] 而满足正当程序要求的程序保障力度取决于国家所面临威胁的性质以及政府部门实际采取的应对措施。[④] 从制裁资助恐怖活动的实体到剥离中资科技公司的在美业务,总统们以不同的方式运用 IEEPA 来应对各类威胁,对应地也可能会引发不同程度的正当程序义务,但对于此类措施的正当程序审查,法院通常聚焦于两大问题:一是政府机构能否依据"机密信息"作出剥夺当事人权利的决定;二是当事人在权利被剥夺前享有多大程度的程序保障。

关于政府机构能否依据"机密信息"作出剥夺外国企业财产权的决定,哥伦比亚特区巡回上诉法院在"Ralls v. CFIUS"案中给出了肯定的答复。该案中的 Ralls 公司是一家中资公司,在美国俄勒冈州东北部收购了 4 个风力发电项目。由于这些项目地处或邻近美国海军限制空域和轰炸区,CFIUS 发起了外资国家安全审查,并最终认定该交易严重威胁美国国家安全。[⑤] 美国总统据此要求 Ralls 剥离收购的全部风力发电项目。在整个审查过程中,总统和 CFIUS 均未告知 Ralls 审查决定所依据的任何证据。为维护自身财产权利,Ralls 将 CIFUS 和

---

① Mathews v. Eldridge, 424 U.S. 319,333,348(1976), at 333.
② Ralls, 758 F.3d at 318.
③ 赵德铭、金挺峰、周文桐:《国际投资仲裁中的经济制裁问题研究》,《国际经济法学刊》2023 年第 2 期,第 78 页。
④ See Jonathan W. Ellison, "Trust the Process? Rethinking Procedural Due Process and the President's Emergency Powers over the Digital Economy", 71(2) Duke Law Journal 499,514(2021).
⑤ 陈汇臻:《正当程序原则下美国外资国家安全审查机密信息披露研究——基于"Ralls 诉 CFIUS"案的审视》,《华侨大学学报(哲学社会科学版)》2023 年第 2 期,第 120 页。

时任总统奥巴马诉至法院,主张对方在剥夺 Ralls 财产权时违反了正当程序要求。尽管哥伦比亚特区巡回上诉法院最终认定政府下达并购禁令的行为违反了第五修正案对正当程序的要求,但只是认为政府未能提供外资国家安全审查所依据的"非机密信息",依据机密信息作出禁令本身则不违反"正当程序"要求。[1] 作为对上述法律争议的部分立法回应,2018 年 FIRRMA 明确纳入了"司法审查"制度。具体而言,在针对外资国家安全审查决定的司法审查案件中,如果法院认为行政机关所持有的信息(包括机密或者其他法律所保护的信息)对于案件裁决是必需的,该信息应单方面和秘密地提交法院,法院应当对这些信息保密。[2]

考虑到总统根据 IEEPA 颁布的交易禁令在事实上终结了目标公司的国内业务,在性质上类似于 CFIUS 要求撤资的命令,据此可以认为,当美国政府根据 IEEPA 限制特定企业的在美业务时,有权以"机密信息"作出决定的依据。[3] 即便如此,政府机构仍然有义务采取合理措施以减轻因使用"机密信息"而造成的潜在不公平,可能的减轻措施包括向当事人提供一份不涉及机密信息的摘要,授予当事人的代理律师调阅机密信息的国家安全许可。[4] 针对第二个问题,通过套入"Calero-Toledo"案确立的框架进行分析,[5] 可以发现相对于"资助恐怖活动的

---

[1] Ralls Corp. v. Comm. on Foreign Inv. in the United States, 758 F. 3d 296 (D. C. Cir. 2014).

[2] 张怀岭、邵和平:《对等视阈下外资安全审查的建构逻辑与制度实现》,《社会科学》2021年第 3 期,第 50 页。

[3] "Mathews 标准"发轫于联邦最高法院在"Mathews v. Eldridge"案中确立的社会成本利益分析法,经常被联邦各级法院用以认定个案中的程序正当性。实践中通常考虑以下三个因素:一是可能受到官方行为影响的私人权益;二是通过既定程序对私人利益进行错误剥夺的风险,以及可能的附加或替代程序保障的价值;三是政府的利益,包括所涉及的政府职能,以及额外或替代性质的程序性要求将会造成的财政或者行政上的负担。See Mathews v. Eldridge, 424 U.S. 319(1976).

[4] See AL Haramain Islamic Found., Inc. v. U. S. Dep't of the Treasury, 686 F. 3d 965, 12 Cal. Daily Op. Serv. 2302, 2012 Daily Journal D. A. R. 2566(9th Cir. 2012), at 982.

[5] 在"Calero-Toledo"案中,联邦最高法院指出,在"特殊情况"下,政府有权将通知和听证程序延后至财产被扣押后,而不违反正当程序的要求。"特殊情况"必须满足以下要求:其一,剥夺程序旨在确保重要政府利益;其二,剥夺程序特别需要迅速采取行动;其三,发起剥夺程序的政府官员须经法律明确授权。See Calero-Toledo v. Pearson Yacht Leasing Co., 416 U.S. 663, 679 - 80, 40 L. Ed. 2d 452, 94 S. Ct. 2080(1974).

实体"，外国企业在财产权被剥夺前享有更高程度的程序保障。不同于反恐融资措施需要迅速行动以避免受制裁实体进行财产转移，总统对外国企业施加的交易禁令旨在将其逐出美国市场。而如果因为事前通知和听审导致其提前进行"财产转移"，实际上将促使目标企业更早地远离美国用户，进而变相促进了政策目标的达成。

鉴于美国总统对于"境外威胁"的认定方法和应对方式的选择享有极为宽泛的裁量权，其对中国科技企业的限制决定往往内容模糊，缺乏对目的与措施之间的关联性和必要性的论证，措施的执行也很少严格遵循法律程序，因此正当程序原则是中国企业在美维权的一个重要抓手。① 如果美国政府在对中国企业实施交易限制或是财产冻结以前，并未作出合理通知并提供申辩的机会，也未能及时公布作出限制措施的依据当中不涉及机密信息的部分，中国企业此时有权主张上述措施违反了第五修正案中的正当程序原则。

2.1.1 行政程序法下的司法审查

除了求助于美国宪法之外，美国《联邦行政程序法》(The Administrative Procedure Act，APA)授权任何人在因为国家紧急权力的行使而受到不利影响或侵害时，对该行为请求司法审查。② 关于APA审查的适用范围，美国联邦最高法院在"Abbott Laboratories v. Gardner"案中确立了"推定可审查"原则。③ 据此，除非存在"清楚和令人信服的证据"(clear and convincing evidence)表明立法有相反的意图，任何基于国会立法授权的行政行为应接受APA审查。④ 至于何者构成证明国会意图的"清楚和令人信服的证据"，联邦最高法院在"Citizens to Preserve Overton Park, Inc. v. Volpe"案中要求必须是国会在相关立法条文中

---

① 郝敏：《中国科技产业在美维权的司法路径探析——以微信用户诉美案为例》，《当代美国评论》2022年第1期，第50页。
② 5 U.S.C. §702
③ 蔡培如：《美国行政裁量可审查性原则的变迁》，《行政法学研究》2018年第1期，第139页。
④ Abbott Laboratories v. Gardner, 387 U.S. 136(1967), at 141.

明确写明排除 APA 审查。① 鉴于 IEEPA 的条文中并未明确规定排除 APA 的适用，依据 IEEPA 采取的行政行动具有 APA 意义上的可审查性。② 这一推论也得到了联邦下级法院的肯定。在"Nuclear Pacific, Inc. v. Department of Commerce"案中，华盛顿西区法院在综合考量了 IEEPA 的条文及其立法历史后发现，并不存在"清楚和令人信服的证据"证明国会旨在排除司法审查，或是授权总统完全自由裁量，因此得出结论认为根据 IEEPA 采取的行动均具有 APA 语境下的可审查性。③

APA 第 706 节规定了针对行政行为的司法审查标准，其中针对未经过正式程序作出的决定的武断、恣意标准（arbitrary and capricious review）被广泛应用于审查根据 IEEPA 作出的行政决定。据此，如果法院认为行政机关行使自由裁量权的选择不存在任何合理的基础，达到了武断、恣意的程度，那么将依法撤销这一决定。④ 在"小米诉国防部案"中，美国哥伦比亚特区地方法院便根据这一标准对美国国防部根据 IEEPA 作出决定的合理性进行了审查。⑤

2020 年 11 月 12 日，特朗普签署第 13959 号行政命令，指称中国的军民融合发展政策构成对美国国家安全、外交政策与经济稳定的严重威胁。该行政命令激活了《1999 财年国防授权法》规定的紧急授权，宣布自 2021 年 1 月 11 日起，禁止所有美国实体及个人与列入"涉军企业"（Communist Chinese Military Companies, CCMC）名单的企业进行证券交易，或为此类证券交易提供投资敞口（investment exposure）。⑥ 2021 年

---

① Citizens to Preserve Overton Park v. Volpe, 401 U.S. 402(1971).
② Joel B. Harris, Jeffrey P. Bialos, "The Strange New World of United States Export Controls under the International Emergency Economic Powers Act", 18(1) Vanderbilt Law Review 71, 94 – 95(1985).
③ NUCLEAR PAC., INC. v. UNITED STATES DEPT. OF COMMER., 1984 U.S. Dist. LEXIS 16060, at 11.
④ 王名扬:《美国行政法》，中国法制出版社 2005 年版，第 680—681 页。
⑤ Xiaomi Corporation v. Department of Defense, 2021 WL 950144.
⑥ Donald Trump, "Addressing the Threat From Securities Investments That Finance Communist Chinese Military Companies", at: https://www.federalregister.gov/documents/2020/11/17/2020-25459/addressing-the-threat-from-securities-investments-that-finance-communist-chinese-military-companies, accessed December 5, 2023.

1月14日,美国国防部依据IEEPA和《1999财年国防授权法》将小米公司列入"涉军企业"名单,禁止美国投资者对其进行投资。2021年1月29日,小米向美国哥伦比亚特区地方法院起诉美国国防部和美国财政部,诉称美国国防部将它列入名单的决定与事实和证据不符,它不是中国政府或军方控制的企业,因此该决定构成APA中武断、恣意的决定。

对此,法院认可了本案中APA诉请的胜诉可能性:首先,法院认为国防部未能在所发现的事实与所作出的行政决定之间建立起合理联系。国防部向小米公司解释指定依据的备忘录只有两页,其中只是列举了《1999财年国防授权法》第1237节的规定、两段小米公司年报中记载的与业务相关的事实以及认定小米公司符合"涉军企业"定义的结论性声明,并没有解释为什么小米公司符合列入名单的法定标准。[1] 其次,法院指出国防部未能提供"实质性证据"(substantial evidence)以支持其决定。国防部仅依据两项事实就将小米公司认定为"涉军企业":一是小米公司在诸如5G技术和人工智能等现代军事行动不可或缺的技术领域投入了大量资金。法院认为这样的认定逻辑过于宽泛,这将使得国防部能够将任何投资具有替代性军事用途技术的中国企业列为"涉军企业";二是该公司的创始人雷军曾获得中国政府部门授予的"优秀中国特色社会主义事业建设者"称号。法院经背景分析后发现,该称号旨在表彰私营企业家对本国经济发展的贡献,无法证明获奖人与政府存在任何特殊联系。[2] 最终,法院在2021年3月12日签发了禁止将小米公司列入军方企业名单的临时禁令(preliminary injunction)。"小米诉国防部"案表明,尽管IEEPA授予了总统广泛的紧急权力,但此种权力的行使仍需要遵守APA对于行政行为的程序限制。为了满足合理决策的要求,行政机构必须提交实质性的证据"对其行动作出合理的解释",并"在所发现的事实和所作出的决定之间建立合理的联系"。在

---

[1] Xiaomi Corporation v. Department of Defense, 2021 WL 950144, at 4.
[2] Xiaomi Corporation v. Department of Defense, 2021 WL 950144, at 7-8.

随后的"箩筐技术"案中,法院依据本案的分析再次发布了类似的临时禁令。①

不同于美国宪法第五修正案中的正当程序原则只适用于进入美国领土且与美国建立"实质性联系"(substantial connection)的外国实体,②APA审查并不对当事人的国籍进行区分和限制。随着数字技术的不断发展,"数字桥梁"的搭建正在持续模糊各地区间的地理边界,③许多在美开展业务的外国企业未来或许根本不会在美国设立任何实体存在,此时便可能无法享有美国宪法规定的正当程序权利,但仍然有权援引APA的规定提出司法审查要求。但应当注意的是,根据APA进行的司法审查仅限于确定权利或义务的终局行为(final agency action),而不包括临时性的或中间性的行政行为。④ 根据 IEEPA 第1702节(a)条第(1)款(B)项,在调查悬而未决的期间美国总统有权对受调查对象实施财产冻结和交易限制,直至调查结束。尽管上述限制措施的杀伤力基本等同于常规制裁措施,但因其在性质上属于中间性行政行动,当事人无法根据APA提起异议。

3. 国家紧急权力的国际法限度

3.1 国家紧急权力在国际习惯法上的限制

国际习惯法中的必要原则(Necessity)允许一国在自身遭受严重危及本国的国家生存和根本利益的危急情况下,采取不符合国际义务但必要的紧急措施。为了合理规范国家回应极端致命威胁的自我保存权,联合国国际法委员会在《国家对国际不法行为的责任条款草案》(以

---

① Luokung Technology Corp. v. Department of Defense, 538 F. Supp. 3d 174(2021).
② 在"伊朗国家抵抗委员会诉美国国务院"案中,哥伦比亚特区联邦巡回上诉法院认为,在美国境内无财产或存在的外国实体不享有美国宪法中的正当程序条款保护。See People's Mojahedin Org. of Iran v. U. S. Dep't of State, 182 F. 3d 17, 22 (D. C. Cir. 1999).
③ 张可云、杨丹辉、赵红军等:《数字经济是推动区域经济发展的新动力》,《区域经济评论》2022年第3期,第9页。
④ See Richard Gordon, *Michael Smyth and Tom Cornell, Sanctions Law*, Oxford: Hart Publishing, 2019, pp. 232-233. 转引自支振锋、王博闻:《美国涉港立法及其制裁的合宪性问题》,《中国社会科学院大学学报》2022年第7期,第76页。

下简称《草案》)第 25 条"危急情况例外"①中对必要原则的适用规定了严格的限制条件：一是该行为构成该国保护基本利益,对抗某项严重迫切危险的唯一办法；二是该行为并不严重损害作为所负义务对象的一国或数国或整个国际社会的基本利益。无论是"基本利益""严重迫切危险"还是"唯一方法",第 25 条在措辞上都对构成危急情况的情形进行了极为严格的限定：首先,必须是一国的"基本利益"受到威胁。对于何种利益构成"基本利益",《草案》并未事先规定,而是交由个案判断,具体包括援引国及其人民的利益,也可能包括整个国际社会的特定利益。换言之,"基本利益"的认定不只是从行为国的观点出发,而应以对与之竞争的个人或集体利益的合理评估为依据。反观美国近年宣布的国际紧急状态,其目的在于遏制中国发展,保证美国在相关产业中的未来利益,其实质是强调"美国利益至上",不惜损害他国利益和全球公共利益以谋求美国利益最大化的霸权主义,显然不能达到《草案》的要求。

其次,威胁必须是"严重迫切危险"。"危险"除了具有字面意义上的严重性之外,还必须是客观确定的,具有将会现实发生的(at the actual time)迫切性。当前,美国为了在新兴产业的国际分工体系中独占鳌头,从价值观对立、政治文化渗透和科技窃密等方面将来自中国的新兴科技企业描绘成潜在或紧迫的安全威胁,并以此为由通过国家紧急权力实施遏制和打压。此种情形下的"安全威胁"本质上是美国为遏制中国发展而捏造的舆论工具,在客观上并不具有现实可能性。事实上,即便是秉承司法谦抑主义的美国法院有时也会以事实不清、证据不足为由,径直质疑美国政府的国家安全威胁主张。② 例如在"微信用户联合会诉特朗普"案中,加利福尼亚北区联邦地区法院便认为,美国政府几乎没有证据表明微信构成对自身国家安全的威胁,而且也无法说

---

① 《草案》第 25 条第 1 款规定："一国不得援引危急情况作为理由解除不遵守该国某项国际义务的行为的不法性,除非：(a)该行为是该国保护基本利益,对抗某项严重迫切危险的唯一办法；而且(b)该行为并不严重损害作为所负义务对象的一国或数国或整个国际社会的基本利益。"
② 彭阳：《国际经济治理中的国家安全泛化：法理剖析与中国应对》,《国际法研究》,2022年,第 106 页。

二、美国国家紧急状态法律制度研究

明禁用微信能保护美国国家利益,并因此裁定暂缓实施"微信禁令",以免造成无法弥补的更大损害。① 又如在"小米诉国防部"案中,美国哥伦比亚特区地方法院同样认为美国国防部将小米公司列为"涉军企业"②的决定与事实和证据不符,最终签发了禁止将小米公司列入军方企业名单的临时禁令。③ 可见,美国国际紧急状态下的安全威胁远未能达到第 25 条规定的严重迫切的程度。

最后,在界定紧急措施的必要性限度时,《草案》采用了最为严格的"唯一办法"标准,据此援引国采取的紧急措施必须是可采用的保护该国基本利益的"唯一办法"。如果存在其他可采用的办法,即使是相比之下代价更高或更不方便的办法,则不得援引危急情况。④ 值得注意的是,第 25 条中的"办法"一词不限于单方面的行动,还包括通过与其他国家或国际组织的合作行动而采取的其他形式的行为。⑤ 而面对中美之间的利益分歧,在中国积极寻求与美国磋商和调整国内政策的情况下,美国单方面的"脱钩断链"显然不构成第 25 条语境下的"唯一方法"。

3.2 国家紧急权力在 WTO 框架下的合法性

WTO 中的国民待遇原则要求缔约国之间相互保证给予另一方的自然人、法人和商船在本国境内享有与本国自然人、法人和商船同等的

---

① U.S. Wechat Users Alliance v. Trump, 488 F. Supp. 3d 912 (N.D. Cal. 2020).
② 2020 年 11 月 12 日,特朗普签署第 13959 号行政命令,指称中国的军民融合发展政策构成对美国国家安全、外交政策与经济稳定的严重威胁,并以此为由激活了《1999 财年国防授权法》规定的紧急授权,宣布自 2021 年 1 月 11 日起,禁止所有美国实体及个人与列入"涉军企业"(Communist Chinese Military Companies, CCMC)名单的企业进行证券交易,或为此类证券交易提供投资敞口(investment exposure)。See The White House, "Addressing the Threat From Securities Investments That Finance Communist Chinese Military Companies", June 3, 2021, at: https://www.federalregister.gov/documents/2020/11/17/2020-25459/addressing-the-threat-from-securities-investments-that-finance-communist-chinese-military-companies, accessed December 5, 2023.
③ Xiaomi Corporation v. Department of Defense, 2021 WL 950144, at 7–8.
④ 联合国国际法委员会:《第五十三届会议工作报告》,2001 年 4 月 23 日至 6 月 1 日和 7 月 2 日至 8 月 10 日,来源:https://documents-dds-ny.un.org/doc/UNDOC/GEN/N01/557/80/img/N0155780.pdf?OpenElement,最后访问日期:2023 年 12 月 5 日。
⑤ 贺其治:《国家责任法及案例浅析》,法律出版社 2003 年版,第 191 页。

待遇。① 美国以"国际紧急状态"为由限制中国企业在美正常经营活动的行为,违反了国民待遇原则,构成对 WTO 义务的违反。② 此外,在 WTO 规则框架内,成员只有依据 WTO 的相关规则并按相关程序方得采取加征关税、停止关税减让等举措。如果美国仅凭借 IEEPA 的授权,未经 WTO 相关程序即单方做出对华加征关税的举措,将违反 GATT 第 2 条中关于遵守关税减让承诺的规定。这便引出了美国国家紧急权力在 WTO 框架下的合法性问题。

对此,美国很可能会援引 WTO 中的安全例外条款进行抗辩。③ 其中,在和平状态下存在发挥余地的安全例外条款主要集中在 GATT 第 21 条(b)款(iii)项,即"缔约方为保护其基本安全利益,在战时或国际关系中的其他紧急情况下采取的行动"。④ 鉴于"国际关系中的其他紧急状态"(other emergency in international relations)的表述与 IEEPA 第 1701 节中旨在应对境外威胁的国家紧急状态存在形式上的"兼容性",⑤ 加之 WTO 安全例外条款的效力边界尚不明确,这便为美国对国家紧急权力寻求国际规范的形式掩护提供了便利。事实上,美国 232 国家安全调查便曾以 GATT 第 21 条安全例外作为国际法基础。⑥

---

① 杜涛:《国际经济制裁法律问题研究》,法律出版社 2023 年版,第 192 页。
② Rita Liu, "The Application of the International Emergency Economic Powers Act in the U.S.-China Trade War: Can a President Order U. S. Companies out of China," *Washington University Global Studies Law Review*, Vol. 20, No. 1 (January 2021), p. 221.
③ GATT 第 21 条、GATS 第 14 条之二和 TRIPS 协议第 73 条均规定了"安全例外"条款,三条规定的表述基本一致,规定:"本协定的任何规定不得解释为……(b)阻止任何缔约国为保护国家基本安全利益对有关下列事项采取其认为必需采取的任何行动:(i)裂变材料或提炼裂变材料的原料;(ii)武器、弹药和军火的贸易或直接和间接供军事机构用的其他物品或原料的贸易;(iii)战时或国际关系中的其他紧急情况……"
④ 杜玉琼、裘韵:《贸易壁垒新形态下 WTO 平衡价值冲突的路径研究》,《江苏大学学报(社会科学版)》2021 年第 3 期,第 47 页。
⑤ 根据 IEEPA 第 1701(a)节的规定,如果总统针对不同寻常或特殊的威胁宣布进入国家紧急状态,那么其将有权行使本法第 1702 节授予的任何权力以应对这一威胁。这类威胁全部或主要源于美国境外,大多针对美国国家安全、外交政策或经济稳定。
⑥ 彭阳:《国际经济治理中的国家安全泛化:法理剖析与中国应对》,《国际法研究》,2022 年,第 96 页。

尽管如此,美国国内法中国际紧急状态的适用范围极为宽泛,不仅包括经济危机、网络战争、恐怖主义,近年更是将潜在的战略竞争风险也囊括其中,而并非上述所有情形都能构成可免于承担 WTO 义务的抗辩事由。WTO 专家组在"俄罗斯过境货物运输"案的裁决中指出,尽管一国所面临的紧急状态具有开放性,但若要构成安全例外条款中的"国际关系中的其他紧急状态",成员必须处于仅次于战争的特定危机情况,而不包含成员间纯粹的经济或贸易争端。① 反观美国政府根据 IEEPA 实施的限制措施,本质上是美国泛化国家安全的产物,根本目的在于保护本国产业、维护本国经济利益,② 与真正意义上的国防和军事利益,或维持法律或公共秩序的利益相去甚远。在"中国诉美国钢铝产品特定措施"案中,美国政府曾主张"全球钢铁产能过剩"削弱了美国国内的钢铁产业,使得国内的钢铁产能在未来可能无法满足国家紧急状态的需求,构成 GATT 第 21 条(b)款(iii)项规定的"国际关系紧急状态"。③ 对此,WTO 专家组认为,尽管全球钢铁产能过剩已成为国际关注的问题,但"国际关系中的其他紧急状态"是指具有一定严重性,且对国际关系行为具有关键或严重影响的国际紧张局势,一国的产业存废或发展程度问题显然未达到构成国际紧张局势的严重程度。美国提交的相关证据仅仅只是反映了国际社会在合作解决特定部门产能过剩问题方面所表达的关切。④

从援引 WTO 安全例外条款的既有案例来看,美国根据 IEEPA 宣布的国际紧急状态大多严重背离安全例外条款的基本含义。事实上,尽管美国与我国存在政治或经济分歧,但依旧保持着正常的贸易关系,并非处于与战争相似的特定紧急状态,不具有突发性和紧迫性,因此不

---

① 丁丽柏、陈喆:《论 WTO 对安全例外条款扩张适用的规制》,《厦门大学学报(哲学社会科学版)》2020 年第 2 期,第 133 页。
② 沈伟:《国际经济法的安全困境——基于博弈论的视角》,《当代法学》2023 年第 1 期,第 33—35 页。
③ 刘佳妮、周士尊、刘明新:《美国 232 钢铝关税问题研究》,《国际法与比较法论丛》2022 年刊,第 222 页。
④ WT/DS544/R, para. 7.149.

构成"国际关系中的其他紧急状态",[①]美国据此采取的对华限制措施不具有WTO的合法性。

3.3 双边投资协定对国家紧急权力的有限规制

美国国家紧急权力的扩张行使可能会损害外国投资者的投资利益,引发国际投资争端。具体而言,美国依据IEEPA的授权施加的选择性投资限制由于通常只适用于特定国家、特定实体,大多基于主观臆断而缺乏充分证据,且被限制的投资者往往缺乏获得正当程序的权利,因此很有可能构成对双边投资协定项下的公平与公正待遇条款、禁止歧视性和任意性措施条款的违反。对此,美国极有可能借助条约中的安全例外条款提出免责抗辩,以消除其紧急措施的违法性。

双边投资协定中的安全例外条款允许东道国在因为国家安全受到威胁而采取相应措施时,得以免除其违约责任或赔偿责任。美国在2012年发布的《美国双边投资协定范本》(以下简称《美国范本》)体现了美国对国际投资领域安全例外条款的最新态度,[②]其中《美国范本》第18条规定:"本条约中的任何内容均不得解释为……阻止缔约一方为履行其所承担的维持和恢复国际和平与安全的义务,或者为保护本国根本安全利益,采取其认为必需的措施。"第18条的措辞在很大程度上效仿了GATT第21条的表述,并以此为基础扩张了国家安全的范围。GATT协商时二战刚刚结束,各国对于国家安全的理解基本限于与直接的武装冲突和战争相关的情形,因此在第21条国家安全例外条款中引入了诸多指向国家的军事安全和领土安全的列举情形。在WTO争端解决程序中,专家组通过将列举情形严格解释为封闭清单,将第21条的适用情形限缩在国家间外交关系近乎崩溃的情况。但随

---

① 徐程锦:《WTO安全例外法律解释、影响与规则改革评析——对"乌克兰诉俄罗斯与转运有关的措施"(DS512)案专家组报告的解读》,《信息安全与通信保密》2019年第7期,第43页。

② 沈伟:《国际投资协定中的安全例外条款:全球趋势与中国实践》,《比较法研究》2022年第6期,第186、190页。

着新自由主义经济理念的兴起与低落,安全例外条款的适用情形和范围不断扩张。诞生于这一背景下的《美国范本》第 18 条也选择删减掉 GATT 第 21 条中对例外行为的列举,从而在原先文本的基础上进一步扩大被允许的例外行为之范围。为此投资仲裁庭将不得不直接面对诸如国家间政治经济制度或者意识形态上的差异是否可能构成国家安全威胁之类的棘手问题,前文提到的 WTO 专家组报告此时则无法提供有效的指导。① 考虑到投资仲裁庭通常在确定是否存在国家安全风险时给予东道国很大程度上的自由裁量权,且不排斥经济运行中的危机和问题构成对根本安全利益的威胁之可能性,②本文倾向于认为仲裁庭在该文本下极有可能会接受美国根据 IEEPA 对国家安全的扩张解释。

此外,尽管双边投资协定中的安全例外条款与《草案》第 25 条同源,均源自关于必要原则的国际习惯法。③ 但相较于《草案》第 25 条规定的"唯一办法"标准,《美国范本》第 18 条对于"手段"与"目的"之间的关联要求要低很多,只要求一国为了保护国家安全所采取的紧急措施需满足必要性的要求。在早期的投资仲裁实践中,仲裁庭倾向于将安全例外条款中的必要性要求与《草案》第 25 条规定的"危急情况"抗辩混为一谈,对条款的分析严重依附于第 25 条。因而这一时期的安全例外条款不论表述得如何宽泛,习惯国际法上的危急情况抗辩均要求东道国所实施的措施必须是国家保护基本利益免受"严重迫切危险"时的"唯一办法"。④ 但在最近的判例中,投资仲裁庭明确指出双边投资协

---

① 杜明:《国家安全的国际经济法回应——以华为诉瑞典仲裁案为例》,《国际法研究》2023 年第 5 期,第 17 页。
② 任强:《国际投资法中的"国家安全"问题探究——以"Ralls 诉美国外国投资委员会案"为视角》,《北方法学》2016 年第 3 期,第 156 页。
③ 曾建知:《习惯国际法上的危急情况与国际投资条约一般例外条款之比较研究》,《国际经济法学刊》2018 年第 1 期,第 67 页。
④ CMS Gas Transmission Company v. Republic of Argentina, para. 323; Sempra Energy International v Argentine Republic, paras. 350 - 351; Enron Corporation and Ponderosa Assets, paras. 309 - 310.

定中的安全例外条款与习惯国际法上的危急情况抗辩存在实质性的区别。① 在此背景下,东道国采取的紧急措施是否满足"必要性"要求取决于条款的规定和仲裁庭对条约的解释。而《美国范本》第 18 条中"其认为所必须"(it considers necessary)的表述赋予了条款较强的自裁性,进而极大地限制了仲裁庭进行审查的权能。这可能导致在第 18 条的措辞下,美国有权自行判断是否采取及采取何种措施,唯一的限制在于善意原则等条约义务。②

由是观之,随着美国国家安全的重点从传统安全威胁转移到其参与的若干国际经贸争端中,其在安全例外条款的设计中也对应地给自己留下了扩张解释安全例外适用的空间。③ 为了防止美国在双边投资协定中通过安全例外条款暗设扩张行使国家紧急权力的合法性陷阱,我国在未来与美国就双边投资协定进行谈判时应当提高警惕,合理限定安全例外的适用范围。

3.4 国际人权法对国家紧急权力的制约

鉴于美国是《公民权利和政治权利国际公约》(以下简称"ICCPR")的缔约国,其对于国家紧急权力的行使理应受到公约中人权保障义务的约束。IEEPA 授予总统的紧急权力使其能够在未经司法监督的情况下冻结、没收任何受美国管辖的外国或其国民财产,并对违反紧急措施的个人处以民事处罚甚至是刑事处罚。这类权力在实际运作中极有可能损害当事人的公正审判权和表达自由权,进而构成对 ICCPR 的违反。

ICCPR 第 14 条要求各缔约国尊重和保障公民获得公正审判的权利,并在第 2 款中明确了被告人应享有与被推定为无罪的权利相一致

---

① CMS Gas Transmision Company v. Argentine Republic, ICSID Case No ARB/01/8, Decision of the Ad Hoc Commite on the Application for Annulment, Sept. 25, 2007, paras. 130 - 134.
② 韩秀丽:《双边投资协定中的自裁决条款研究——由"森普拉能源公司撤销案"引发的思考》,《法商研究》2011 年第 2 期,第 18—21 页。
③ 黄世席:《美国经贸条约中的国家安全例外条款:文本发展、评析与应对》,《当代法学》2023 年第 4 期,第 36—40 页。

的待遇。然而根据 IEEPA 第 1702 节的规定,即便在调查阶段,美国总统也有权对受调查对象实施无限期的财产冻结和交易限制,直至调查结束。尽管上述限制措施在性质上属于中间性、过程性的环节,但其实际的杀伤力基本等同于常规制裁措施。IEEPA 在尚未充分证实当事人是否存在违反相关规定之前,便预先授权施加程度等同于被制裁对象的限制措施,这在程序上违背了公正审判中有关无罪推定的要求。同时,根据 ICCPR 第 19 条第 2 款的规定,人人有寻求、接受和传递各种消息和思想的自由,而不论国界和媒介。第 19 条第 2 款适用于相当广泛的媒介方式,所有视听的、电子的交流媒介均受到保护,网络社交平台也当然地属于其保护范畴之内。就表达自由的限制形式而言,针对作者用来表达自己的媒介方式构成最为典型的限制形式。[①] 此种限制类型并非为第 19 条所绝对禁止,根据该条第 3 款的规定,在国家面临严重的政治、军事威胁的情况下,政府可以对特定类型的个人言论进行限制。这些行为包括:打探或出卖军事机密;在政治局势动荡不安的情况下,著书直接号召以暴力手段推翻现政权或进行战争宣传等。近年来,美国为了限制和清除中国在美国的影响力,依据 IEEPA 对来自中国的社交平台施加限制措施,其行为构成对表达自由权的侵犯。2019 年 5 月 15 日,特朗普签署第 13873 号行政命令,以"外国对手"制造和利用信息、通信技术与服务中漏洞的行为威胁美国国家安全为由宣布进入国家紧急状态。[②] 以这一紧急授权为基础,美国总统联合商务部先后颁布了针对中资企业的禁令,对字节跳动的 TikTok、腾讯的微信等中资企业开发的互联网应用软件进行从下载、安装到使用功能

---

① [奥]曼弗雷德·诺瓦克:《〈公民权利和政治权利国际公约〉评注》修订第二版,孙世彦、毕小青译,北京·生活·读书·新知三联书店 2008 年版,第 469 页。
② 根据第 13873 号行政命令的定义,"外国对手"是指长期从事或在个案中严重危害美国国家安全或美国人安全的任何外国政府或外国非政府人士。See The White House, "Securing the Information and Communications Technology and Services Supply Chain", May 15, 2019, at: https://www.federalregister.gov/documents/2021/01/19/2021-01234/securing-the-information-and-communications-technology-and-services-supply-chain, accessed December 5, 2023.

的全面封杀。① 上述禁令对 TikTok 和微信这两个社交平台造成了毁灭性的损害,使得用户间的交流受阻,其结果等同于限制用户的言论方式,进而剥夺了用户的表达自由权。特别是考虑到微信已然成为了千万在美华人用户进行人际沟通、经商、获取资讯、社会交往的不可替代的软件工具,封禁微信显然构成对这一群体的表达自由权的严重限制。② 尽管美国政府主张封禁 TikTok、微信有助于维护美国的数据安全、国家安全,但其几乎没提供任何有效的证据表明 TikTok、微信构成对自身国家安全的威胁,更没能充分论证禁止美国用户使用上述应用软件为何能够消除对国家安全的威胁,其主张显然无法满足第 19 条第 3 款的适用要求。

  尽管根据 ICCPR 规定,缔约国有权在紧急状态时合法地对人权和基本自由施加一定的限制,但前提是必须遵守一定的条件和限制,而美国法律下的国际紧急状态显然超出了 ICCPR 的减损限度。根据 ICCPR 第 4 条第 1 款的规定,在社会紧急状态威胁到国家的生存并经正式宣布时,缔约国可以采取措施克减其在公约下承担的义务,但克减的程度以形势的严格需要为限。作为克减人权的先决条件,ICCPR 下

---

① U.S. Department of Commerce, "Identification of Prohibited Transactions to Implement Executive Order 13943 and Address the Threat Posed by WeChat and the National Emergency with Respect to the Information and Communications Technology and Services Supply Chain", January 19, 2019, available at: https://www.commerce.gov/sites/default/files/2020-09/WeChat％20-％20FR％20-％20Identification％20of％20Prohibited％20Transactions％20-％20Updated％20Injunction.ogc％20％281％29.pdf, 2023.10.25; U.S. Department of Commerce, "Identification of Prohibited Transactions To Implement Executive Order 13942 and Address the Threat Posed by TikTok and the National Emergency With Respect to the Information and Communications Technology and Services Supply Chain," September 24, 2020, at: https://www.federalregister.gov/documents/2020/09/24/2020-21193/identification-of-prohibited-transactions-to-implement-executive-order-13942-and-address-the-threat, accessed December 5, 2023.

② 美国华人联合会(United Chinese Americans, UCA)2020 年发布的一份调查报告显示,90％的受访者使用微信五年以上,95％的受害者每天使用微信,如果实施"微信禁令",82％的受访者表示找不到替代微信的应用软件。See United Chinese Americans, "UCA WeChat Use Survey Report," October 22, 2020, at: https://ucausa.org/uca-wechat-use-survey-report, accessed December 5, 2023.

二、美国国家紧急状态法律制度研究

的紧急状态(或者说"克减状态")需要满足如下要件:首先,只有在社会紧急状态下才可以采取克减措施。关于何者构成"社会紧急状态",联合国人权事务委员会在 ICCPR 中并未提供一个统一的定义,但强调并非所有威胁国家安全的灾害和动乱都可以构成公约第 4 条意义上的紧急状态,社会紧急状态必须是威胁国家生存的紧急事态。[1] 最为典型的情况包括严重的武装冲突和国内动荡、自然或环境灾难,至于经济困难通常无法证明克减的正当性。[2] 反观美国语境下的国际紧急状态主要针对的是威胁自身霸权地位的战略威胁,其严重性并不满足 ICCPR 第 4 条的实质要件。其次,社会紧急状态必须经正式宣布。国际紧急状态由美国总统依据 IEEPA 和 NEA 规定的程序宣布,并在《联邦公报》上公布,基本满足 ICCPR 第 4 条规定的形式要件。最后,克减人权的程度以应对社会紧急状态所严格需要为限。这是对相称性原则的明确提及,该原则强调紧急状态必须具有临时性。联合国人权事务委员会在第 29/72 号一般性意见中强调,克减 ICCPR 条款的措施必须是非常性和临时性措施。反观美国国际紧急状态近年来正逐渐呈现出"半永久"的趋势:根据 CRS 提供的数据,援引 IEEPA 的紧急状态平均持续时间超过了 9 年。其中持续时间最长的国际紧急状态是由时任美国总统吉米·卡特于 1979 年针对伊朗人质危机宣布的,至今已达 44 年,且目前仍在生效;[3]同时,国际紧急状态的平均持续时间每十年都会经历一次增长:20 世纪 80 年代宣布的国际紧急状态的平均持续时间为 4 年,20 世纪 90 年代这一数据则延长到了 11 年,而到了 21 世纪,国际紧急状态的平均持续时间进一步达到了 15 年,上述情况显然难以满足 ICCPR 第 4 条规定的程度要件。[4]

尽管美国对国家紧急权力的扩张行使已然违反了 ICCPR 中的人

---

[1] 陆志安:《国家紧急状态与人权保护》,《人权》2009 年第 1 期,第 38 页。
[2] 曼弗雷德·诺瓦克:《〈公民权利和政治权利国际公约〉评注》修订第二版,第 96 页。
[3] The White House, "Blocking Iranian Government Property", November 14, 1979, at: https://ofac.treasury.gov/media/6316/download?inline, accessed December 5, 2023.
[4] Christopher A. Casey et al., "The International Emergency Economic Powers Act: Origins, Evolution, and Use", p.17.

权保障义务,但实践中却很难依照 ICCPR 有效规制此类行为。一方面,美国虽然在 1992 年批准了 ICCPR,但同时将其声明为"非自动执行条约",这直接导致如果原告在美国依据 ICCPR 对美国政府、官员等提起的诉讼将难以得到当地法院的支持。① 另一方面,ICCPR 设置的实施机构并不具有司法性,其发布的决议不具有国际法上的约束力,全靠缔约国依据善意原则自觉履行。② 因此即便人权事务委员会对美国侵犯人权的行为提出反对意见,美国政府也大可置之不理,或寻找托词加以回避。③

---

① 李庆明:《国际人权条约与美国法院的双重标准》,《人权》2013 年第 5 期,第 58 页。
② Rosenberg Rubins R and Barzilai G., "Only Sovereignty? Global Emergencies Between Domestic and International Law", *Cornell International Law Journal*, Vol.55, No.2 (2022), p.17.
③ 例如,尽管人权事务委员会断定美国政府对于"未成年人可以被处决"的保留,违反了 ICCPR 第 6 条第 5 款的规定,但美国政府并未予以理睬。参见[奥]曼弗雷德·诺瓦克:《国际人权制度导论》,柳华文、孙世彦译,北京大学出版社 2010 年版,第 55 页,转引自刘雪斌、蔡建芳:《国际人权法治初探》,《吉林大学社会科学学报》2011 年第 2 期,第 152 页。

三、美国和俄罗斯国家紧急状态法律制度对我国的启示

(一) 我国紧急状态法律制度的现状分析

现代社会多数国家根据其宪法建构出本国常规法律与非常规法律(以下简称"应急法律")的二元法律体系结构,将国家权力划分为常规国家权力与非常规国家权力,并将两种国家权力严格限制在法治框架内。不同于常规的国家权力,"国家紧急权力"属于非常规国家权力。"国家紧急权力"并不能随宪法、应急法律的赋权即刻生效,该权力的生效受严格条件的约束,是"当,且仅当"国家进入紧急状态时才能生效的国家权力,属于"附条件生效"的权力,国家进入紧急状态是"国家紧急权力"启动的前提条件。[①] 而在我国现行法律体系中,无论是常规法律体系,还是应急法律体系,并没有关于"国家紧急权力"的法律概念、法律原则及法律规则的直接法律规定,对"国家紧急权力"的规范约束间接体现在《宪法》《国家安全法》《国防法》《戒严法》《反恐怖主义法》《突发事件应对法》等关于"紧急状态"的法律规范中。

1.《宪法》对于"国家紧急状态"的规定

我国早在1954年《宪法》的第27条第13款,第31条第16款、第17款、第18款及第40条赋予全国人民代表大会、全国人大常委会、国家主席分别拥有战争与和平决定权,决定战争状态的宣布权和宣布战争状态权并发布戒严令、动员令;1975年的《宪法》未涉及对战争及战

[①] 李晓安:《"国家紧急权力"规范约束的法治逻辑》,《法学》2020年第9期,第55页。

争状态的任何规定；1978年的《宪法》第22条第9款、第25条第12款恢复了全国人大及其常委会关于战争与和平决定权及宣布战争状态权；1982年的《宪法》第62条第14款，第67条第18、19、20款及第80条关于战争状态的规定，不仅全面恢复了1954年宪法的各项规定，其中第67条第19款全国人大常委会决定全国总动员或者局部动员权、第20款决定全国或者个别省、自治区、直辖市的戒严权的规定，第80条国家主席发布戒严令、宣布战争状态发布动员令的规定，是将战争、内乱共同作为国家紧急状态及"国家紧急权力"行使的宪法明示性规定。

2004年的《宪法》第67条第20款将"戒严"修改为"决定全国或者个别省、自治区、直辖市进入紧急状态"。宪法第80条主席权中"发布戒严令，宣布战争状态，发布动员令"修改为："宣布进入紧急状态，宣布战争状态，发布动员令"。2018年的《宪法》所涉及的条款内容没有变化。

在我国宪法性文件的《香港特别行政区基本法》第18条、《澳门特别行政区基本法》第18条同时规定了全国人大常务会在特别行政区内宣布紧急状态权。该紧急状态主要指由战争及特别行政区发生内乱导致的紧急状态。由于特别行政区的战争或内乱直接威胁国家主权，因此属于"国家紧急状态"统摄的范围。

由宪法立法轨迹可见，我国《宪法》条文中的"国家紧急状态"仅限于由"战争""内乱"引起的紧急状态。相比之下，美国NEA将国家紧急状态交由总统根据实际情形加以确定，包括但不限于自然灾害、传染病、罢工、经济危机、恐怖主义等一切使公民生命、健康、公共财产、生态环境或国家安全存在即刻危险的情形。值得注意的是，我国现行《宪法》第89条第16款也同时规定了"紧急状态"，即国务院依照法律规定决定省、自治区、直辖市的范围内部分地区进入紧急状态。但应当认为，这类"紧急状态"不属于"国家紧急状态"，因为国务院不是宣布国家进入紧急状态的权力主体，《宪法》将此权力明确赋予全国人大常委会与国家主席。具体而言，这类紧急状态应属于部分地区的紧急状态，而

三、美国和俄罗斯国家紧急状态法律制度对我国的启示

非"国家紧急状态"。同时值得关注的是,该"紧急状态"的内涵应该宽泛于战争、内乱的紧急状态,涵盖由自然灾害及其他重大突发事件引发的紧急状态。

总体而言,我国《宪法》将"国家紧急状态"严格限定在战争、内乱的狭义社会事件,可能会使自然灾害、重大公共卫生事件等新型重大突发事件引发的公共利益危机无法得到《宪法》"紧急状态"规范的确认,进而间接限制了"国家紧急权力"的正当行使。

2. 常规法对"国家紧急状态"的规定

在我国常规法律体系中,与宪法规范意义相一致的"国家紧急状态"的规定主要体现在两部法律中。其中,与"战争状态"直接相关的法律规定具体体现在《国防法》中。2009年第十一届全国人民代表大会常务委员会第十次会议通过的《中华人民共和国国防法》的第10条、第11条、第49条关于"战争状态"的规定与宪法的规定一致。虽然《国防法》规定了战争状态及"国家紧急权力"的行使,但是,《国防法》总的立法指导思想及具体制度还是立足于常规的国防制度建设,因此,该法属于国家常规法律体系。与"内乱"引起的"紧急状态"直接相关的法律规定具体体现在《国家安全法》中。2015年第十二届全国人民代表大会常务委员会第十五次会议通过《国家安全法》的立法宗旨是保障国家内部安全和外部安全、国土安全和国民安全、传统安全和非传统安全、自身安全和共同安全。其最根本的立法目的是防止各种危害国家安全行为导致的"内乱"发生。该法第35条、第36条、第37条重申了宪法关于国家紧急状态及地区紧急状态的相关规定。《国家安全法》是对国家安全制度常态建设的法律指引,因此,属于国家常规法律体系。

此外,与"国家紧急状态"相关的法律规定还体现在如《治安管理处罚法》《专利法》《兵役法》及我国签署的如《中华人民共和国和美利坚合众国贸易关系协定》《中华人民共和国和日本国关于鼓励和相互保护投资协定》《中国政府与美国政府关于保护知识产权的谅解备忘录》等国际条约与协定中。

在我国部门立法及各级地方立法中,也常见"紧急状态"的字样,如

《集成电路布图设计保护条例》第 25 条"在国家出现紧急状态或者非常情况时"、《上海市轨道交通管理条例》第 41 条第 1 款"非紧急状态下动用紧急或者安全装置"的规定等,但此处的"紧急状态"属于事实判断,不属于对"紧急状态"的法律规定。① 因此,常规法律体系中的"国家紧急状态"的法律规定是宪法"国家紧急状态"规定的重申,并仅限定在战争及内乱的范围。

综上可见,无论是《宪法》还是其他常规法都严格限定只有战争或内乱才能引起"国家紧急状态",进而行使"国家紧急权力",其他突发事件只能引起地区的"紧急状态",行使"一般应急性行政权力"。

(二) 我国与各国法律关于"国家紧急状态"规定的异同

为进一步推动对国家紧急状态法律制度的研究,本部分以我国紧急状态法律中涉及到的观念、制度和技术等方面的重要问题作为出发点,选用了世界上紧急状态制度比较发达并且已经拥有统一的紧急状态法典的 6 个国家,②对同类的基本经验加以比较分析,以期对未来我国国家紧急状态法律的科学性和实效性有所裨益。

1. 调整对象

从 6 国紧急状态法对调整对象的规定来看,除了 NEA 之外的 5 国的规定既有共同之处,又存在较大的差异。共性既体现在立法技术上,即各国的法典都是从两个方面来明确它的调整对象:一是对能够引起国家宣布紧急状态的紧急事件予以分类,二是对实行紧急状态的紧急事件予以实质上的界定,也体现在实体的规定上,即对实行紧急状态的紧急事件的实质界定基本一致。除了 NEA 之外的 5 国紧急状态法对实行紧急状态的紧急事件的实质要件的规定有 3 个方面的要求:第一,紧急事件的存在;第二,紧急事件必须具有严重的危害性;第三,不

---

① 参见陈聪:《"紧急状态"的事实判定与法律规定》,《理论探索》2015 年第 1 期。
② 这 6 个国家及其紧急状态法典分别是美国《国家紧急状态法》、俄罗斯《俄罗斯联邦紧急状态法》、英国《国内紧急状态法》、法国《法国紧急状态法》、土耳其《紧急状态法》和加拿大《紧急状态法》。

三、美国和俄罗斯国家紧急状态法律制度对我国的启示

得不采取紧急措施才能消除这种紧急事件。如加拿大《紧急状态法》第3条对实行紧急状态的实质条件是这样界定的:紧急事件严重危及加拿大人的生命、健康和安全,严重威胁到加拿大政府保持本国主权、安全和领土完整能力,并且加拿大其他法律都难以有效应对。

差异性则表现在对紧急事件的分类上,具体而言,英国和加拿大都将战争作为能够引起紧急状态的事件加以调整。俄罗斯、土耳其或法国等国家则没有将战争作为紧急状态法的调整对象,而是有专门的调整战争的法律规范,如俄罗斯在2002年制定了《俄罗斯联邦战时状态法》,而法国通过宣布围困状态来应对战争或武装冲突事件。[①]

在调整对象的问题上,美国的 NEA 并非是自成体系型,而是准用他法型,即通过授引其他法律中有关紧急状态的规定来加以实现。与俄罗斯、英国、加拿大等国的法典采用自成体系型的方式规定调整对象相比,美国却采用准用他法型,虽然比较简洁,但也大大降低了紧急状态法典在国家紧急法律体系中地位。因为该国法典功能的实现,依赖于其他单行法律的规定。

相对于各国的紧急立法,我国《宪法》将"国家紧急状态"严格限定在战争、内乱的狭义社会事件,显然要狭窄许多。我国《宪法》第89条第16款规定的"紧急状态"则涵盖由自然灾害及其他重大突发事件引发的紧急状态,与当代各国对紧急状态的理解相同,但是,我国《宪法》只将其限定在地区紧急状态,而不是国家紧急状态范围内。

2. 宣布方式

通过比较各国紧急状态法典对紧急状态宣布的规定,可以确定美国和俄罗斯属于总统模式,即宣布紧急状态的权力专属于总统。加拿大、英国、法国和土耳其则属于行政模式,即宣布紧急状态的权力专属

[①] 注:法国的"围困状态之制"形成于大革命后,其最初的形式是1789年的《叛乱取缔法》,正式规定该制度是1791年7月的《围困状态法》,该法针对国家可能会面临的外敌之侵害,规定了军队的权力。1878年的《围困状态法》第1条则明确规定,围困状态仅能在外国战争和武装暴动导致之紧急危急的事件下被宣布。目前该法在法国依然有效。See Clinton Rossiter, *Constitutional Dictatorship*, Princeton University Press, 1963, pp. 80, 84.

于内阁或总督。

即使同属于总统模式的美国和俄罗斯，它们宣布紧急状态的具体程序也存在差异。根据《俄罗斯联邦紧急状态法》第 4 条第 1 款的规定，俄罗斯联邦总统可以在事先不征求其他政治主体的情况下，通过命令的形式宣布俄罗斯全境或部分地区实行紧急状态，然而总统的紧急状态命令只具有暂时的法律效力。该法第 4 条第 2 款规定，总统应当立即将宣布紧急状态的命令提交给联邦委员会批准。而根据该法第 7 条第 3 款和第 4 款的规定，联邦委员会在接到总统紧急状态命令的通报后，要将其作为首要问题进行研究，并应在不超过 72 小时就是否批准总统令做出相应决定。如果总统令未到得到联邦委员会的批准，则在其颁布后 72 小时后自动失效。由此可见，在俄罗斯，虽然总统有权单方面宣布国家进入紧急状态，但联邦委员会依然掌握着最后的批准权。《俄罗斯联邦紧急状态法》第 6 条还规定了总统宣布紧急状态的形式要件，即应当立即通过广播和电视宣布，并正式颁布。与俄罗斯的总统相比，美国总统在宣布紧急状态的程序上，除了在应当将紧急状态的宣告立即传达国会并在联邦政府公报上公布这一点上与之相似外，其他方面都不同。由于有国会法律的事先授权，所以美国总统宣布紧急状态后除了向国会传达外，国会没有必要立即履行批准手续。同时，与俄罗斯联邦委员会在总统宣布紧急状态后的 72 小时内行使批准权相比，美国的国会是在 6 个月后才行使是否决定终止总统宣布紧急状态的权力的。

根据加拿大《紧急状态法》第 6 条第 1 款的规定，当总督有理由认为国家需要进入公共福利紧急状态时，他必须依第 25 条的要求进行磋商，才能以声明形式加以宣布。而该法第 25 条则规定，总督发布紧急状态宣告之前，受紧急事件直接影响的各省省督必须对提案进行磋商。这就是说，在加拿大，总督需要与省督进行合作才能宣布国家进入紧急状态。不仅如此，根据该法第 7 条第 1 款的规定，总督的宣告声明虽然自宣告之日起就生效，但宣告的确认动议必须提交给参众两院批准，并根据第 58 条的规定进行审查。而根据该法 58 条的规定，总督应当在

三、美国和俄罗斯国家紧急状态法律制度对我国的启示

自紧急状态明确宣告之日起7日内,向国会提交由王室签署的宣布紧急状态的动议,如果参众两院任一院否决紧急状态的动议,那么宣告紧急状态的声明就失效,并且另一议院不得进一步审议。由此可见,在行政系统内部,总督的紧急状态宣告只具有暂时的法律效力,只有得到参众两议院的确认后才能长久生效。

土耳其的做法与加拿大相类似。该国法典在第3条第1款明确规定,内阁负责对紧急状态进行宣告。但是该条款有一个限定词,即"在总统领导下"。这就意味着,内阁在宣告紧急状态之前必须听取总统的意见。在加拿大和土耳其的规定虽有所不同,但都强调行政系统内部的合作。不仅如此,土耳其法典第3条第2款又规定,紧急状态的决定应当公布于政府官方公报,并立即呈交给土耳其大国民议会进行审查以决定最终批准与否。也就是说,议会最终掌管着行政机关的紧急状态宣告是否具有最终效力的权力,这与加拿大的做法是一致的,也与俄罗斯相同。

与加拿大的行政模式相比,英国的行政模式则要简单得多。根据该国法典第1条第5款的规定,内阁阁员或者苏格兰大臣可以通过命令宣布在苏格兰地区进入紧急状态。第18条第5款规定,国务大臣可以通过命令在英联邦进入紧急状态。换言之,英国行政部门单方面就可以宣布紧急状态,并且无需议会事后批准,国会之所以将这一独裁权力较为彻底地授予给了行政机关,目的在于确保对恐怖分子的反应及时和有效。法国的做法与英国一样简单,该国的紧急状态法典第2条规定,紧急状态由内阁会议以法令的形式宣布。唯一的区别在于,英国是通过内阁阁员或大臣的行政命令来宣布紧急状态的。

我国现行《宪法》第67条第21款规定,全国人民代表大会常务委员会"决定全国或者个别省、自治区、直辖市进入紧急状态";第80条规定:"中华人民共和国主席根据……全国人民代表大会的决定和全国人民代表大会常务委员会的决定……宣布进入紧急状态……"由此可见,我国国家紧急状态的决定权,由全国人民代表大会常务委员会行使;宣布权,则由国家元首——中华人民共和国主席行使。尽管其明确规定了

决定和宣布紧急状态的主体,但与各国相比并未明确决定和宣布紧急状态的程序。究其原因在于我国至今仍未制定权威的、专门的"紧急状态法",因此也不存在权威的、专门的宣布进入国家紧急状态的程序规定。①

3. 保障机制

如何在紧急状态法典中设计对公民权利予以保障的机制,以便在公益与私益、效率与民主之间保持恰当的平衡一直是困扰各国立法者的难题。因为这里始终存在着一个悖论。由于对公民权利的保障和对紧急权力的控制恰似一枚硬币的两面,它们是相辅相成的。而紧急状态体制的本质特点是国家紧急权力的扩张,以及公民权利的减损。扩张了的紧急权力不可避免地对公民权利造成危害。② 而对于这一悖论,各国采取了以下应对方法:

3.1 明确规定公民的某些基本权利不得被克减

英国和加拿大的紧急状态法典都规定在紧急状态下公民的某些基本权利是不能被克减的。另外,《俄罗斯联邦紧急状态法》也有类似的规定。该法在第28条第2款特别规定,紧急状态下的措施不应引起对个别人或居民群体的歧视,特别是对性别、种族、民族、语言、出版、宗教态度、信仰、社会团体属性及其他情况的歧视,即该国的法典明确规定了公民的平等权是不能被克减的。紧急状态法中的这一规定,不仅在事实上限制了国家紧急权力的无限制扩张,为公民权利的保障提供了最后的防线,而且还具有很强的象征意义,昭示着即便在国家紧急状态下,也存在着公民某些基本权利不能被剥夺或侵害的事实,凸显了公民权利相对于国家权力的根本性。

3.2 明确规定公民享有的补偿或赔偿的权利

土耳其《紧急状态法》在第16条分4款规定了政府的补偿义务。根据该条规定,政府应当向财产被征用或使用的人员或履行强制劳动义务的人员发布官方文件,并根据当地市场的利率,确定被征用财产或

---

① 谢士衍:《论我国紧急状态的决定和宣布》,《上海政法学院学报(法治论丛)》2022年第5期,第82页。
② 戚建刚、杨小敏:《六国紧急状态法典之比较》,《社会科学》2006年第10期,第106页。

三、美国和俄罗斯国家紧急状态法律制度对我国的启示

履行劳动义务的人员的补偿的价格、租金和报酬。如果是延迟支付或分期支付,支付的总额应当包括官方利率的利息。《俄罗斯联邦紧急状态法》第29条分3款规定了公民或企业组织享有补偿的权利。根据该条的规定,公民开展事故救援工作,政府应根据法律的规定提供劳动报酬。政府为消除紧急状态后果所采取的措施而使公民或企业的财产受损失的,政府应当补偿其所造成的物质损失,并提供劳动就业帮助。加拿大《紧急状态法》第48条第1款则规定了大臣的赔偿义务,即大臣因依据紧急状态下的规定或法令而实施权力给任何人造成损失的,应当承担赔偿责任。在紧急状态法典中规定对公民的补偿或赔偿权利,实质是为了在事后通过金钱的方式弥补公民在紧急状态期间因国家实施紧急权力所造成的损害。

3.3 明确规定公民享有通过司法途径维护自身权利的权利

土耳其《紧急状态法》第16条第4款规定,如果权益受到影响的当事人对紧急状态委员会和办公室确定的补偿价格、租金、报酬或赔偿金额存在异议,可以根据法律的规定提起民事诉讼。法国《紧急状态法》第7条规定,当事人有权向有管辖权的行政法庭提出诉愿,指控本条第1款所指采取措施的决定越权。行政法庭在提出诉愿当月内作出裁决。倘提起上诉,最高行政法院应在3个月内作出裁决。如果上述法院没有在前期规定的期限内作出裁决,行政机关实施的紧急对抗措施停止执行。另外俄罗斯紧急状态法典在第35条也作了类似的规定。在紧急状态法典中规定公民的诉权,一方面向世人宣示即使在紧急状态下,国家的宪政结构也维持着某种分权的形式,另一方面是为受到紧急权力侵害的公民提供有力的救济途径。

3.4 通过规定议会或议会专门指定的委员会对紧急权力的审查来间接保障公民的权利

英国2004年的《国内紧急状态法》的一大特色是赋予内阁阁员或国务大臣广泛地制定紧急规章的权力。内阁阁员或国务大臣就是通过紧急规章来应对危难事件,控制和限制公民的基本权利。然而,该国法典第26条和第27条详细规定了议会审查紧急规章的程序。诸如内阁

高级阁员应当尽快将制定了的紧急规章提交给议会,除非在提交后的7日内,上下两院都通过决议批准该规章,否则该规章应当在提交后7日内失效。加拿大《紧急状态法》则在第62条规定,由参众两院共同建立的委员会来对总督宣告紧急状态后的所采取的紧急措施进行审查。如果委员会认为总督的法令违反《加拿大人权法案》或《加拿大权利与自由宪章》则可以向参众两院提出撤销建议。另外土耳其等国的《紧急状态法》也有类似的规定。

我国法律中与紧急状态下的公民权利保障最为相关的规定体现在《突发事件应对法》中。根据该法第12条,有关人民政府及其部门为应对突发事件,可以征用单位和个人的财产。被征用的财产在使用完毕或者突发事件应急处置工作结束后,应当及时返还。财产被征用或者征用后毁损、灭失的,应当给予补偿。但根据《突发事件应对法》规定,发生特别重大突发事件,"需要进入紧急状态的,由全国人民代表大会常务委员会或者国务院依照宪法和其他有关法律规定的权限和程序决定","紧急状态期间采取的非常措施,依照有关法律规定执行或者由全国人民代表大会常务委员会另行规定"。从上述规定来看,我国立法机关实际上对《突发事件应对法》与紧急状态法进行了区分,《突发事件应对法》的规定并不适用于紧急状态下的相关措施,我国紧急状态相关法律中尚未规定对公民权利予以保障的机制。[①]

(三)完善我国紧急状态法律制度的路径探讨

紧急情形下,一个国家必须遵循法治的要求治理紧急状态,建立起从立法到执法、司法的一整套紧急状态法治。

1. 立法层面:提升规则的体系性、完备程度

1.1 扩大紧急状态的调整对象

对于我国现行《宪法》对"国家紧急权力"严格限定问题的解决,可

---

① 刘小冰:《以紧急状态法为重心的中国应急法制体系的整体重构》,《行政法学研究》2021年第2期,第35页。

三、美国和俄罗斯国家紧急状态法律制度对我国的启示

以采取两条进路：第一，对宪法"紧急状态"条款进行扩张性立法解释：一是对其内涵进行扩张解释，由"战争""内乱"扩展至对社会公众及公共利益产生重大影响的突发重大事件。如此次疫情，许多国家宣布进入抗疫的"战时"状态，而实践中，我国有地方政府也宣布本地区进入"战时状态"；二是对"紧急状态"的范围进行扩张解释，将《宪法》第89条的"地区紧急状态"扩展为只要出现"使整个国家或国家大部分地区的公共利益遭受严重损害的事态紧急情形"，就可宣布进入国家紧急状态。第二，修改宪法，以宪法明示性条文对国家紧急状态、"国家紧急权力"予以明确规定。[①]

1.2 制定紧急状态法

事实上，早在SARS危机以后，紧急状态法的制定便被列入了第十届全国人大常委会公布立法规划当中。2004年3月，第十届全国人大第二次会议审议通过宪法修正案，将"戒严"修改为"进入紧急状态"。时任全国人大常委会副委员长王兆国对修正案作出说明："总结去年抗击非典的经验教训，并借鉴国际上的普遍做法需要完善应对严重自然灾害、突发公共卫生事件、人为重大事故等紧急状态的法律制度。这样修改'紧急状态'包括'戒严'又不限于'戒严'，适用范围更宽，既便于应对各种紧急状态，也同国际上通行的做法相一致。"[②]但在2005年3月，国务院第八十三次常务会议又将《紧急状态法（草案）》更名为《突发事件应对法》。对此，时任国务院法制办公室主任曹康泰在第十届全国人大常委会第二十二次会议上作出说明："宪法规定的紧急状态和戒严法规定的戒严都是应对最高程度的社会危险和威胁时采取的特别手段，实践中很少适用。即使出现需要实行紧急状态的情况，也完全可以根据宪法、戒严法等法律作出规定。"[③]2007年8月，第十届全国人大常

[①] 李晓安：《"国家紧急权力"规范约束的法治逻辑》，《法学》2020年第9期，第65页。
[②] 王兆国：《关于〈中华人民共和国宪法修正案（草案）〉的说明》，来源：https://www.gov.cn/test/2005-06/26/content_9598.htm，2023年12月5日访问。
[③] 汪永清：《十届全国人大常委会法制讲座第十三讲：紧急状态法律制度》，来源：http://www.npc.gov.cn/npc/c541/200502/2435dad8e4e741929058f50b58a314e2.shtml，2023年12月5日访问。

委会第二十九次会议审议通过《突发事件应对法》，宣告了原本的《紧急状态法》"胎死腹中"。

由于紧急状态法就宪法规定的紧急状态制度而言，在应急法制体系中的"宪法—法律"这一法律关系中处于基本法地位。[①] 在我国这样一个实行宪法间接保障主义的成文法国家，宪法与法律的关系乃是一种相向而行的关系，即基本法律需要根据宪法制定，宪法需要通过基本法律加以实施。从这一角度说，所有的部门法都是以宪法为根本法的体系性构造。没有宪法，即没有基本法；没有基本法，也就没有宪法。缺少基本法的实施，宪法的所有规定都无法成为法律生活中的"活法"。因此，紧急状态的宪法规定只能通过制定并实施紧急状态法这一基本法才能落实。[②]

紧急状态法的立法框架可确定为紧急状态的决定与宣布、紧急权力、公民权利的保障、紧急状态的终止与撤销、法律责任等，其主要内容如下：

紧急状态的决定与宣布：立法须明确规定紧急状态的决定和宣布机关，紧急状态决定的内容和程序、期限及延续。结合本次一级响应应对，立法可规定在正式宣布紧急状态前，国务院或省级人民政府在遵守较为严格的法定条件下，先行采取部分紧急措施。

紧急权力：立法须明确规定紧急立法权，国务院及其行政主管部门、省级人民政府、设区市人民政府分别制定紧急行政法规、紧急规章，发布紧急决定和命令，中止有关法律、行政法规、地方性法规、规章在实行紧急状态地域范围内的适用；对违反紧急行政法规、紧急规章、决定与命令规定的行为设定行政拘留、行政处罚等法律措施；执法机关的执法程序和行政机关制定紧急行政法规或者规章的立法程序相应简化；紧急状态期间，行政机关可在强力部门配合下依法采取

---

① 刘小冰：《以紧急状态法为重心的中国应急法制体系的整体重构》，《行政法学研究》2021年第2期，第35页。
② 刘小冰：《以紧急状态法为重心的中国应急法制体系的整体重构》，《行政法学研究》2021年第2期，第35页。

宵禁、隔离等措施，司法机关也应依法采取相应的支持、配合和监督措施。

公民权利的保障：立法须明确规定，紧急状态期间，不得限制或者中止公民的以下权利和自由：生存权；平等权；人格尊严权；宗教信仰自由；受到公正刑事审判的权利；不受虐待或者酷刑；不受奴役或者苦役。

紧急状态的终止与撤销：我国《宪法》将紧急状态的决定权授予全国人大常委会及国务院，但未对紧急状态的终结权作出规定。鉴于全国人大常委会作为最高国家权力机关常设机关的权威性以及国家权力机关对行政机关行使监督权的双重考虑，应当将紧急状态的终结宣告权明确授予全国人大常委会。[①] 立法须明确规定，紧急状态决定在规定的期限届满时终止或实行紧急状态的目的已经实现的，原决定机关应当及时决定终止紧急状态；原决定机关或其上级国家机关认为没有必要实行或者继续实行紧急状态的，应当撤销其作出的相关紧急状态决定；紧急状态的相关应急措施应当自紧急状态决定被依法终止或者撤销之时起停止执行或者予以取消。

法律责任：除规定一般法律责任外，立法须明确国家应急决定的法律效力既定、追责和免责，并规定"从重"情节，如不服从行政机关的统一领导、组织、指挥和协调；对突发事件处置不力、导致事态扩大；不按规定公布有关应对突发事件的决定、命令或者指示；不按规定公布有关突发事件的信息或者公布虚假信息，或隐瞒、谎报突发事件信息；截留、挪用、私分或者贪污应急资金或者物资。

报告制度：《监督法》规定"县级以上地方各级人民代表大会常务委员会对……本级人民政府的决定、命令……有权予以撤销"，可以直接援引作为行政紧急权力事后监督的法律依据。《监督法》赋予各级人大常委会听取和审议专项工作报告的职权，理应涵盖紧急状态的事后报告制度。

[①] 亓飞：《紧急权力立法理念的重塑——兼论国家权力机关职能定位》，《人大研究》2020年第6期，第9页。

2. 执法层面：建立对应的运作机制，提升规则的可操作性、执行效率

2.1 行使紧急权力的基本原则

在行使紧急权力的过程中，特别要强调以下三项基本原则的重要地位。一是有效应对原则。进入紧急状态后，紧急状态执行机关应当及时采取法律、法规规定的一切必要措施，控制重大突发公共事件。二是人权保护原则。紧急状态下，不得限制或者中止不得克减的权利；非经法定机关依照法定程序，不得限制或者中止公民的其他权利与自由。三是比例原则。紧急状态下必须赋予政府相当的自由裁量权，但须依法以比例原则等加以控制。

2.1.1 国际紧急状态的构建

近年来，中国在全球治理中的话语权地位不断提升，部分西方国家国内发展断层线①外溢效应出现，国际竞争力减弱，导致双方战略竞争关系持续加强。欧盟委员会在题为《欧盟—中国：战略展望》的对华政策报告中，开始将中国定位为欧盟的"经济竞争者"和"制度性对手"；②美国对华则是由"接触"转向"防范"和"对抗"，加大对华压制力度，通过国内立法进行长臂管辖的手段以应对中美之间不断升级的贸易战和科技战，③其对中国实体的制裁愈演愈烈。值此背景下，我国先后通过《不可靠实体清单规定》《阻断外国法律与措施不当域外适用办法》(以下简称《阻断办法》)、《反外国制裁法》等规范，确立起反制裁法

---

① 注："断层线"原本是地质学中的一个概念，指地壳的断层面与地面的交线。经济学理论借用了这一概念，用"断层线"指代引发金融危机的深层次原因，如发达国家过于宽松的信贷政策导致的房地产泡沫；宽松的经济政策导致的巨额财政赤字和过高的资产价格；金融自由化浪潮下监管放松导致的金融机构大规模扩张。参见［美］拉古拉迈·拉詹：《断层线：全球经济潜在的危机》，刘念等译，中信出版社 2011 年版，推荐序一，第 18—19 页。

② See European Commission, *EU-China-A Strategic Outlook*, at: https://commission.europa.eu/publications/eu-china-strategic-outlook-commission-and-hrvp-contribution-european-council-21-22-march-2019_en, accessed December 5, 2023.

③ 参见欧福永、罗依凯：《美国〈2018 年出口管制法〉评析与启示》，《河北法学》2022 年第 2 期，第 65 页。

三、美国和俄罗斯国家紧急状态法律制度对我国的启示

体系,为反击某些西方国家霸权主义和强权政治,维护国家主权、安全、发展利益提供法治保障。① 但由于规则设置的模糊性和配套规则的缺失等问题,我国反制裁法各项功能的有效实现仍存在障碍。其功能的有效实现可以通过紧急状态法作为指引,通过宣布进入国家紧急状态增强斗争层面规则的可操作性与合法性,确保救济层面规则的确定性,并补足预防层面相关规则的缺失。②

目前而言,我国反制相关的各项规则中工作机制和主管机构的规定不一致,在实践中容易出现机制运行的重叠与混乱,影响对外反制和斗争工作实施的统一性。《反外国制裁法》第10条规定,国家设立反外国制裁工作协调机制,负责统筹协调相关工作。但并未对该工作协调机制的主管部门、内部构成和运作机制等作出进一步的安排。同时,《不可靠实体清单规定》的工作机制由商务部主管;《出口管制法》建立由国务院、中央军事委员会负责的出口管制工作协调机制;《阻断办法》下的工作机制则是由商务部主管部门牵头,会同国家发改委和其他有关部门负责。以上各项法律、部门规章中关于工作机制和主管机构的规定不一,不利于各部门职能的精准有效发挥,影响反制工作的统一开展。同时,各规定缺乏实施细则配套,导致反制措施实施的有效性与合法性难以得到充分保障。③

为此,我国可以考虑针对外国实施的歧视性的单边制裁,经全国人民代表大会常务委员会决定,由主席通过发布主席令的方式宣布进入国际紧急状态,并借鉴美国NEA"准用他法"的思路,通过在主席令中

---

① 罗国强、刘恬:《我国〈反外国制裁法〉的适用规则及其法律调适和完善》,《云南师范大学学报(哲学社会科学版)》2022年第2期,第125页。
② 杜玉琼、黄子淋:《论我国反制裁法的功能及其实现路径》,《河北法学》2023年第6期,第102页。
③ 例如在《反外国制裁法》第8条中虽规定国务院有关部门对反制措施的更改(包括变更、暂停或取消)有决定权,但条文未注明改变反制措施决定所应遵循的程序性规则;第9条虽规定反制清单及反制措施在确定及更改时以发布命令的方式公布,但对于具体应以何种方式发布命令没有详细说明;第10条规定设置反制裁的各部门协调机制,却没有具体可以依据的执法程序。详见罗国强、刘恬:《我国〈反外国制裁法〉的适用规则及其法律调适和完善》,《云南师范大学学报(哲学社会科学版)》2022年第2期,第126页。

授引《不可靠实体清单规定》《阻断办法》和《反外国制裁法》中的处罚、救济与反制机制,阻断与反制他国基于任何借口的歧视性措施的规定,进而保障国家经济稳定与安全利益。宣布进入国际紧急状态的主席令应当明确以下内容:

其一,为反制措施的国际法合法性作解释说明。当前我国正面临各类有关中国实施"贸易胁迫"的指责;[①]亦有学者将中国的相关措施称作"被动—攻击"型胁迫("passive-aggressive" coercion),认为其破坏了非歧视等规则的适用。[②] 因此,主席令应当阐明反制措施在国际法上的合法性依据,具体而言,《国家对国际不法行为的责任条款草案》的"反措施"、《维也纳条约法公约》的"重大违约"及WTO安全例外条款为我国采取反制措施提供了国际法依据。[③]

其二,履行反制措施职能的具体部门。《反外国制裁法》第4条至第11条对主管机构的表述均使用"国务院有关部门"一词,但究竟由哪一个"国务院有关部门"履行反制措施职能尚不明确。对此,主席令应当根据国务院机构设置,明确实施反制措施的"国务院有关部门"为何。

其三,工作协调机制实施细则。针对履行反制措施职能的各部门的运行问题,可以设立一个各部门组成的工作协调机制,并通过制定反制裁工作协调机制实施细则,明确各部门职责分工与工作机制运行的程序规则,确保工作机制的法治化运行和高效运转。[④]

2.1.2 司法层面:对进入紧急状态后的各类应急措施进行有限的

---

① 如在WTO贸易政策审议之中,部分成员国认为中国"使用和威胁使用任意、歧视性限制或其他商业措施,挑战和破坏了基于规则的国际秩序及其机构"。See Simon Lester, *WTO Members Comment on China's Trade Practices at Trade Policy Review*, at: https://www.chinatrademonitor.com/wto-members-comment-on-chinas-trade-practices-at-trade-policy-review, accessed December 5, 2023.
② See Ben Czapnik and Bryan Mercurio, *The Use of Trade Coercion and China's Model of "Passive-Aggressive Legalism"*, Journal of International Economic Law, Vol. 26, No. 2, June 2023, pp. 322–342.
③ 胡加祥:《从WTO规则看中美经贸关系的走向》,《国际商务研究》2022年第1期。
④ 陈喆、韦绮珊:《〈反外国制裁法〉实施中的执法问题》,《国际商务研究》2023年第3期,第55页。

三、美国和俄罗斯国家紧急状态法律制度对我国的启示

司法审查。

一般认为,紧急状态下的司法审查包括两个方面:对紧急状态决定的司法审查和对紧急状态下国家紧急权力行使的司法审查。[①] 关于司法机关是否有权对紧急状态决定享有审查权,应认为紧急状态决定属于政治问题而不接受司法审查。根据《最高人民法院关于执行〈中华人民共和国行政诉讼法〉若干问题的解释》第2条的规定:《行政诉讼法》第十二条第一项规定的国家行为,是指国务院、中央军事委员会、国防部、外交部等根据宪法和法律的授权,以国家的名义实施的有关国防和外交事务的行为,以及经宪法和法律授权的国家机关宣布紧急状态、实施戒严和总动员等行为。这一解释表明对紧急状态的宣布因属于国家行为、政治问题而不接受司法审查。另一方面,司法审查权的性质决定了司法机关不应当享有对紧急状态决定的审查权。从法理上来说,司法审查的提起一般要具备实际损害、因果关系、诉讼时机等前提。实际损害是指起诉人必须因为某一行政行为而遭受实际损害,因果关系是指实际损害与行政行为之间存在着直接的因果对应关系,而诉讼时机是指损害必须是现实的或立即出现的。显然,就紧急状态决定本身来说,它并不具备能够提起司法审查的前提要件。[②] 如果有实际损害的话,那也是由紧急状态宣布后的具体紧急权力行使造成的,而非该决定本身。因此,相对人可以通过对具体权力的行使提起司法审查来寻求救济,而没有必要对该决定起诉。对于紧急状态下的紧急权力行使的可诉性,尽管紧急状态决定本身由于高度的政治性而不具有可诉性,但是在紧急状态决定作出后国家所采取的具体紧急权力则属于纯粹的法律行为,具有可诉性,相对人可以寻求司法救济。

3. 美国国家紧急权力扩张的中国应对与法律回应

随着国际形势和战略关切的变化,美国如今已将中国定性为最主要的战略竞争对手,并频频以国家安全为由,通过国家紧急权力的

[①] 黄学贤、郭殊:《试论紧急状态下公民基本权利之保障》,《当代法学》2004年第4期,第89页。
[②] 郭春明:《论国家紧急权力》,《法律科学》2003年第5期,第96页。

扩张行使遏制中国发展、迫使中国作出政策让步。对此,中国除了要完善国内立法、适时采取反制措施,还应当坚守经济安全底线,积极参与中美双边经贸谈判,更要借助东道国司法救济和多边形式解决问题。

3.1 适时推进中美双边投资协定谈判,规范紧急权力的行使

过去二十余年里,中美两国间基于比较优势和市场选择已经形成了结构高度互补、利益深度交融的互利共赢关系。2022年,中美两国的双边贸易额已接近7600亿美元。可以预见,未来中美两国之间的经济相互依存关系将继续维持,强行"脱钩断链"对中美两国和全球经济而言都意味着灾难。① 美国政府依据国家紧急权力对中国实施投资限制,不仅得不偿失,而且还有可能给美国经济带来反噬效应。② 有鉴于此,中美两国有必要重启双边投资协定谈判并尽早签订协定,从而使双边投资关系能够在法律框架下安全、稳定地发展,避免滑入相互摧毁的"修昔底德陷阱"。中美双边投资协定谈判始于2008年举行的第四轮战略经济对话,但由于双方在核心利益诉求上存在冲突,历经十年始终未能达成一致。特朗普上任后,受中美贸易摩擦影响,谈判一度陷入停滞状态。2023年9月22日,中美双方商定成立经济领域工作组,就经济、金融领域相关问题加强沟通和交流,这在一定程度上表明两国的沟通渠道正逐渐恢复,有望重启双边投资协定谈判并尽早签订协定,从而使双边投资关系能够在法律框架下稳定发展。③

如前文所述,现行《美国范本》在对安全例外条款的设计中埋藏了扩张行使国家紧急权力的合法性陷阱。为此,我国在未来进行相关条款的谈判时应当慎之又慎,切不可全盘接受美国提供的条款范本,而应在确认东道国有权采取措施应对紧急状态的前提下,进一步细化援引

---

① 《"脱钩断链"行不通,深化合作是出路》,《人民日报》2023年2月2日,第3版。
② 王冠楠、项卫星:《美国选择性投资限制政策的政治逻辑及中国的应对》,《东北亚论坛》2023年第5期,第97页。
③ 值得一提的是,在奥巴马时期担任副总统的拜登一直是中美战略与经济对话机制的重要发起人和组织者。详见王浩:《拜登的故事》,《世界知识》2020年第20期,第37页。

紧急权力例外的适用范围和规则,避免美国滥用国内法中的紧急状态规则。具体可以参考《草案》第 25 条关于"危急情况"的规定,将紧急权力的适用范围严格界定在一国基本利益遭遇严重紧迫威胁的情形下。对于紧急措施旨在应对的紧急状态,可根据其产生的背景条件区分为政治类紧急状态与经济类紧急状态,政治类基本利益援引后一种基本利益的一方将承担更高的举证责任证明紧急措施所应对的危险具有严重性和迫切性,方才不构成对安全例外的恶意援引。① 至于紧急措施的必要性限度,考虑到《草案》规定的"唯一办法"标准在客观上难以达到,可以借鉴适用 WTO 争端解决机构在实践中归纳出的替代性措施标准,即只有存在可合理获得的替代性措施,才说明原有的紧急措施并非必要。② 另外,紧急措施应是临时的,一旦威胁解除应及时终止或缓解。如果投资者与东道国就安全例外条款的解释产生争议,应允许提交仲裁庭审查。通过对所援引的紧急状态以及紧急措施的必要性、紧急措施的目的与效果之间的相关性等评估进行客观、全面的审查,为东道国对紧急权力的滥用予以反制,留下必要空间。

值得注意的是,尽管紧急状态的存在可以免除一国对他国的国际义务并进而排除其行为的不法性,但是援引国仍有义务对可能造成的损害予以赔偿。③ 因此,安全例外条款中还需明确东道国援引紧急状态给投资者造成损失后的赔偿问题。至于具体赔偿金额的确定,为了兼顾各方利益的平衡,可以通过对东道国和投资者之间的利益进行量化分析,在投资者总损失的基础上适用一定的比例予以赔偿。④ 具体划分比例应当综合考虑东道国和外国投资者对产业风险和人权管制风

---

① 参见赵海乐:《一般国际法在"安全例外"条款适用中的作用探析》,《国际经济法学刊》2021 年第 2 期,第 110 页。
② 李尊然:《国际投资仲裁中紧急状态下东道国人权管制义务对外资补偿的影响》,《国际法学刊》2022 年第 4 期,第 75 页。
③ 林笑霞:《国际投资仲裁中危急情况的适用——以阿根廷所涉国际投资仲裁为例》,《国际经济法学刊》2009 年第 3 期,第 266 页。
④ 梁咏:《安全视域下投资条约根本安全利益条款的中国范式》,《环球法律评论》2023 年第 2 期,第 29—30 页。

险是否有合理的预期,或者他们对风险的预测能力以及对风险的发生的判断是否有过错和过错的大小等因素进行确定。

3.2 充分利用当地司法救济,在多边框架下解决争议

面对美国利用国家紧急权力对中国企业施加的打压措施,中国应在维护和稳定中美关系的前提下支持中国企业在东道国寻求司法救济,并积极借助国际法维护中国企业的海外利益。[1] 中国企业对美国政府提起司法诉讼时,要善于利用美国宪法法律中关于言论自由、正当程序等个人权利的规定,力求将两国之间的政治博弈转化为行政权力与个人权利的冲突,利用美国政治文化和司法传统语境中对政府权力扩张与滥用的警惕和约束,寻求对个人自由权利的司法保护。在强调司法独立和重视公民权利的美国司法体系下,以个体作为原告,起诉行政部门滥用权力导致个人权利受到侵犯,更有助于赢得法官和陪审团的认同。[2] 国家安全虽然是美国限制个人权利的重要依据,但国家安全与个人权利之间仍然有着一定的界限,对国家安全的保障不得过度侵犯个人权利,反之美国法院也会予以纠正。[3] 美国法院的一系列判例表明,外国人(foreign persons)要想主张美国宪法的保护,必须进入美国境内并与该国建立起实质性联系。[4] 相较于原告是否在美国境内实际存在,美国法院更关注其与美国的联系程度,并倾向于将是否在美国拥有财产作为满足"实质性联系"检验的基准。[5] 这项实质联系标准并不太高,诸如有办公场所、开设账户等,很多在美国有实质运营的中

---

[1] 冯硕:《TikTok 被禁中的数据博弈与法律回应》,《东方法学》2021 年第 1 期,第 85 页。
[2] 郝敏:《中国科技产业在美维权的司法路径探析——以微信用户诉美案为例》,《当代美国评论》2022 年第 1 期,第 46 页。
[3] 谢宇:《美国法律如何防控外国威胁 基于美国国家安全法律的考察》,《中外法学》2023 年第 2 期。
[4] United States v. Verdugo-Urquidez, 494 U.S. 259(1990).
[5] 例如在"National Council of Resistance of Iran"案中,法院认为由于伊朗反抗力量全国议会在华盛顿设有办公室且在美国有小额存款,因此有权合理主张美国宪法的保护,并且因为国务卿将其与伊朗人民圣战组织视为同一实体,因此两者均有权主张美国宪法的保护。See National Council of Resistance of Iran v. U. S. Department of State, 251 F. 3d 192(2001). 支振锋、王博闻:《美国涉港立法及其制裁的合宪性问题》,《中国社会科学院大学学报》2022 年第 7 期,第 78 页。

资公司都能满足,尤其是像腾讯、字节跳动这样的大科技公司。①即便未能满足这一条件,中国企业也可以根据《联邦行政程序法》或是IEEPA的例外条款提出异议。

从多边贸易体制出发,中美之间的贸易战是一场法律战,其背后是两国贸易规则之间的较量。为此我国不仅要通过法律作为武器来捍卫自己的利益,同时也要积极参与规则的制定,为多边贸易体制作出自己的贡献。②美国以国际紧急状态为由,根据IEEPA的授权限制并遏制中国企业在美正常经营活动的行为,挑战了WTO规则所确立的国民待遇等核心条款。加之IEEPA在认定国际紧急状态时采用的是"国家利益"标准,远远超出了WTO安全例外条款的适用范围。故此,在WTO争端解决机制起诉美国具备充分的可行性。尽管因为美国政府明目张胆地阻挠成员遴选和连任,WTO上诉机构从2019年开始陷入停摆,即便WTO专家组支持了我国的主张,美国也可以提起"空诉"(appeal into the void),通过将案件悬置在不复存在的上诉机构,使得专家组报告不能生效。③但考虑到美国从法律上仍是WTO成员方,在可预期的未来仍需借助WTO协定稳定其与其他WTO成员之间的正常贸易关系,因此即使在诉讼和裁决执行上存在一定困难,诉诸WTO争端解决机制依旧有助于提高美国采取单边限制措施的声誉成本。④同时,我国应当积极推动各成员方就WTO争端解决机制改革开展谈判,尽快启动上诉机构成员遴选,以期恢复上诉机构职能。

4. 俄罗斯紧急状态管理体系对我国的借鉴意义

国家紧急管理体系,是有关紧急管理的制度体系,包括紧急管理体

---

① 张申:《中资公司美国宪法正当程序诉讼之五问》,《人民法院报》2020年8月14日,第8版。
② 胡加祥:《从多边贸易体制看美国贸易政策的嬗变》,《美国研究》2022年第5期,第118页。
③ 美国共计提起了6次"空诉",其中5次提起于2023年。See WTO, "Appellate Body: Current Notified Appeals," at: https://www.wto.org/english/tratop_e/dispu_e/appellate_body_e.htm#fnt-1, accessed December 5, 2023.
④ 彭岳:《中美贸易战的美国法根源与中国的应对》,《武汉大学学报(哲学社会科学版)》2021年第2期。

制、紧急管理机制和紧急管理法制体系。而国家紧急管理能力,则是紧急管理制度执行能力的集中体现,是国家利用紧急管理资源应对突发事件的能力。要推进紧急管理体系和紧急管理能力现代化,就要适应时代变化,不断创新和完善国家紧急管理体制、机制和法制,实现紧急管理的规范化、制度化和法治化,运用法治思维和法治方式提高应急管理水平。[1] 中国紧急管理体制发展相对较晚,针对在紧急管理中所遇到的各种问题,在借鉴俄罗斯紧急管理体系发展的优势与特点之后,本文提出了一些建议和见解。

在紧急管理体制方面,中国应进一步理顺紧急管理体制,合理清晰界定应急管理部门职能权限,推进应急管理部门处置应对能力建设。目前,中国的应急管理体系遵循的是"统一领导、综合协调、分类管理、分级负责、属地管理为主"的原则,明确提出建立统一领导、权责一致、权威高效的国家紧急管理体系。在重特大突发事件发生时,往往则另行成立更高层次的工作组等进行处置。尽管2018年国务院机构改革中,国务院整合国家安全生产监督管理总局、国务院办公厅、公安部、民政部、国土资源部、水利部、农业部、国家林业局、中国地震局、国家防汛抗旱总指挥部、国家减灾委员会、国务院抗震救灾指挥部、国家森林防火指挥部的相关职责,组建了应急管理部,并在各级地方政府也进行了相应的机构调整,但属地管理为主的原则没有改变。尽管俄罗斯是联邦制国家,但采取的却是垂直领导,资源集中于联邦中央层面,各种相关资源由紧急情况部统一掌握的应急管理体制。这样的体制更加有利于全国各地应急管理体制的统一化、标准化、专业化,避免因地方政府重视程度不同而产生应急管理体制和具体力量的差异。一旦有事,资源统于一部,统于中央的体制也能够大大减少跨地区跨部门调动资源的政出多门,推诿扯皮的内耗。[2]

突发事件的紧急特性和巨大破坏力对政府的统筹指挥与资源整合

---

[1] 黄恒学:《创新和完善我国应急管理体系的若干思考》,《人民论坛》2020年第9期。
[2] 李思琪:《俄罗斯国家应急管理体制及其启示》,《俄罗斯东欧中亚研究》2021年第1期。

能力提出了很高要求。俄罗斯联邦在长期的实践中普遍建立了统一指挥、协同高效的应急管理体制,有利于政府在面临突发事件时迅速响应,紧急调动资源进行高效应对。其一,统一指挥、保障权威。俄罗斯则是以总统为核心,以紧急情况部为综合决策与协调机构,统一管理下属各应急管理部门的应急管理体制。显然,俄罗斯设立了全国性的紧急管理组织机构作为决策核心,由行政首长直接领导,能够在很大程度上保证统一指挥、运转高效和协调有力。[①] 而我国应考虑整合现有分散在各部委的防灾救灾管理机构,组建相当于部委级别集中统一的综合减灾应急管理机构。同时整合各部门的灾害研究、救灾队伍和资金投入,实现对重大灾害的集中统一管理。最终目标是整合现有的防灾救灾资源,建设集中统一的综合减灾应急体系。

其二,属地为主、协同高效。俄罗斯建立了垂直管理的紧急管理体制,但是十分重视地方紧急情况机构,强调突发事件的应急工作首先由地方自行负责处置,如果事件超出地方应急能力范围时,上级政府只会提供必要的增援和协调,而我国应当发挥地方各机构的作用,在紧急情况出现时,及时进行处理,防止损失的进一步扩大,同时,也应当与中央紧急情况系统形成合力共同维护我国的国家人民健康和物质财产安全。

在紧急管理法制方面,中国应逐步完善紧急管理的立法体系,提升民众对紧急管理的认识。需要合理地界定个人、社会组织和政府在紧急管理中各自的权责,从而科学、有序地开展紧急管理工作。通过上文,我们可知,俄罗斯已经形成了相对完备的法律体系,以宪法和紧急状态法为基础,并且颁布了一系列相应的法律,为国家紧急管理力量建设,联邦和地方政府面对紧急状况时的处置等建立了较为坚实的法律基础。改革开放以来,中国也初步建立了以《中华人民共和国突发事件应对法》为核心的紧急管理法律体系。但总的来看,目前中国的紧急管理立法尚不能完全满足日趋重要的应急管理工作。尤其是应急管理部

---

① 黄杨森、王义保:《发达国家应急管理体系和能力健身》,《宁夏社会科学》2020年第2期。

组建以后,2007年颁布实施的《突发事件应对法》已不能反映十多年来中国应急管理形势的新变化和应急管理体制建设的新调整,亟需一部同中国现行应急管理体制适应的相关法律法规。建立健全应急管理立法,使各级政府进行应急管理时有法可依,有法必依,从而将应急管理纳入法制化、制度化轨道,有必要成为中国今后一个时期法制工作的重中之重。[①] 进一步健全以《中华人民共和国突发事件应对法》为"龙头",以行业领域紧急管理相关法律为骨干,以各类相关法规、规章、规范性文件、预案为支撑的应急管理法律、规范体系。解决相互矛盾、可操作性不强、相互衔接不紧密、修订完善不及时等问题。

在紧急管理机制方面,中国应加强紧急管理专业队伍建设,建立健全应急联动机制。在中国跨区域突发事件已成为普遍现象。跨区域突发事件处置过程是一个大范围合作过程,协同联动机制在很大程度上决定着应对效果。可中国紧急管理体系的多区域间的紧急管理协作还不够强大,需要在突发事件紧急管理过程中有效地组织多区域政府间的良好沟通与有效信息共享,整合紧急管理资源,联合行动,协同处置突发事件的规范化运作模式[②]。与俄罗斯紧急情况部相比,中国应急管理部门所掌握的专业力量还十分有限。目前应急管理部所掌握的主要应急处置力量是由公安消防部队和武警森林部队转隶的综合性消防救援队伍,任务形态基本以日常的消防救援为主,并且呈现极强的属地管理特点,缺乏航空、航海等救援队伍。以航空救援队伍为例,目前中国的航空救援队伍由军队(空军、陆航、海航、武警部队)、警用航空、专业救援队和通用航空企业相关力量组成。与世界航空产业发达国家相比,中国航空应急救援起步较晚,救援力量分散,体系建设发展相对滞后。由于缺乏常态化航空应急救援管理机构和相应的管理体制,指挥领导层对灾区属地航空应急救援资源、救援能力、分布状况等信息往往无法全面了解和掌握,导致救援过程中军民航不能协调一致通力配合,

---

① 李思琪:《俄罗斯国家应急管理体制及其启示》,《俄罗斯东欧中亚研究》2021年第1期。
② Anna(安娜)B:《中俄应急管理体系的比较及其影响因素研究》,硕士学位论文,大连理工大学,2013。

三、美国和俄罗斯国家紧急状态法律制度对我国的启示

特别是重大灾害来临时,通常多方力量一哄而上,大量集结,却因机型和救灾需求不匹配,以及空域和基础保障设施等条件限制,造成救援航空器闲置,救援成本空耗,救援效率低下①。因此,紧急管理法律体系的建设与完善离不开健全的紧急管理机制的支撑。

第一,完善监测与预警机制。一是建立完善的突发事件监测体系。有效的监测与预警可减小突发事件的危害程度,因此,应建立完善的突发事件监测指标体系,以此提高预警分析和决策的准确性。二是建立紧急信息报告制度。突发事件代表紧急状态,层层上报的信息报告制度,易出现信息瞒报、效率低下等问题,应制定紧急信息报告制度加以规定基层工作人员报告职责与法律责任,并积极鼓励公民群众上报信息。

第二,完善协调和联动机制。这种协调和联动机制不仅要体现在紧急主体上,同时也应体现在救援主体上。从紧急主体的协同建立上来说。首先紧急管理法律应当进一步明确突发事件紧急指挥机构的职能,规定由党政机关主要负责人作为紧急指挥机构的负责人,以消除紧急主体之间的壁垒。同时,紧急管理法律应当明确紧急主体未尽到协同职责的法律责任,倒逼相关部门进行配合。另外,提升紧急主体间的协同能力还应依赖平台的建设,国家可以针对预防、预警、紧急处置等不同阶段建立交流沟通平台,以提高紧急主体间的协同能力。从救援队伍的协同性上来说,紧急救援队伍因能够加强日常协同联动性训练,同时也应加强同社会力量的协同能力,开展社会性紧急协同演练。

第三,完善行政问责机制。在突发事件中权力的限制较为困难,因此对于行政问责制应贯穿突发事件的全过程。一是,在重大突发事件中造成严重影响的应该及时问责进行处理,同时应该依法快速、从重处罚,简化问责流程,裁定处罚结果,并对产生的后果进行及时的弥补。二是,行政问责制度的完善应与紧急管理监督相结合。因突发事件紧急状态下的特性,应做到实时监督实施问责,及时处理突发事件中出现

---

① 李思琪:《俄罗斯国家应急管理体制及其启示》,《俄罗斯东欧中亚研究》2021 年第 1 期。

的问题,提高紧急管理的效率,防止国家和人民的利益进一步受到损害。

  中国应当借鉴俄罗斯紧急管理机制的优势,中国紧急管理机制需要充分考虑到突发性事件的生命周期与各子系统的运行特点,重点放在预防准备、监测预警、决策处置、善后恢复、多元协同以及信息沟通机制上,以实现应急系统的动态高效运转。应急法制要求将协同应急纳入到法制化轨道,以保证应急管理机制的科学性和高效性。在突发事件多发,灾害种类、频率不断增多的时代背景下,加强紧急管理体制、完善紧急管理法制、强化紧急管理机制,提高预防和处置突发事件的能力,最大程度地预防和减少突发事件及其造成的损害,保障公众的生命财产安全,维护国家安全和社会稳定,是各国政府的一项重要任务。中国和俄罗斯在自然灾害多发这一特点上有着共同之处。由于具体国情不同,两国在紧急管理机制、体制、法制方面存在显著差异。

四、附 录

表1 俄乌冲突后世界主要国家及组织对俄制裁汇总（2022—2023）

国家/组织	措施			其他或注释
	金融及金融机构	进出口管制	个人和实体	
"跨大西洋工作组"（七国集团+欧盟）	1. 共同调查受制裁个人和企业隐藏资产，查明并冻结。2. 将俄7家银行——俄外贸银行、"俄罗斯"银行、开放银行、Novicombank、工业通讯银行、Sovcombank、外经银行踢出SWIFT系统（部分银行保障能源支付渠道开放）。3. 限制俄央行动用国际储备，防止影响制裁效果。4. 阻止俄自国际货币基金组织、世界银行和欧洲复兴开发银行等全球主要多边金融机构获得融资。5. 4月7日，声明继续将俄银行排除在国际金融体系之外，禁止对俄能源等关键经济部门进行新的投资。	1. 取消各成员国对俄关键产品实行的最惠国待遇。2. 进一步限制俄关键商品和技术进出口贸易。3. 4月7日声明将进一步限制对俄高附加值产品进出口。	【个人】1. 停止向"与俄政府有关的"富商等提供"黄金护照"。2. 继续扩大对普京总统侧近的政商精英的制裁，保证制裁措施实效，防止受制裁人员使用数字货币等手段逃避制裁。【实体】1. 禁止向直接或间接"支持战争"实体提供新的国际融资。2. 4月7日声明对俄国防部门实施额外制裁。	打击虚假信息和其他形式的混合战争，打击俄政府"散布不实信息"的行为。

159

续 表

国家/组织	措施			其他或注释
	金融及金融机构	进出口管制	个人和实体	
美国	1. 禁止美公民与俄央行、财政部和国家福利基金相关交易。美个人和企业不得在二级市场购买 3 月 1 日之后新发行的任何俄罗斯公债。 2. 列入 SDN（禁止一切金融往来）：俄外经银行（及其 25 家子公司）、俄工业通讯银行（及其下设 17 家子公司）、5 艘船舶）、俄外贸银行（及其下设 20 家子公司）、俄开发银行、俄 Novikombank 银行、俄 Sovkombank 银行、俄储蓄银行（42 家子公司）、阿尔法银行（6 家子公司）。 3. 列入 CAPTA（禁止美元交易）：俄储蓄银行及下设 25 个子公司。 4. 列入 SSI（选择性禁止特定交易）：俄农业银行、俄天然气工业银行、阿尔法银行、	1. 联合盟友将对俄出行技术产品出口减少 50%，对俄国防、航空航天、海洋等行业实行出口管制。 2. 3 月 3 日，对俄油气开采设备实施出口管制。 3. 3 月 8 日，禁止进口俄原油和某些石油产品、液化天然气和煤炭。 4. 3 月 13 日，禁止对俄出口奢侈品和工业品，包括酒精饮料、烟草制品、香水和化妆品、服装箱包、毛皮制品、木材和纸制品、书报照片和纸制品、生丝、地毯、陶瓷、珠宝首饰、钟表、艺术品和古董，以及核反应装置，除铁路或电车车厢以外的车辆等。 5. 4 月 9 日，美总统拜登正式签署关于暂停与俄、	【个人】 1. 总统普京及其成年子女、俄总理米舒斯京、外长拉夫罗夫及其妻女、防长绍伊古、联邦安全委员会副主席梅德韦杰夫、联邦安全委员会成员（杜马主席沃洛金、联邦委员会主席马特维延科、联邦安全会议秘书帕特鲁舍夫等）总统新闻秘书佩斯科夫、多名国家杜马议员。 2. 俄寡头、企业家及家属，包括直投基金总经理德米特里耶夫、俄储蓄银行行长格列夫、联邦造船公司 8 名董事会成员，13 名俄高科技企业高管。 3. 4 月 20 日，美财政部公布对俄实施新的一揽子制裁措施，涉及 29 个个人和 40	1. 推特、脸书、谷歌宣布禁止俄国家媒体在平台发布广告和获利。 2. 加大对白俄罗斯限制，关闭驻白使馆。 3. 对俄关闭领空。 4. 对俄实施与俄相同的严格出口管制，避免产品、技术和软件通过白俄转移至俄罗斯。 5. 4 月 21 日宣布禁止悬挂俄罗斯国旗、属于俄罗斯或成为俄罗斯所使用的船只靠泊美海岸。 6. 5 月 9 日宣

四、附录

续表

国家/组织	措施			
	金融及金融机构	进出口管制	个人和实体	其他或注释
	MKB银行。 5. 美纳斯达克证券交易所暂停俄Yandex和OZON公司证券交易，纽约证券交易所暂停俄Mechel、MTS、CIAN公司证券交易。 6. 万事达和visa暂停在俄服务。 7. 3月11日，禁止从美国或在美国人间接拥有或任何在俄人士出口、再出口、出售或供应给美元、俄政府或俄政府定经济领域内进行的投资；禁止在美境内或由美国人批准、筹资、协助或担保任何别国与俄交易。 8. 3月24日，制裁与俄央行相关的黄金交易。 9. 4月6日，禁止美公民在俄进行任何新的投资。 10. 制裁莫斯科工业银行、	白两国国正常贸易关系和禁止进口俄能源的法案，美政府对自俄、白两国国的进口的产品征收更高的进口关税，该法案有效期至2024年初。美商务部对向俄、白两国出口肥料、轴承、管阀和其他物品实施新限制，要求俄、白两国自美购买上述产品时需获得特殊许可证。 6. 6月28日，美国财政部加大对俄技集团（Rostec）及其直接拥有50%或更多股份的单位进行制裁，要求与其所有交易必须在8月11日前完成。上述单位在美拥有或美人员拥有的所有财产和资产将被冻结。禁止向其进行任何投资、贷款、提供商品及服务。	个法人实体，其中包括俄央行第一副行长尤达耶娃、"开放"银行（Otkritie）董事会主席扎多尔诺夫。 4. 5月9日宣布制裁俄储银行8名高管、俄天然气工业银行27名高管、限制向俄军事人员发放签证，禁止2600名俄罗斯和白俄罗斯公民人境。 5. 7月29日，美财政部宣布制裁俄公共倡议支持发展中心主任伊尔奥诺夫，俄反全球化活动家伊奥诺夫，公共神意支持发展运动组织、伊奥诺夫洲际组织、反帝国主义通讯社等。 6. 8月2日，美国财政部宣布扩大对俄13个自然人制裁，包括俄体36名运动员卡巴耶娃、俄煤炭、	布制裁8家俄海事公司和69艘船只，制裁俄3家电视频道。 7. 6月14日，美财政部将俄受制裁银行进行能源交易许可宽限期从6月24日延长至12月5日。

161

续表

国家/组织	措施			其他或注释
	金融及金融机构	进出口管制	个人和实体	
	及其10家子行，禁止美企业和公民向俄公司提供审计、咨询和营销服务。 11. 美财政部24日宣布，俄政府通过美银行偿还外债的豁免25日到期后不会延期。 12. 因违反美对朝鲜制裁，美制裁俄远东银行和卫星银行。	7. 7月3日，美政府公布对俄加征关税商品清单，将从7月底开始对570种俄罗斯商品征收35%的进口关税。加征关税商品清单里包括矿产品、木制品、金属等。美方统计，加征关税俄商品进口总额为23亿美元。清单中不包含钯、铂、铁及部分铸铁和镍产品。 【放宽限制】 8. 3月31日，美财政部宣布解除自俄进口化肥制裁，将其纳入农产品一般许可证范畴。 9. 美财政部于4月7日解除对俄通讯传输业务、对俄分网络俄通讯设备和部分技术分制裁。允许涉俄出口/再出口/销售直接或间接供应相关服务、程序、	化肥业大亨梅尔尼琴科、俄钢铁业大亨潘尼亚斯基等。美国务院同日宣布对893名俄罗斯联邦官员实施签证限制 【实体】 1. 列入SSI：8家大型企业，包括俄气公司，俄气石油公司，俄国家石油管道运输公司，俄铁公司等。 2. 列入SDN：北溪2号管线公司Nord Stream 2 AG。 3. 俄22家国防企业，以及支持俄安全部门、军事国防部门和国防研发的实体。 4. 3月24日，制裁俄"战术导弹集团公司"等企业。 5. 3月31日制裁俄最大芯片制造商Mikron，两用物项采购企业Serniya Engineering，超级计算机公司T-Platforms等。	

四、附　录

续表

国家/组织	措施			其他或注释
	金融及金融机构	进出口管制	个人和实体	
欧盟	1.禁止所有与俄央行储备有关的交易,包括与任何代表或受托俄央行的法人或实体的交易。如"有关交易对维护欧盟或有关国家金融稳定绝对必要",则可以获准。禁	设备、技术(即时通讯、视频会议、社交网络等)。 10.5月9日宣布禁止对俄出口核材料、工业设备和推土机。 11.5月20日以涉嫌违反俄出口管制为由,撤销"俄罗斯"航空公司(Russia)出口特权。	6.4月6日,宣布将对俄部分大型国企实施全面封锁制裁。 7.4月8日,制裁俄 ALROSA 钻石开采集团,包括俄 29家实体,以及俄联合造船公司红宝石设计局等船舶企业。	

欧洲

国家/组织	措施			其他或注释
	金融及金融机构	进出口管制	个人和实体	
欧盟		1.禁止自顿、卢两地货物进口,限制部分经济部门贸易投资,禁止旅游,禁止部分商品和技术出口。 2.禁止通信、电子、半导体、飞机和零部件、航天元	【个人】 1.总统普京,外长拉夫罗夫,总统新闻秘书佩斯科夫,俄油总裁谢钦,俄副总理定期会晤委尼申科(中俄总理定期会晤委员会俄方主席)等。	1.外交、运输、信息等限制。具体见下。 2.德宣布暂停"北溪2号"项目认证。

163

续 表

国家/组织	措施			其他或注释
	金融及金融机构	进出口管制	个人和实体	
	止投资或参与俄直接基金所投资的项目。 2. 全面禁止与俄外贸银行、开放银行、Sovcombank、Novikombank进行交易，并冻结其资产。4月12日起，俄政府、央行、阿尔法银行、开放银行、俄罗斯银行、工业通讯银行，以及任何俄国有50%以上的大型金融机构，买卖或调运欧元资本市场发放、买卖或使用债券和其他信用工具。 3. 禁止对俄贸易投资提供公共金融或援助，农业、医疗和人道主义援助除外。 4. 管控俄公民和居民10万欧元以上存款。欧盟各国银行每年需向本国或欧盟金融主管部门报告存款10万欧元以上账户清单，除特定情况外，禁止向俄提供或调运欧元	器件等产品对俄出口。 3. 2030年前逐步削减自俄进口煤炭，石油和天然气的计划，至2022年底，对俄天然气依赖骤减67%。 4. 取消俄最惠国待遇，禁止对俄出口奢品、高档汽车、珠宝等商品；禁止自俄进口钢铁行业关键商品。 5. 4月8日，对自俄生产、出口的煤炭和其他硬质矿物燃料实行禁运（禁止采购，进口及转移）。2022年8月生效。禁止自俄进口俄原木、水泥、化肥、海产品及酒类饮料，量子计算机、半导体、软件、智能机器和交通设备。4月11日、欧盟宣布自7月10日起设定俄钾肥进口配额，有效期一年。	2. 支持有关地区独立的联邦安全委员会成员，包拢委员会副主席梅德韦杰夫、俄总理米舒斯京等。 3. 支持有关地区独立的351位国家杜马成员，"破坏乌克兰领土完整"的27个实体和法人，主要包括：俄防长绍伊古，副总理胡斯努林，经安发部部长列舍特尼科夫等。 4. 3月9日宣布制裁俄联邦委员会146名议员，14名商人及其亲属。 5. 4月8日，欧盟宣布进一步扩大俄、白受制裁黑名单范围，增加217名自然人。 6. 4月21日，宣布制裁俄普京总统亲近的寡头库尔科夫和普里戈任。 7. 6月3日，制裁俄总统新闻秘书佩斯科夫妻子和子女，Yandex NV联合创始人兼	3. 法表示亦将对俄实施单边制裁。 4. "暂停3家俄罗斯国家媒体的广播许可，禁止上述媒体上企业在上述媒体上发布广告；禁止对俄提供咨询、审计和公关、云网络服务。 5. 7月21日，欧盟允许对俄航空领域提供一定技术协助，以保障国际民航组织的工作；放宽关于禁止同俄国家机构新签任何协议的有关规定。 6. 7月26日，欧盟宣布对俄制裁再延长6个月至2023年1月31日。

164

四、附录

续表

国家/组织	措施			其他或注释
	金融及金融机构	进出口管制	个人和实体	

金融及金融机构：纸币。5.3月11日，宣布禁止对俄能源领域进行新的投资，包括与能源资源勘探和生产有关的所有投资、技术转让和金融服务（民用核能和能源运输除外）。6.4月8日，宣布进一步禁止与俄、白两国个人和法人、组织进行加密货币交易，以及向其出售纸币及欧盟各国货币计价的有价债券。7.6月3日，宣布断开俄3家银行——储蓄银行、农业银行、莫斯科信贷银行与SWIFT的连接，制裁俄罗斯国家结算存管机构。目前，该机构已暂停欧元业务，但其他外币业务照常进行。8.7月20日，欧盟批准对俄第七轮制裁措施，包括冻

进出口管制：其中氯化钾配额为83.76万吨，复合及其他含钾肥料配额为158万吨，配额可由欧盟委员会调整。6.扩大禁止对俄提供两用品和技术的个人和企业名单；拟以可用于制造化学武器为由，禁止对俄出口约80种化学物质；俄管道油被排除在外，取消对悬挂欧盟国家旗帜的油轮自俄运输石油的禁令。逐步削减俄石油的进口，6个月内停止购买海运原油，8个月内停止购买俄石油产品。为匈牙利、斯洛伐克、保加利亚、克罗地亚进口俄石油提供临时豁免。7月13日德国7月13日起禁止进口俄煤炭，12月31日起禁止进口俄石油。8.7月20日，欧盟批准

个人和实体：总经理沃洛什、俄新社专栏作者等65名公民。8.7月28日，黑山冻结两名俄公民在黑不动产。
【实体】
1. 对俄政府、军工、能源、运输等领域64个机构和企业进行制裁，限制获得金融服务，禁止与其开展军品、两用物项和油气设备生产。
2. 4月8日，欧盟宣布进一步扩大俄、白受制裁照名单范围，增加18家实体。
3. 6月3日，制裁乌里扬诺夫斯克汽车厂（UAZ）、卡玛斯集团、俄军寄贸股份公司、苏霍伊公司、下卡姆斯基货车轮胎厂等国防能源股份公司18家实体。

165

续 表

国家/组织	措施			其他或注释
	金融及金融机构	进出口管制	个人和实体	
	结俄储蓄银行及50余个人和法人实体资产。	对俄第七轮制裁措施，包括禁止从俄进口黄金、新增出口管制措施等。9. 7月21日，欧盟取消对俄航空领域部分商品和服务的出口限制，允许对俄航空领域提供一定技术协助，以保障国际民航组织的工作；放宽关于禁止同俄国家机构新签任何协议的有关规定。		

[外交]捷克、拉脱维亚、立陶宛召回驻俄大使，自6月7日起关闭驻圣彼得堡领事馆。德国、法国、意大利、西班牙、丹麦、瑞典驱逐俄多名外交官。立陶宛将自6月1日起召回驻俄大使。
[运输]1. 对俄航班完全关闭领空，规定任何由俄航空承运人运营、在俄航空注册的飞机，以及未在俄注册但由俄个人或法人实体拥有、租赁或以其他方式控制的飞机，均禁止在欧盟领土着陆、起飞或飞越，紧急情况除外（4月9日宣布允许欧盟企业继续执行2月26日前与俄航空公司签订的飞机融资租赁合同、合同期满后飞机将成为俄承租人财产）。2. 在俄船舶进入欧盟港口（运送食品和农产品、人道主义援助物资和能源产品船只除外；禁止白俄及白俄公路运输企业使用汽车在欧盟境内运输（包括过境转运）货物（医药产品、食品和农产品、人道主义物资除外）。
[信息]多国禁止俄通讯社在欧运营或禁播俄电视频道。
[能源]4月22日，欧盟委员会允许欧盟企业在俄银行开设美元或欧元账户，按照现有合同以美元或欧元付款（存入俄银行账户，以便行方案为：天然气进口企业在俄银行开设美元或欧元账户，以美元或欧元付款后不违反对俄制裁的情况下，可以用卢布支付购买天然气的费用。可随后兑换成卢布）。

续 表

国家/组织	措施			其他或注释
	金融及金融机构	进出口管制	个人和实体	
波兰			[个人]包括企业家杰里帕斯卡、俄油总裁谢钦等。[实体]俄气公司，俄罗斯、卡巴斯克、卡玛斯、西伯利亚煤炭能源等。	
英国	1.冻结在英所有资产：俄外贸银行，工业通讯银行,"俄罗斯"银行，克里米亚 Genbank 银行，黑海发展和重建银行，工业储蓄银行，俄储蓄银行，莫斯科信贷银行。2.全面禁止对俄投资。限制俄公司在英市场上获利和使用美元和英镑结算。3.将俄公民在英账户的最高金额限制为5万英镑（66800美元）。4.暂停俄外贸银行在伦敦存托凭证业务，交易所所的全球存托凭证。	1.2月24日起暂停军用卡车、半导体、石油生产设备等零部件对俄出口许可。2.3月8日宣布，计划将在2022年底前停止进口俄罗斯石油及相关石油产品。禁止向俄出口航空航天产品和技术。3.远期宣布2022年底摆脱对俄石油、煤炭和天然气的依赖，停止自俄进口天然气、关键炼油设备、催化剂，资金进口俄钢铁产品。	1.总统普京、外长拉夫罗夫、支持顿涅茨克和卢甘斯克"独立"的国家杜马议员，相关媒体代表、专家学者等。2.俄商富和企业代表：俄油总裁谢钦，俄气总裁米勒，俄油管道运输公司总裁托卡列夫，诺瓦泰克总裁米赫尔松，俄天然气工业银行行长阿基莫夫，外贸银行董事长科斯京，"俄罗斯"银行董事长科瓦利丘克，俄廷科夫银行创始人廷科夫，储蓄银行行长格列夫，俄廷科夫银行创始人廷科夫。	1.制裁俄航公司，禁止其航班飞在英国。2.冻结俄 RT 电视台资产，吊销其广播许可证。

167

续 表

国家/组织	金融及金融机构	进出口管制	个人和实体	其他或注释
	2022年3月1日后在主板发行的证券暂不受影响。 5. 3月3日，伦敦证券交易所暂停包括俄储银行、俄气、俄油、诺瓦泰克、卢克石油、PhosAgro（化肥企业）、北方钢铁等公司的证券交易，持续时间尚未披露。 6. 终止与俄罗斯和白俄罗斯的信息交换合作。 7. 英国税务局撤销莫斯科交易所公认交易所地位，如英国投资者在5月5日之后通过莫交所进行投资，将无法享受有关税收优惠。	4. 4月26日，禁止对俄出口一切"可用于对抗乌克兰"的技术和产品。 5. 5月9日宣布，一是对自俄、白进口的铂、钯等35%的进口关税，涉及商品总价值14亿英镑；二是禁止对俄出口化学品、塑料、橡胶和机械产品等，涉及商品总价值2.5亿英镑。 6. 6月23日，英禁止出口与生化武器有关的货物和技术；禁止向俄出口喷气燃料和燃料添加剂；禁止向俄民众或为俄生产的高利润产品，交付俄生产的高利润产品；禁止出售、转让或提供海上运输技术；禁止提供	夫、ALROSA（从事钻石开采）总裁伊万诺夫、矿物肥料生产企业Acron总裁坎托拉、英超切尔西俱乐部所有者阿布拉莫维奇、企业家杰里帕斯卡、寡头罗滕伯格亲属等。 3. 4月13日，英扩大对俄制裁名单，包括俄总统助理富尔先科、卢克石油总裁阿列克佩罗夫、ESN集团总裁列瓦耶夫、俄机械运输轻胶集团联合所有者博卡列夫等。 4. 4月21日，英国将26名俄公民和企业列入制裁名单，包括俄国防部官方代表科纳申科夫少将、空降部队指挥官谢尔久科夫上将、世界武器贸易分析中心主任科罗特琴科、俄铁公司负责人别洛泽罗夫、俄国家交通租赁公司、卡拉	

168

四、附　录

续表

国家/组织	措施			其他或注释
^	金融及金融机构	进出口管制	个人和实体	^
		金融服务、资金和经纪服务等。 7. 7月4日报道，英国对俄制裁名单新增7名自然人及法人，包括俄哲学家和政治学家亚历山大·杜金的女儿达里亚·杜金娜，俄海外媒体"新闻前线"(Newsfront)集团托卡列夫·叶夫根尼·格洛霍夫和尤里·费丁、"新闻前线"集团行政负责人和俄海外经银行副行长哈伊尔·辛林，俄海外媒体"南方阵线"(Southfront)核心员工艾莉塔·马马科娃和阿辽娜·楚戈古娃以及总部位于土耳其的分析中心"联合世界国际"(United World International)。	什尼科夫康采恩、俄"进步"国家太空火箭研究生产中心等。 5. 5月13日，宣布制裁普京亲友及俄艺术体操冠军等12名个人。 6. 7月26日，英国宣布扩大对俄制裁，包括42个被制裁对象，包括莫斯科州长沃罗比约夫、司法部长丘伊琴科、副部长新维里登科，以及亿万富豪奥斯曼诺夫的两个侄子，制裁措施主要为资产冻结和旅行禁令。 7. 8月1日，俄外交部宣布俄将39名英国政要、商人和记者列入制裁名单，包括英国前首相卡梅伦。 【实体】 俄技、联合飞机制造公司、乌拉尔机车车辆厂等。	

169

续 表

国家/组织	措施			其他或注释
	金融及金融机构	进出口管制	个人和实体	
瑞士	1. 制裁俄 3 家银行。2. 防止俄通过瑞士规避欧盟制裁,被制裁人员无法转账或取现。		【个人】制裁 336 名杜马议员。	
爱尔兰	1. 6 月 22 日,爱尔兰冻结俄个人和组织受制裁资产共17.2 亿欧元。			

其他地区及组织

国家/组织	措施			其他或注释
	金融及金融机构	贸易管制	个人和实体	
澳大利亚	1. 制裁俄 6 家俄银行,包括俄外经银行、工业通讯银行、"俄罗斯"银行、克里米亚 Genbank、黑海发展和重建银行、工业储蓄银行。2. 3 月 18 日,制裁俄国家福利基金和财政部。	1. 3 月 20 日宣布,禁止对俄出口氧化铝、铝矿石及铝土矿。2. 4 月 25 日起,对自俄进口的所有商品征收35%的额外关税。停止自俄进口石油及其产品、天然气。	【个人】1. 总统普京、外长拉夫夫、8 名俄联邦安全会议成员,禁止其入境并与澳相关机构开展金融交易。2. 俄寡头、商人及其家属,包括俄气公司总裁米勒。	【信息】停播 1 个俄电视频道和"今日俄罗斯"频道。

170

四、附　录

续表

国家/组织	措施			其他或注释
	金融及金融机构	贸易管制	个人和实体	
		气、煤炭等能源。 3.4月7日，澳禁止对俄出口珠宝、黄金、葡萄酒、汽车、皮草等奢侈品禁令正式生效。	投集团总裁切梅佐夫、外经银行行长舒瓦洛夫、"俄罗斯"银行董事会主席别列谢夫、俄石油管道运输公司总裁托卡列耶夫、俄直投基金总裁德米特里耶夫、寡头米里帕斯卡、维克塞尔伯格等。 3.5月4日，澳大利亚宣布对110名人员实施金融制裁，包括34名卢甘斯克和顿涅茨克共和国领导人、76名俄国家杜马议员。 4.7月1日，澳大利亚扩大对俄制裁名单，将奥运冠军卡巴耶娃、农业部部长帕特鲁舍夫、运输部部长萨维利耶夫、建设部部长费祖林及俄总统普京的堂兄弟等官员和亲属16人列入名单。 【实体】 1.顿涅茨克和卢甘斯克	

171

续表

国家/组织	措施			其他或注释
	金融及金融机构	贸易管制	个人和实体	
新西兰	4月19日,宣布制裁俄央行、储蓄银行、外贸银行、俄气银行等17家银行及俄直投基金。		所有运输、能源和电信企业。2. 制裁俄卡玛斯汽车公司、俄气公司、俄石油运输公司、俄电信公司、俄水电集团、俄联合造船集团公司、俄电子公司、俄铁公司等14家国企。	
加拿大	1. 禁止加拿大公民与顿、卢两共和国开展任何金融活动。2. 禁止购买俄国债。	1. 取消所有对俄罗斯公司的出口许可。2. 禁止自俄进口石油产品。	1. 总统普京,总理米舒斯京,外交长拉夫罗夫和国防长绍伊古,禁止100名与对乌军事行动相关人员入境。2. 4月4日,制裁阿布拉莫维奇等36名寡头或其关系密切的近亲。3. 5月2日,制裁员170名议员和6家国防实体。【个人】1. 俄总统普京,外长拉夫罗夫、支持有关地区独立的351位国家杜马成员,俄联邦	注:措施总体与美欧英同步。

172

四、附　录

续表

国家/组织	措施			其他或注释
	金融及金融机构	贸易管制	个人和实体	
	3. 制裁俄央行、外经银行、储蓄银行等。 4. 禁止本国金融机构和相关部门与俄央行来往，冻结俄主权财富基金并禁止与之进行交易。	3. 6月8日，宣布禁止向俄油气和化工公司提供咨询服务，包括采矿、石油和煤炭加工、化工领域的建筑、运输、计算机、会计和咨询服务等28项业务。 4. 7月9日，加外交部表示将扩大针对俄石油、天然气、化学部门及工业生产的现有制裁措施。	安全会议成员、防长、财长、司法部长等，俄中央选举委员会主席潘菲洛娃、经发部长列舍特尼科夫，以及国防领域官员。 2. 俄寡头、商人及企业家：俄诺里尔斯克镍业公司总裁波塔宁、西布尔公司主要股东沙马洛夫、诺瓦泰克公司总裁米赫尔松、俄农业集团董事长莫什科维奇、俄钢铁行业巨头彭皮扬斯基及其配偶、俄气和俄石油公司的10名管理人员、企业家乌斯马诺夫等5人。 3. 俄铁集团、俄气公司、石油管道公司等。 4. 制裁俄国防部和32个军事组织。 5. 5月9日宣布制裁俄40余名个人和5家实体。	

173

续 表

国家/组织	措施			其他或注释
	金融及金融机构	贸易管制	个人和实体	
日本	1. 将同G7国家一起,切断俄联邦部分银行与SWIFT系统联系。 2. 禁止俄政府、央行及财政部分机构在日发售债券。 3. 冻结"俄罗斯"银行、俄工业通讯银行、Novikom银行、Sovcom银行、俄外贸银行、俄储银行、阿尔法银行在日资产。	1. 2月26日起收紧对俄出口半导体"和其他相似产品"的许可。3月18日起,禁止对俄出口半导体、通信设备、传感器、雷达和密码设备等31类产品和26项技术。 2. 禁止向俄联邦安全局、国防通讯中心、联合航空制造公司、伊尔库特、苏霍伊、喀山直升机场、米格、	6. 5月31日,宣布对俄4家法人实体和22名个人实施制裁,包括农业银行、投资贸易银行、直投基金和俄风投公司。 7. 8月2日,加拿大扩大对俄制裁措施,将40余名自然人和17名法人纳入制裁名单。 【个人】 1. 俄总统普京,外长拉夫罗夫,国防部长绍伊古,联邦安全委员会副主席梅德韦杰夫、总参谋长格拉西莫夫和俄联邦安全会议秘书帕特鲁舍夫,总统办公厅第一副主任基里延科,俄外交部发言人扎哈罗娃,外经部集团总裁切梅佐夫及哈罗夫,俄技行行长舒瓦洛夫等人及部分人员	

174

四、附　录

续表

国家/组织	措施			其他或注释
	金融及金融机构	贸易管制	个人和实体	
	4. 停止与俄央行的交易。 5. 禁止对俄新增投资。 6. 6月7日宣布制裁俄斯科信贷银行、俄农业复兴银行及白俄罗斯开发银行，冻结其在日本境内资产及禁止与其交易，措施即日生效。	3. 禁止对俄出口炼油设备。 4. 3月15日，宣布对俄出口商品和技术限制清单从57项扩大至近300项，包括半导体、航海和航空安全设备、电信设备、通信设备、武器、炸药、防弹背心等军用产品、核能相关设备和产品、化学工业产品、各类传感器和软件等。3月18日生效。 5. 4月5日起禁止对俄出口奢侈品，包括高档汽车、珠宝首饰等。 6. 4月8日宣布最终禁止进口俄煤炭，减少逐步进口俄伏特加、机械类产品及木材。 7. 4月14日，通过海关图波列夫等49家实体出口。	1. 亲属、国防部官员、多名顿涅茨克、卢甘斯克领导人。 2. 5月5日宣布扩大对俄制裁，冻结约140名俄公民资产。 3. 5月10日宣布制裁141名个人，包括总理米舒斯京、安全会议副秘书努尔加利耶夫。 [实体] 俄国防工业企业、汽车厂、造船厂、俄航天系统公司、高超音速系统科研企业、贝加尔电子公司、俄罗斯网络研究中心、瓦格纳集团。5月10日新增阿尔玛兹安泰等71家。	

175

续　表

国家/组织	措施			其他或注释
^	金融及金融机构	贸易管制	个人和实体	^
		法修正案草案，取消俄最惠国待遇地位，临时上调自俄进口关税（除液化气、煤炭外）至2023年3月底。 8. 5月5日，加强对俄军事领域出口限制。 9. 5月13日宣布5月20日起禁止对俄出口原子电力显微镜、量子计算机、3D打印机、半导体聚合物、导电聚合物、炼油催化剂、有机发光二极管和太阳能电池的制造设备等13类高技术产品及零部件。 10. 7月5日，日本政府表示，已禁止向俄罗斯出口黄金，提供审计、管理咨询和信托等服务，禁止向65家俄和25个白俄实体供货，并对57个自然人和6个法人实施制裁。		

176

续 表

国家/组织	措施		
	金融及金融机构	贸易管制	个人和实体	其他或注释
韩国	1. 停止与俄央行、国家福利基金、俄直投基金、俄罗斯银行的业务。 2. 终止与俄储蓄银行、外经银行、工业通讯银行、开发银行、Novikom银行及其子行的合作,能源、农业、抗击新冠病毒等领域交易暂不受影响。 3. 强烈建议相关国家机构和金融机构停止交易俄联邦政府3月2日后发行的债券。 4. 待欧盟公布具体措施后,韩国会切断俄与SWIFT的联系。	禁止对俄出口审批手续。此外,加强出口审批手续。此外,半导体、计算机、传感器、通信设备、航空航天设备等57项美国制裁的非战略物资,未来可能被列入韩出口管制清单。		
新加坡	对俄外贸银行、俄罗斯银行、工业通讯银行和外经银行进行制裁,该国所有金融机构禁止与之合作。	禁止对俄出口"可对乌克兰人造成伤害"的电子、计算机、电信和信息安全等产品。		

177

续表

国家/组织	措施			其他或注释
	金融及金融机构	贸易管制	个人和实体	
国际组织	1. 3月3日,世界银行终止在俄罗斯和白俄罗斯的所有业务。 2. 3月3日,亚投行宣布暂停所有与俄、白有关的活动,并对有关活动进行审查评估。 3. 3月4日,金砖国家开发银行宣布暂停在俄新交易。			
评级机构	1. 国际评级机构穆迪将俄评级从"B3"下调至"Ca",展望为负面,原因是俄偿债意愿和能力严重堪忧,违约风险增加。惠誉将俄评级从"BBB"下调6个等级至"B",并将俄列入"负面评级观察名单"。3月10日,下调俄联邦储蓄银行、俄天然气工业银行、Tinkoff银行等39家金融机构信用评级,评级展望为负面。 2. 标普将俄信用评级下调至"BB+"。将俄气、俄油、卢克石油、诺瓦泰克、北方钢铁、Alrosa、俄电信、Megafon、Yandex、X5零售集团、俄铁等52家俄企信用评级从"BBB-"下调至"CCC-"。3月18日,标普再次下调俄评级至CC,展望维持负面。4月9日,标普将俄外汇评级CC下调至SD(选择性违约),本币评级维持CC(违约可能性较高),展望负面。 3. 3月5日,惠誉下调32家俄银行和11家俄能矿企业评级。3月8日,惠誉宣布暂停在俄包括评级在内的一切商业活动,但仍将向俄境外市场提供独立的评级意见。3月28日,惠誉将停止公布俄主权评级数据。			
其他国家或地区	格鲁吉亚央行决定剥夺俄外贸银行格鲁吉亚分行对个人、借款人和受托人提供服务的权力。 印度国家提供对俄合作信息,包括持有俄企业股份情况,2021年从俄境内收到的俄法人实体、银行、港口或船舶的交易,要求本国石油企业提供合作信息,包括持有俄企业暂停交易客户提供零部件、维修和技术支持服务。 3月3日,巴西航空工业公司暂停有俄企业股份客户提供零部件、维修和技术支持服务。 3月3日,乌克兰驻世贸组织代表团向其他成员国通报,拟对俄实施全面经济禁运,以及不再适用世贸协定。同时乌还呼吁其他成员国对俄采取上述措施。4月9日宣布断绝与俄贸易往来。 摩尔多瓦封锁俄卫星网,Netflix禁播俄电视频道。			

续 表

国家/组织	措施		
	金融及金融机构	贸易管制	个人和实体	其他或注释

3月14日,美国、英国、欧盟、摩尔多瓦、加拿大、挪威、韩国、日本、阿尔巴尼亚、澳大利亚、冰岛、新西兰、北马其顿、黑山14国发表联合声明,建议世贸组织取消俄最惠国待遇,暂停审议白俄罗斯入世。

3月28日,阿联酋主权基金宣布暂停在俄投资。

受俄天然气"卢布结算令"影响,4月1日起,波罗的海三国暂停进口俄天然气。

5月12日,全球最大钻石交易平台RapNet已禁止销售俄罗斯钻石。

6月2日,台湾"经济部"宣布禁止对俄、白俄出口包括部分芯片、光刻机和扫描电子显微镜等在内的战略性高科技产品。

表2 俄反制和应对措施表

反制措施

领域	金融	出口管制	个人和实体	其他
措施	1. 对于列入不友好国家地区清单的外国债权人,如俄国家、个人和企业对其负有外汇债务,可使用卢布偿还。俄企业与上述国家和地区个	1. 俄北方钢铁公司停止向欧盟国家出口钢铁产品。停止向美提供火箭发动机。对制裁俄的国家限制医疗器械出口。2. 2022年底前禁止部分产品和原材料出口。俄政府	1. 按国别冻结美国、欧盟等不友好国家在俄资产。2. 3月15日,俄方对美总统拜登、国务卿布林肯、中情局局长伯恩斯、白宫新闻秘书简·普萨基、美总统拜登之子希拉里·克林顿等13人进行制裁。3. 3月15日,宣布对加拿大总理特	【外交】1. 重新审视与相关国家关系,或采取中止战略安全对话,中止《新削减战略武器条约》,甚至断交等反制措施。

179

续表

领域	金融	出口管制	个人和实体	其他
	人和企业的所有交易须经俄联邦政府外国投资者监管委员会批准。 2. 3月31日,普京签署关于外国买家履行对俄天然气供应商义务的特殊程序的总统令,规定俄向不友好国家出口天然气使用卢布结算。俄天然气工业股份公司发布消息称,截至4月26日,该公司未收到4月购气费用(卢布)。根据俄总统"天然气卢布结算令",4月27日起暂停对上述两国供气,直至收到卢布汇款。 3. 俄已于5月21	批准临时禁止自俄出口此前自外国进口的商品和设备清单,涉及技术,电信和医疗设备,车辆,农业机械,电气设备等200项商品,具体包括铁路车厢和车皮、集装箱、涡轮机、金属和石材加工机床、显示器、投影仪、控制台和面板等相关商品只可出口至欧亚经济联盟成员国、阿布哈兹和南奥塞梯地区,但需主管部门发放出口许可。限制措施不涉及俄联盟公民,外国公民或无国籍人士进出俄境自用商品。 3. 2022年底前,暂停对"对俄不友好国家清单"内国家出口特定种类的木材。 4. 4月15日至8月31日确定葵花籽油和油粕出口配额分别为150万吨和70万吨。4月1日至8月31日禁止葵花籽和油菜籽出口。大豆	鲁多实施制裁,并将该国300名国会议员列入"黑名单"。 4. 普京签署总统令,暂停实施与欧盟、挪威、丹麦、冰岛、瑞士和列支敦士登的签证便利化协议的部分条款。 5. 4月7日,宣布禁止包括新西兰总理在内的130名公民入境;将包括澳大利亚总理在内的228名公民纳入黑名单。 6. 4月14日,将加拿大87名参议员和议员列入制裁名单,禁止入境。 7. 4月16日,宣布将英国首相约翰逊、外交大臣特拉斯、国防大臣华莱士、前首相特雷莎·梅等列入制裁名单,禁止入境。 8. 4月21日,宣布将美国副总统哈里斯、Meta联合创始人兼董事会主席扎克伯格等列入制裁清单。 9. 4月27日,针对英国3月11日将俄386名联邦委员会议员实施个人制裁,俄将287名英国下议院议员实施对等制裁,禁止入境。	2. 俄政府批准"对俄不友好"清单,共48个国家和地区在列,包括美国、新加坡、加拿大、英国、韩国、日本、澳大利亚、新西兰、乌克兰、挪威、冰岛、中国台湾、欧盟27个成员国等。 3. 4月27日,俄外交部称,针对日本4月8日驱逐俄8名外交官一事,俄将采取对等措施,限期8日内外交官于5月10日前出境。 4. 5月5日,鉴于丹麦要求驾逐俄外交官的不友好行为,俄将7名丹麦驻俄使馆外交人员列为不受欢迎人士,并拒绝向一位外交官发放签证。 5. 7月24日,俄政

四、附 录

续 表

领域	金融	出口管制	个人和实体	其他
	4.6月22日,俄总统普京签署法令,允许使用卢布偿还外币债务(欧洲债券)。根据法令,俄将按照还款当日国内市场汇率折合成等价卢布偿还债务。日停止对芬兰供应天然气。	仅通过远东联邦区检查站出口;豆粕仅保留远东海上口岸和加里宁格勒地区海上口岸。此限制不适用于向欧亚经济联盟国家出口大豆和豆粕,人道主义援助和国家间协议出口。5.4月22日,俄工业和贸易部批准允许平行进口的商品清单。清单涵盖200个品牌的50多类商品。5月6日,俄工贸部颁布第1532号部令,批准允许平行进口至俄罗斯的商品清单。7.5月31日,俄天然气工业股份公司发布消息称,该公司已完全停止向荷兰GasTerra天然气公司供气,原因是对方拒绝使用卢布进行付款。6.5月15日至11月15日(含)对木加工铝、铝废料及废弃物实行出口许可,出口须获得俄工贸部单独出口许可。	俄罗斯。10.5月4日,鉴于日本政府对俄前所未有的制裁和不友好行为,俄外交部宣布制裁包括日本首相岸田文雄本人在内的63名日本公民,其中还有外相林芳正、财务大臣、防务大臣和法务大臣等官员,禁止相关人员入境。11.5月12日,俄批准列入反俄经济反制措施的外国企业清单,共31家,主要是俄罗斯公司的子公司。12.5月21日,俄宣布禁止美国963名公民(包括总统拜登、国务卿布林肯等)、加拿大26名公民(包括总理特鲁多夫人等)。13.5月24日,俄国议会上院议员将154名英国议会上院议员列入制裁名单,禁止其入境。14.7月15日,俄对384名日本国会议员实施制裁并禁止其入俄境,禁令自7月14日起生效。15.8月5日,俄外交部宣布禁止62名加拿大公民入境。	府签署相关文件,扩大对俄"不友好国家和地区"名单,新增根西岛、马恩岛和巴哈马群岛。【运输】已对欧盟成员国、加拿大等36个国关闭领空。【信息媒体】1. 在俄境内封锁社交媒体脸书和推特。2. 散布关于俄军的"虚假消息",最多处以15年刑拘。3. 3月11日,俄总检察院要求法院认定美Meta(原Facebook)为极端组织,禁止在俄经营。

181

应对措施

日期	措施
	总统和政府
2月28日	普京签署总统令,针对西方不友好行为采取以下特别经济措施:一是俄出口商2022年1月1日以来的外汇收入中,80%将被强制结汇;二是禁止俄法人向境外人自然人和法人转出外币贷款或将外币转入其国外账户,禁止其在未开户的前提下使用外国供应商提供的电子支付方式转账;三是上市公司仅可在特定条件下回购2022年12月31日前的股票。
3月1日	俄成立应对制裁影响指挥部,制定相关措施。一是稳定市场和汇率;二是加强股市监管;三是支持企业,支持因制裁面临经济困难的企业,为中小企业提供补贴并保留政府采购份额;四是促进投资,俄财政部将开展资产特赦;五是进口替代,额外支持进口替代企业。
3月2日	俄总理米舒斯京举行政府会议,研究应对制裁和稳定经济措施:一是支持信息技术行业发展,提供补贴和利率不超过3%的优惠贷款,三年内免缴所得税和免受监管检查,员工27岁前延期征兵等。普京随后签署相关总令。二是颁布新法,使于紧急情况下联邦和地方政府灵活安排预算。三是加强医药监管,对实施国家限制医疗器械出口,鼓励本国研发生产。四是支持中小企业,包括暂停检查,支持融资,支持开发的新型支付服务,拨5亿卢布(约合455万美元)支持中小企业使用该系统"快速支付系统"(俄央行开发的新型支付系统)使用该系统的手续费。六是保护企业海外资产,开展第四次资产特赦,海外金融、衍生金融、债券、股票等均合法。七是改善投资环境,完善公私合营机制,扩大在建工程特许经营合同对象清单,在银行购买黄金时无需缴纳20%的增值税,相关修法案拟于4日提交杜马审议。九是支持3月1日起取消优惠金属增值税,鼓励实行调整税收政策权力,本年度内有效。九是支持3月1日起取消衣业低息贷款,拨款50亿卢布(约合4545万美元)。十是提供农业低息贷款。
3月3日	普京总统宣布向伤亡俄兵发放抚恤金。

四、附　录

续　表

日期	措施
3月4日	1. 米舒斯京签署关于农业优惠贷款偿付延期的政府令。2022年3月1日至5月31日期间到期的投资贷贷款，偿付最长可延期六个月；2022年到期的短期贷款，优惠贷款利率保持不变，年利率最高5%。 2. 俄政府将对退出俄市场的外国企业进行干预，偿付可再延期一年。 3. 俄国家杜马废除关于个人购买贵金属征收20%增值税的法律。
3月6日	俄总统普京签署关于没收官员非法收入的法案。若近3年官员收入超过工资标准且无法证明资金来源合法，法院直接没收银行账户中的非法收入。
3月9日	俄总理米舒京举行会议，研究出台稳定经济新举措，主要包括：一是尽快制定针对不友好国家的进出口禁运清单。二是研究扩大特别经济区功能，简化外国企业注册程序，制定海关进口监管措施。三是保障城建领域稳定发展，简化文书手续及公众听证流程；加快土地供应，必要时延长现有土地租赁协议；简化已建成项目注册程序。四是支持运输领域发展，协助航空公司维护外国飞机；对禁止俄船只靠泊的国家实施反制措施；拨款1600亿卢布（约合13.8亿美元）支持有关州区道路建设，拟建设和改造750公里联邦高速公路。五是支持酒店业发展，降低部分费用。六是对2021—2022年超过100万卢布（约合8614美元）的银行存款，免收存款的所得税。七是研究对资本弱化企业采取固定汇率，保障有关企业贷款成本不因外汇升值而增加，部分企业可根据实际收入支付每月预付款；计算企业财产税时，建议按今年初汇率水平计算地价。八是2022年起，高档汽车运输企业股东获取的股份门槛，央行将制定2.6万美元）提升至1000万卢布（约合8.6万美元）。九是提升合资企业信息征收点从300万卢布（约合2.2亿美元）的基础上，额外拨款250亿卢布（约合2.2亿美元）的保险、再保险公司和保险经纪人将受到该规定限制，可追溯至有关法律生效前的合同。十是在原预算100万美元（约合8614万美元）的基础上，额外拨款250亿卢布（约合2.2亿美元），为农业短期贷款提供补贴；拨款25亿卢布（约合2154万美元），补偿面包等烘焙产品成本上涨。

183

续 表

日期	措施
3月14日	普京签署总令,允许俄航空公司租赁的外国飞机在俄注册并获得俄本国适航许可,允许俄个人于2022年底前在授权银行使用外汇现金购买金条。
3月15日	1. 米舒斯京签署政府令,规定6月30日之前禁止向欧亚经济联盟国家出口谷物(含小麦和混合麦、黑麦、大麦和玉米),8月31日前禁止向非联盟成员国出口白糖和原蔗糖。 2. 俄总理米舒斯京批准"提升经济稳定性委员会主席团",由米亲自挂帅,俄副总理、经济发展部门(工贸、经、发、农业、财政、运输等)部长参与。
3月16日	普京签署保障俄经济社会稳定和保护公民措施的总令。一是确保必要社会基础设施不间断运行,监测食品、药品和医疗器械零售价并保障平稳供应。二是指示各地向生活困难群体提供一次性补贴。三是支持就业,向个体经营者提供补贴。四是向部分社会组织提供帮助。
3月17日	1. 米舒斯京签署政府令,支持因不友好国家制裁陷入困境的出口企业,简化企业在"国际合作与出口"国家专项规划内出口补贴申请手续,企业2022年3月31日前签订的补贴协议延长2年。 2. 米舒斯京签署政府令,对受制裁影响的俄农业和工贸企业提供优惠贷款。农企贷款上限50亿卢布(约合4627万美元),年化利率10%,为期不超过12个月;工贸企业可获得一年期,年化利率11%的优惠贷款,一家企业贷款上限为100亿卢布(约合9216万美元),企业集团上限为300亿卢布(约合2.8亿美元)。 3. 俄政府宣布实施期限延长1.5年,将工业发展基金发放的优惠贷款期限延长至五年,优先支持木制品进口替代项目的实施期限延长1.5年,将增值税10%大豆税的优惠商品清单,通过财政资金加大本国儿童产品采购。 4. 普京总统指示扩大征收10%增值税的儿童产品清单,划拨约400亿卢布(约合1.3亿美元)用于补贴中小企业贷款利率。 5. 俄政府额外拨款140亿卢布(约合1.3亿美元)用于补贴中小企业贷款利率,划拨2022年额外拨款140亿卢布(约合3.8亿美元)保障就业。

续 表

日期	措施
3月22日	1. 米舒斯京宣布新一轮经济支持措施：一是将中小企业投资最低准入门槛10亿卢布（约合960.9万美元）降至1亿卢布（约合96.1万美元）。二是扩大国家补贴的工业园区和工业技术园区名单，推动之前需进口的原材料快速实现本地化生产。 2. 米舒斯京签署政府令，4月1日起上调俄社会养老金平均指数至11059卢布（约合106美元）同比增长8.6%。高于2021年俄通胀指数（8.2%）。政府将拨款337亿卢布（约合3.3亿美元）支付400万公民社会养老金。 3. 俄杜马通过一揽子税法修正案，一是将计算财产冻结价基础的税籍基的地籍价冻结在2022年1月1日的水平；二是对2021—2022年银行存款利息个人所得税，自注册之日起两年内免税；四是将外国组织向俄税务机关提交截至2021年底参与方信息的期限从2022年3月28日延至2022年12月31日；五是年内酒店业免征增值税的认定门槛从6000万卢布（约合58.2万美元）提高一倍至1.2亿卢布（约合116.4万美元）；六是自2022年起，将适用交通税乘法系数的车辆的增值税提门槛上调至超1000万卢布（约合9.7万美元）；七是自2022年起，信息技术行业所得税从3%降至0%；八是自2022年起，将破产程序或重组清算程序的企业实行增值税加速退税；九是对所有未进入破产程序的企业实行增值税加速退税。
3月24日	1. 俄政府宣布系列稳经济措施，一是向25岁以下青年企业家提供10—50万卢布（约合969—4847美元）创业补助，北极地区最高可获100万卢布（约合9694美元）。三是列入政府部门登记的IT企业，三年内暂停检查。三是减轻地方债务负担，降低州区还债成本。四是修订《城市规划法》，简化建筑审批程序，提升住宅楼建筑合同预付款金额。五是额外拨款20亿卢布（约合1938万美元），补贴农产品铁路运输、保障谷物、油料、蔬菜、水产、肥料运输。六，修改公共采购法，国企与中小企业协议付款时间缩短一半至7天。七，拨款75亿卢布补贴青少年参加夏令营、父母使用"世界"标志银行卡购买夏令营服务可获50%退款，最高退款2万卢布（约合194美元）。 2. 米舒斯京举行稳定经济会议，研究简化药品和医疗器械注册程序，将跨境网购药品免税进口门槛提升至1000欧元。如公民收入与2021年相比下降30%，可申请信贷展期。俄失业者及有被解雇风险的公民可向就业中心寻求帮助。

续 表

日期	措施
3月26日	1. 普京签署总统令，对2022年2月27日前发放的贷款制定如下规则：大型企业可于合同期内（不晚于6月1日）向放贷单位申请以特殊程序计算并支付卢布计息。在3个月过渡期内可使用特殊公式对本金计付息，贷款利率首月，次月和第三个月依次不超过12.5%、13.5%和16.5%。俄政府将在今年10月和第12月31日对放贷单位不迟于2022年7月1日间选择过渡期起始日期。俄政府将在今年10月1日至12月31日对放贷单位的浮动利率按揭合同适用上述规定。个人合同有效期内的利率参考当日基准利率（9.5%）。
2. 普京签署降低中小企业行政负担的法令。规定中小企业及个体企业未对居民健康和环境造成危害的违法行为优先适用警告而非罚款；对社会性非商业机构和中小企业的处罚额度减至个体企业同类违法行为处罚额度，免除针对同一违法行为对法人及其负责人的双重处罚；一次检查中如发现多项违反列入相应级别内容人相应级别内相应级别的国家和市政债务。
3. 普京签署法令，将各联邦主体及市政府担保债务列入相应级别的国家和市政债务。
4. 普京签署关于为IT和旅游企业提供税收优惠的法令。一是2022—2024年免征IT企业所得税；二是对部分旅游设施的服务免征增值税，政策有效期5年。
5. 普京总统签署法令，截至2023年可使用截至2023年1月1日的地籍价值作为法人财产税及土地税计算基数。
6. 普京总统签署法令，为俄离岸公司提供国际棒股公司仅需缴纳税款的5%和付款的10%作为利润税。
7. 普京总统签署制裁背景下药品和医疗器械流通监管法令、医疗器械流通监管法令。未通报俄主管政府部门，未通报提供国家医疗保障的规定；在药品短缺的情况下简化外国药品进入俄市场的程序（使用带有俄语标签的外国面包装）。
8. 普京总统签署法令，将缴纳轻型汽车"奢侈品税"（更高税率交通运输税）的门槛从300万卢布（约合3.1万美元）上调至1000万卢布（约合10.4万美元）。

四、附录

续表

日期	措施
	8. 俄颁布政府令，授权工贸部自2022年4月1日至2023年3月31日为精炼金（颗粒）、银（颗粒）和铂族金属（铑、颗粒和粉末）颁发通用出口许可证。
3月30日	米舒斯京宣布新一批稳经济措施：一是推迟乳制品强制贴标政策至2023年12月1日。二是将货物平行进口合法化，具体商品清单由俄工贸部发布（迄今未发布）。三是支持企业参与政府采购，没有国库支持的项目预付款提升至50%，有国库支持的项目预付款提升至50—90%。四是将"优惠贷款"国家贷款计划中使用外国软件的项目国库贷款贴息额度（不同地区额度不同）。2. 普京签署法令，规定2025年1月1日起禁止国家机构在关键基础设施中使用外国软件。
3月31日	普京签署关于外国买家履行天然气供应商义务履行与不友好国家出口天然气使用卢布结算、俄天然气工业银行作为结算授权银行，买家需在该行开设特殊卢布和特殊外汇账户，将外币转到特殊结算账户后银行会将其在莫斯科交易所兑换成卢布支付卢布，则现有合同终止。总统令4月1日起生效。政府外国投资委员会发放许可证的情况例外。
4月1日	1. 普京签署关于俄企可暂时使用与卢布债务等值卢布、向在俄银行开设账户的不友好国家个人和公司转账、用于支付购买和租赁飞机、辅助动力装置及航空发动机的费用、金额按支付当日央行汇率计算。俄政府有权确定履行外国农机道路建筑机械及拖车生产企业2022年1—3季度报废税，统一延至今年12月缴纳。
4月4日	米舒斯京宣布，将于4月9日起与52国（主要为中、印、土等"友好国家"）复航，单方面取消俄中陆路边境口岸人员出入境限制（但有关口岸仍实行"人员通"模式）。

续 表

日期	措施
4月7日	俄政府宣布额外拨款超1500亿卢布（约合18.2亿美元）用于补贴优惠贷款计划。
4月8日	俄政府为中小企业购买本国软件提供50%的费用补贴，2022年联邦预算将为此投入20亿卢布（约合2500万美元）。
4月10日	俄政府储备基金增加2734亿卢布（约合36.5亿美元），用于在制裁条件下稳定经济。
4月11日	2022年俄政府将拨款3110亿卢布（约合41.5亿美元）支持航空运输业。
4月13日	俄总理米舒斯京签署政府令，规定如不友好国家租赁公司在俄注册分支机构，则俄租赁企业需使用用户结算。参照履行义务之日俄央行官方汇率，将相当于外币价值的卢布汇入该分支公司在俄银行账户。如与不友好国家有关联的外国公司通过在未被制裁国家注册的分支机构与俄企业开展合作，则俄租赁企业可选择使用该注册国货币或卢布支付。
4月15日	普京签署制裁期间支持俄运输业发展的法令。一是为俄运输市场提供充足集装箱，取消对通过铁路临时入境外国集装箱仅可单次用于国内运输的限制。二是授权俄政府制定海河船舶租赁合同执行细节，防止俄租赁公司船只在国外被扣押。三是临时取消俄边境多边汽车检查站对运输食品和必需品货车的重量尺寸检查。
4月16日	俄总统普京签署法律，禁止在外国股市发行俄公司的股票存托凭证。要求现有存托凭证退市。规定将于公布10日后生效。俄公司需在法律公布后五个工作日内采取"必要充分"的措施，终止存托凭证流通协议，并向俄央行提交相关证明文件。该法律生效后，存托凭证持有人将自动获得相应俄发行人的股份。同时，俄政府将有权应发行公司要求或发行公司不参与的情况下，做出允许此前已发行的存托凭证继续在外国股市流通的例外决定。

188

续 表

日期	措施
4月17日	俄总理米舒斯京签署政府令,临时提高化肥出口配额。其中,氮肥出口配额增加46.6万吨至560万吨,复合肥增加23.1万吨至570万吨,复合肥出口配额。有效期至2022年5月31日。
4月18日	俄总理米舒斯京签署政府令,规定工业企业生产自用液态钢年产量低于30万吨的特种钢(合金元素含量最低20%)可免缴消费税。俄工贸部近期将批准免缴消费税的企业名单。
4月20日	1. 俄总统普京责成政府对西方供应商限制向俄出口金属制品有关做法的合法性进行充分评估,并于6月1日前提交新版俄在世贸组织活动战略。 2. 俄总统普京指示刺激冶金产品国内需求,扩大住房、基础设施、商业和工业建设,加大生产以冶金产品为原料的商品。
4月21日	俄总理米舒斯京表示,俄政府将拨款1000亿卢布(约合13.5亿美元)补贴境内航线。
4月23日	俄总理米舒斯京签署政府命令,拨款81亿卢布(约合1.1亿美元)对远东现有和计划启动的新投资项目进行贷款贴息。
4月27日	俄总理米舒斯京签署政府令,将新技术引入工业生产的俄企业与政府签订特别投资合同(SPIC 2.0)的速度提升了一倍,签订程序最短可缩至一个半月。
4月30日	1. 俄政府批准简化外国IT专家在经认可组织工作的就业程序。 2. 俄政府将复合肥出口配额临时提高50.1万吨至610万吨,有效期至2022年5月31日。配额不适用于向卢甘茨克、顿涅茨克共和国及阿布哈兹、南奥塞梯出口。 3. 俄政府批准可延期一年缴纳保险费的行业清单,涉及70多个行业。

四、附 录

189

续 表

日期	措施
5月1日	1. 普京签署制裁背景下支持地方性的法律，从联邦预算中分配新贷款，重组旧贷款。 2. 普京签署法令，禁止俄信贷机构（包括司法机构）向不友好国家政府机构（包括司法机构）请求、向其提供银行客户、客户代表、受益人信息及交易信息。 3. 普京签署法令，暂停通过简化程序向欧盟、丹麦、冰岛、列支敦士登、挪威和瑞士公民（包括记者和官方代表团成员）发放签证。 4. 普京签署法律，禁止外国投资者通过公私合作协议形式（PPP）参与常规交通运输。 5. 普京总统签署关于俄经济特区欧亚经济联盟货物延期缴纳增值税的议定书。俄各类经济特区从欧亚经济联盟成员国领土进口货物延期180天缴纳增值税。
5月3日	普京签署针对不友好国家经济反制措施的总统令，对于适用俄罗斯法律的俄联邦政府部门、地方政府、地区自治组织、相关机构、自然人、对其控制的法人实体、自然人和机构适用特别经济措施：禁止其与受到反制国家的自然人、法人开展交易或履行债务义务，以及出于上述人员支持目的出口原材料及产品。该总统令自发布之日起生效，至取消该特别经济措施之日止。俄政府将在10日内制定相关人员及禁止交易的标准。
5月16日	1. 俄政府外国投资监管委员会允许有进口合同的俄出口企业不强制结汇，但进出口合同必须在同一授权银行登记，根据进口合同向非居民支付货款时外币从企业账户扣除，出口收入计入该账户。许可无有效期至9月1日。 2. 俄政府简化汽车注册登记要求，2023年2月1日前允许俄定商生产欧0—欧5排放标准的汽车，并允许不为车辆配备防抱死制动系统。
5月23日	在卢布汇率企稳、外汇流动性充足的背景下，俄决定将企业出口外汇收入的强制结汇比例从80%下调至50%。
5月25日	俄政府规定，如供应商因采购被制裁而拒绝履行政府采购合同义务，将被列入不良供应商名单，自7月1日起禁止继续参与政府采购。

四、附　录

续表

日期	措施
5月27日	1. 俄总统普京签署法令,允许俄政府部门和企业使用卢布向不友好国家合作伙伴付款,包括与不友好国家相关的外国权利人,公开支持对俄制裁或采取行动抹黑俄武装部队的公司。可用卢布向不友好国家限制其智力成果的公司,暂停或限制在俄生产供货或提供服务的企业支付款项。 2. 俄发布政府令,要求俄财政部、能源部和联邦财产管理局不得根据俄联邦电网公司2021年业绩支付股息。
5月28日	1. 俄总统普京签署法律,提高2022年从联邦预算中划拨给地方的贷款额度。 2. 俄总理米舒斯京签署政府令,批准政府拨款超370亿卢布(约合5.6亿美元)实施优先进口产品采购优惠贷款补贴计划。进口商可获利率不超过央行基准利率30%加3%的优惠贷款,贷款期限取决于申贷目的。 3. 俄政府允许油服企业为非主营(但行主营任为附加业务的公司申请贴息贷款。贷款期限最长达1年,一家企业的最高贷款额度为100亿卢布(约合1.5亿美元),整个集团最多可贷款300亿卢布(约4.5亿美元)。 4. 普京签署法令,允许个人通过国家统一公共服务门户合法进行税务登记。
5月29日	俄政府批准航空货运运营公司提供29亿卢布(约合4367.4万美元)的运营补贴,补贴期为2022年4月至10月。
5月30日	6月1日—7月31日,俄政府对出口到欧亚经济联盟以外的黑色金属废料实行关税配额。出口量不超过54万吨时,关税为100欧元/吨,超过时为290欧元/吨。
6月9日	俄总统普京签署法令,取消出口商强制结售汇50%要求。目前出口商结汇比例将由俄政府外国投资监管委员会决定。

续　表

日期	措施
6月28日	俄总理米舒斯京签署扩大优先进口产品清单的法令,为进口坚果、咖啡、可可豆、果酱、果泥、水果罐头、婴儿奶粉、部分药品和农业设备等商品的进口商提供优惠贷款。贷款利率为俄央行基准利率的30%上浮300基点(当前约为5.8%),原材料贷款优惠期限为1年,设备贷款优惠期限为3年。俄总统普京签署法律文件,明确2022年平行进口进口俄合法化。该法免除未经权利人同意将货物进口到俄的个人刑事和行政责任,确认使用俄政府批准平行进口商品清单中涉及的知识产权成果不构成违法行为。
7月6日	俄杜马通过法案,允许根据法院判决将不友好国家矿产公司和天然气基础设施公司在俄分支机构或代表处转为俄有限责任公司。上述外国公司必须拥有在俄境内使用矿产或跨境天然气运输基础设施的许可证,且非上市公司,其成员或股东不得超过50人。
7月7日	1. 俄政府外国投资监管委员会决定,2022年9月1日前,居民企业可以向外国银行提前偿还外币贷款,偿债比例应高于20%。银团贷款需经不友好国家牵头行直接付给债权人。 2. 俄杜马通过法案,允许银行对法人实体的外币存款实行负利率。根据该法案,与法人实体签订的外币银行存款协议可以规定可以收取佣金,该费用超过可应付款的应付利息金额。法案对现有及新签署的外币款协议同等适用。该法案旨在减少银行业外币存款量。
7月31日	俄政府网发布公告,批准年底前出口到欧亚经济联盟之外的黑色金属废料和废品实施的关税配额(由54万吨)扩大至135万吨,配额内出口关税不低于100欧元/吨,超配额出口关税不低于290欧元/吨,税率保持在5%。

续 表

日期	措施
8月5日	俄总统普京签署关于在金融、燃料和能源领域实施特别经济措施的法令,规定2022年12月31日前禁止不友好国家投资者同俄战略者、燃料和能源领域实施特别经济措施的法令,规定2022年12月31日前禁止不友好金油田股权,并指示俄政府于10日内制订禁止进行股份交易的燃料和能源综合体、银行不罚款名单。规避禁令进行的交易将被视为无效。
	央行(莫交所)
2月28日至3月初	1. 俄央行已将基准利率从9.5%上调至20%,升准前已签协议贷款利率不变。2月24日起禁止金融市场"做空"交易。 2. 放宽贷款条件:借款人财务状况在2月18日后因制裁有所恶化,影响偿贷的,俄央行建议各银行不罚款。12月31日前,信贷机构可对借款人财务状况作出"未恶化"评估,以便建立环账准备金。 3. 放宽针对金融机构的强制性监管标准:10月1日前,允许俄金融机构按2月18日公允价值报告持有的股票和债券,允许信贷机构按2月18日外汇市场汇率计算资本充足率等。
3月初至3月中旬	1. 3月1—31日,禁止美、英、德等43个对俄制裁国家非居民单位(含自然人)从自俄向境外汇款(包括向境外账户账户不开户的跨境汇款)。对于禁令不涉及国家(含我)非居民单位(含自然人),不开户跨境汇款单月限额5000美元。 2. 为俄再保险公司增资,将其子公司——俄国家再保险公司资本金从710亿卢布(约合6.4亿美元)增加到3000亿卢布(约合26.8亿美元)。 3. 购买外汇手续费:个人、法人实体购汇手续费12%,进口商根据外贸合同购汇不收手续费。 4. 3月9日至9月9日期间,俄个人外汇账户最多只可提取等值1万美元现金,超额部分可按实时汇率兑换为卢布提取。

193

续 表

日期	措施
3月27日	5.3月14日,俄央行宣布更改美元、欧元汇率计算程序;美元对卢布汇率根据莫斯科交易所10:00至16:30相关交易数据加权平均水平计算;欧元对卢布汇率计算程序与其他外币相同。自当日起,俄居民企业或个体工商户(自然人、金融机构等除外)依照特定种类合同向非居民企业或个人履行预付款义务时,支付额度不得超过单笔合同金额的30%。预付款项按照银行限额则执行书当日俄罗斯中央银行公布的官方外汇汇率计算。来自不友好国家的非居民企业,不得在俄罗斯本国外汇市场上购买任何外汇。
3月28日	当日起至6月30日,俄央行将以每克5000卢布(按央行汇率约为94美元)的固定价格从信贷机构购买黄金。
4月1日	1.当日起,俄央行放宽对个人跨境转账的限制,未来六个月内每月向本人或他人境外账户转账限额提高至不超过1万美元或等值其他货币;未开立企业跨境转账限额每月不超过5000美元或等值其他货币;暂停不友好国家依法人实体及未在俄工作的个人从俄银行账户(包括经纪账户)跨境转账。
4月8日	1.俄央行下调基准利率3%至17%。 2.放宽现金外汇业务临时措施。2022年3月9日前开设外币账户或存款且4月9日后取得外汇现金的公民,4月11日起可提取美元和欧元现金。4月18日起俄银行可向公民出售外汇,但仅限于银行自4月9日后将准备起诉讼,要求归还其国际储备。
4月19日	俄央行行长纳比乌琳娜表示,俄国际储备遭遇全球范围内前所未有的冻结,俄央行将准备提起诉讼,要求归还其国际储备。
4月21日	1.俄央行行长纳比乌琳娜表示,将继续扩大Mir卡境外使用范围。 2.俄央行通过快速支付系统转账10万卢布(约合1250美元)大额转账时银行不得超过0.5%,佣金最高额度为1500卢布(约合19美元)。

续 表

日期	措施
4月26日	俄议会通过法律修正案,规定信贷机构不得根据外国主管部门要求提供客户和金融交易信息,并要在三个工作日内向俄央行报告外国政府的要求。
4月29日	俄央行将基准利率从17%下调至14%。
5月13日	俄央行将在2022年底前放宽银行美元和欧元平仓美元汇兑头寸限制。
5月26日	俄央行将基准利率从14%下调至11%。
5月30日	为保护本国投资者,俄央行规定自5月30日起禁止俄证券交易所流通外国发行人证券,X5零售集团、Yandex公司等19家大部分业务位于俄罗斯的外国企业不适用上述规定。该规定主要涉及圣彼得堡交易所,其14%的证券交易将被禁止。如欧洲国际托管机构取消对俄投资机构获取上述证券收益的限制,俄将相应解除禁令。
7月1日	即日起,俄央行将俄居民每月向其本人或他人外国账户转账的限额从15万美元或等值外币提高至100万美元或等值外币,此限额同样适用于对俄友好国家的居民。
8月1日	俄央行发布公告,将外币现金支取限制延长6个月至2023年3月9日。今年3月,俄央行规定禁止外币账户支取超过1万美元或欧元的现金,超出部分将按照当日汇率以卢布取现。
3月初	财政部(税务局) 1. 俄国家福利基金拨款1万亿卢布(当前汇率约合103亿美元)购买受西方制裁俄企的股份,具体由俄财政部会同外经银行等执行。 2. 暂停俄联邦债券拍卖,重启时间待定。将通过国库单一账户自由资金(超4.5万亿卢布,约合563亿美元,约为当年预算赤字的两倍)稳定金融市场。

续 表

日期	措施
3月7日	俄财政部成立外国投资者监管委员会,负责签发居民企业与外国企业贸易和外汇交易许可证。
3月14日	1. 俄财政部允许俄居民企业和个人将外币资金转至其在境外账户,转出资金不得超过上一年度金额;允许非居民用工资、股息、租金,利息以外币形式支付给俄公民在外国银行账户;允许俄公民使用2022年3月1日前在外国银行开设的境外账户进行外币资金转账、兑换等操作。 2. 即日起,俄税务局接受第四阶段账户资产(金融资产和现金)申报。
3月22日	俄政府外国投资监督委员会通过决定,允许俄公民向不友好国家非居民个人处购买房地产,此类交易资金登记入规定账户并履行合同义务。
3月29日	俄税务局暂停针对IT企业的现场税务检查(经该局或上级机关批准除外至2025年3月3日。
3月4日	鉴于外国物流商停止运输俄化肥,无法保障产品的支付,建议暂停化肥出口。
3月5日	发布公告称,俄部分零售商已开始对食品等"具有重要社会意义"的商品进行限购,打击以囤积居奇、买空卖空、操纵物价等手段牟取暴利的行为。
3月6日	表示极端情况下可能限制人造宝石出口。
3月10日	创立"进口替代数字平台",俄工业产品、零部件等生产商可在平台发布信息,简化企业银行担保等手续。

工贸部

四、附　录

续　表

日期	措施
7月11日	俄工贸部调整平行进口清单,新增乐高,扩大宝马,西门子的产品范围,剔除了Duracell(原电池、蓄电池、电瓶)、威乐(供水、供暖、通风、空调抽水设备)和美利思(婴儿卫生用品)等产品。
商业银行		
3月初	1. 部分机构调整存贷利率:俄储银行抵押贷款利率18.6%,卢布存款利率最高达21%,外币存款利率4—6%;俄外贸银行押贷款利率15.3%,卢布存款利率最高达21%,美元存款利率8%,欧元存款利率7%。 2. 3月9日起,俄外贸银行为客户提供3—6月人民币年化利率最高8%的定期存款业务,在线起存金额100元,柜台起存金额500元。
其他部门		
运输部	1. 出台航空业支持措施:9月前暂停对民航公司检查,简化和加快民用飞机登记程序,加快航空领域其他手续办理流程,扩大允许从事飞机维护和修理的机构清单,将3月1日后过期、在俄注册的外国飞机适航证延长6个月,承认3—9月飞机有关数据库和软件的有效性等。 2. 发表声明称,俄航空公司已将800架外国飞机在俄本国注册。
大众传媒部	1. 建议俄政府部门在Telegram和VK等社交网络平台创建账号。 2. 建议免除计算机设备及组件进口关税并扩大自亚洲国家进口。

197

后　　记

在全球化深入发展的今天,各国之间的联系日益紧密,相互依存度不断提高。然而,这种紧密的联系也带来了诸多挑战,其中之一就是如何应对国家紧急状态。国家紧急状态往往伴随着社会秩序的动荡、公民权利的受限和国家权力的扩张,因此,构建一个科学、合理、有效的国家紧急状态法律体系,对于维护国家安全、保障公民权利和促进社会稳定具有极其重要的意义。

本书《俄罗斯与美国国家紧急状态法律研究》旨在深入探讨俄罗斯与美国这两个大国在国家紧急状态法律方面的理论与实践,以期为我国的法治建设提供有益的借鉴和参考。研究内容主要包括以下几个方面:一是梳理俄罗斯与美国国家紧急状态法律的发展历程和演变过程;二是分析两国在国家紧急状态法律制度设计上的特点,探讨其背后的历史、文化和社会因素;三是探讨两国在应对国家紧急状态时的法律实践,评估其效果和不足;四是结合我国的实际情况,提出对我国紧急状态法律制度建设的启示和建议。在研究方法上,本书采用文献分析法、比较研究法和案例分析法等多种方法。通过查阅相关文献资料,了解两国国家紧急状态法律的发展历程和演变过程;通过比较研究法,分析两国在法律制度设计上的异同点;通过案例分析法,深入剖析两国在应对国家紧急状态时的法律实践。同时,本书还结合相关理论,对两国法律制度的合理性、有效性进行评估和分析。

俄罗斯作为一个拥有悠久历史和丰富文化的国家,其国家紧急状态法律制度也经历了漫长的发展过程。从沙俄时期的紧急状态法律制度到苏联时期的国家紧急状态委员会,再到俄罗斯联邦时期的《俄罗斯联邦紧急状态法》,俄罗斯的国家紧急状态法律制度在不断地发展和完善。本书将从历史发展的角度,梳理和分析俄罗斯国家紧急状态法律制度的发展历程和演变过程,探讨其背后的历史背景和政治文化因素。同时,本书还将重点分析俄罗斯国家紧急状态法律制度的设计特点。例如,俄罗斯国家紧急状态法律在制度设计上注重权力的集中和统一,强调政府在应对紧急状态时的主导地位;同时,也注重保障公民的基本权利和自由,规定了严格的紧急状态宣布和解除程序,以及相应的权利保障措施。这些特点都是俄罗斯国家紧急状态法律制度的重要组成部分,也是其区别于其他国家法律制度的独特之处。

而美国国家紧急状态法律制度也具有鲜明的特色和重要的参考价值。本书将从美国宪法和联邦法律的角度,深入探讨美国国家紧急状态法律的基本原则和制度框架。例如,美国宪法规定了总统在紧急状态下的权力行使范围,同时也规定了国会在紧急状态下的监督和制约作用;联邦法律则规定了各种具体的紧急状态应对措施和程序。此外,本书还将重点关注美国在应对国家紧急状态时的法律实践。如美国宣布国家紧急状态的案例,据统计,自1979年至2023年6月,美国历届总统共宣布了76次国家紧急状态,其中尚在生效的国家紧急状态仍有41个。在此背景下,本研究拟从比较法的视角出发,立足于我国国情,对美国国家紧急状态法律制度的发展沿革、具体内容以及实践案例进行归纳与梳理,以期我国现有的紧急状态理论以及法律制度建构提供参考性的建议。

随着国际形势的复杂多变和全球化进程的加速推进,国际形势波谲云诡,周边环境复杂敏感,为及时有效地应对来自国内外的紧急情况,维护我国的国家安全、保障经济的平稳运行,我国的紧急状态法律制度的改革已经迫在眉睫。俄罗斯与美国作为世界上具有重要影响力的大国,其国家紧急状态法律制度的构建和实践具有鲜明的特色和重要的参考价值。通过对这两个国家法律制度的比较研究,旨在更加深入地了解不同体制下的大国在国家紧急状态法律领域的理论和实践,为我国在构建和完善国家紧急状态法律体系方面提供有益的借鉴和参考。

  最后,感谢所有为本书撰写提供帮助和支持的专家和学者,感谢上海社会科学院法学研究所、上海市法学会、清华大学中美研究中心、中国国际经济交流中心上海分中心等研究机构为本书研究所提供的平台和资源,俄罗斯新西伯利亚国立大学法律系硕士研究生张洪辰对本书俄罗斯部分资料搜集、整理提供的支持与帮助、澳门大学硕士研究生王子元对本书文本校对和文献梳理所提供的支持等,以及感谢三联出版社对本书后期校对所提供的支持与帮助,他们的辛勤工作和无私奉献使得本书得以顺利完成。同时,也感谢所有读者对本书的关注和支持,希望本书能够为您提供有价值的参考和启示,共同推动我国法治事业的不断发展。

图书在版编目(CIP)数据

俄罗斯与美国国家紧急状态法律研究/孙祁,胡洋铭著.—上海:上海三联书店,2025.3.—(上海社会科学院法学研究所学术精品文库).—ISBN 978-7-5426-8557-5

Ⅰ.D951.2;D971.2

中国国家版本馆CIP数据核字第2024Z00Q55号

俄罗斯与美国国家紧急状态法律研究

著　　者 / 孙　祁　胡洋铭

责任编辑 / 郑秀艳
装帧设计 / 一本好书
监　　制 / 姚　军
责任校对 / 王凌霄

出版发行 / 上海三联书店
　　　　　 (200041)中国上海市静安区威海路755号30楼
邮　　箱 / sdxsanlian@sina.com
联系电话 / 编辑部:021-22895517
　　　　　 发行部:021-22895559
印　　刷 / 上海惠敦印务科技有限公司

版　　次 / 2025年3月第1版
印　　次 / 2025年3月第1次印刷
开　　本 / 655mm×960mm　1/16
字　　数 / 180千字
印　　张 / 13.75
书　　号 / ISBN 978-7-5426-8557-5/D·641
定　　价 / 68.00元

敬启读者,如发现本书有印装质量问题,请与印刷厂联系 13917066329